LEMBRANDO
ANNE FRANK

MIEP GIES *com* ALISON LESLIE GOLD

LEMBRANDO
ANNE FRANK

Tradução
Hugo Machado
Patrícia Azeredo

CIP-BRASIL. CATALOGAÇÃO-NA-FONTE
SINDICATO NACIONAL DOS EDITORES DE LIVROS, RJ.

G387l

Gies, Miep, 1909-
     Lembrando Anne Frank / Miep Gies e Alison Leslie Gold; tradução:
Hugo Machado e Patrícia Azeredo. — Rio de Janeiro: Best*Seller*, 2012.

     Tradução de: Anne Frank Remembered
     ISBN 978-85-7684-428-0

     1. Gies, Miep, 1909- . 2. Frank, Anne, 1929-1945. 3. Holocausto
judeu (1939-1945) — Paises Baixos — Amsterdam. 4. Amsterdam (Paises
Baixos) — Relações étnicas. I. Gold, Alison Leslie, 1945- II. Título.

12-0590.

CDD: 940.5318
CDU: 94(100)"1939/1945"

Texto revisado segundo o novo Acordo Ortográfico da Língua Portuguesa.

Título original norte-americano
ANNE FRANK REMEMBERED
Copyright © 1987 BY Miep Gies and Alison Leslie Gold
Copyright do epílogo © 2009 by Miep Gies and Alison Leslie Gold
Copyright da tradução © 2012 by Editora Best Seller Ltda.

Publicado mediante acordo com Simon & Schuster, Inc.

Capa: Marianne Lépine
Editoração eletrônica: FA Editoração

Todos os direitos reservados. Proibida a reprodução,
no todo ou em parte, sem autorização prévia por escrito da editora,
sejam quais forem os meios empregados.

Direitos exclusivos de publicação em língua portuguesa para o Brasil
adquiridos pela
EDITORA BEST SELLER LTDA.
Rua Argentina, 171, parte, São Cristóvão
Rio de Janeiro, RJ — 20921-380
que se reserva a propriedade literária desta tradução.

Impresso no Brasil

ISBN 978-85-7684-428-0

Seja um leitor preferencial Record.
Cadastre-se e receba informações sobre nossos lançamentos
e nossas promoções.

Atendimento e venda direta ao leitor:
mdireto@record.com.br ou (21) 2585-2002

ÍNDICE

Agradecimentos • 7

Prólogo • 11

PARTE UM
REFUGIADOS • 13

PARTE DOIS
NO ESCONDERIJO • 101

PARTE TRÊS
OS DIAS MAIS SOMBRIOS • 195

Epílogo • 252

Pósfacio • 258

AGRADECIMENTOS

Agradeço a Jan Gies, nosso apoio ontem, hoje e sempre; a Paul Gies pela ajuda; a Jacob Presser pelo excelente material de referência; a Jan Wiegel pelo uso das fotos; ao Instituto Anne Frank, de Amsterdã, e ao Anne Frank-Fonds/Cosmopress, de Genebra, pelas fotos, reproduções e autorizações. À Doubleday & Co., Inc. pela autorização para utilizar trechos de *O diário de Anne Frank*, cujos direitos autorais de 1952 pertencem a Otto H. Frank; a Meredith Bernstein por seu entusiasmo como agente; a Bob Bender pela apurada edição; a Sharon H. Smith pela ajuda especial oferecida espontaneamente; e a Lily Mack pela inspiração — embora sua juventude tenha sido destruída pelos nazistas, sua capacidade de encontrar beleza em tudo não diminuiu.

"Segunda-feira, 8 de maio de 1944

Você pode ver que Miep
está sempre pensando em nós..."
ANNE FRANK

PRÓLOGO

Não sou uma heroína. Sou a última de uma longa linhagem de bons holandeses que fizeram o mesmo ou mais — muito mais — do que eu durante aquele período sombrio e terrível de muitos anos passados, mas que sempre parece ter acontecido ontem no coração das pessoas que estiveram lá. Não se passa um dia sem que eu pense no que aconteceu naquela época.

Durante aqueles anos, mais de 20 mil holandeses ajudaram a esconder judeus e outras pessoas que necessitavam de socorro. De bom grado, fiz tudo que podia para auxiliar, assim como meu marido. Isso, porém, não foi suficiente.

Não há nada de extraordinário sobre mim. Nunca desejei receber atenção especial. Eu estava apenas querendo fazer o que me solicitavam e o que parecia ser necessário na ocasião. Quando fui convencida a dar meu relato, precisei considerar o lugar que Anne Frank ocupa na história e no que sua vida veio a significar para milhões e milhões de pessoas que se comoveram com ela. Contaram-me que, toda noite, quando o sol se põe, uma cortina se abre em algum lugar do mundo para a peça de teatro baseada no diário de Anne. Levando em conta as várias impressões de *Het Achterhuis* ("O anexo") — publicado em português sob o título *O diário de Anne Frank* — e as várias traduções que foram feitas de sua história, a voz de Anne alcançou os lugares mais longínquos da Terra.

Minha colaboradora, Alison Leslie Gold, disse que as pessoas reagiriam às lembranças que tenho sobre a forma como esses tristes acontecimentos ocorreram. Como, atualmente, todos os outros estão mortos, restamos apenas meu marido e eu. Estou escrevendo sobre esses acontecimentos onforme me lembro deles.

Para não me afastar do espírito da versão original do diário, decidi continuar usando alguns dos nomes que Anne inventou para muitos dos envolvidos. Ela criou uma lista de pseudônimos, encontrada em meio aos seus papéis. Aparentemente, ela tencionava ocultar a identidade das pessoas caso algo sobre suas experiências no esconderijo fosse publicado após a guerra. Por exemplo, meu apelido é Miep, uma alcunha holandesa muito comum que Anne não se deu o trabalho de alterar. Ela modificou o nome de meu marido, Jan, para Henk. E nosso sobrenome, Gies, se tornou Van Santen.

Quando o diário foi publicado, o Sr. Frank decidiu usar os nomes criados por sua filha para se referir a todos aqueles que não fossem de sua família, respeitando a privacidade das pessoas. Para manter a coerência com o diário de Anne, e também por causa da privacidade, fiz o mesmo, usando tanto variações dos nomes inventados pela menina quanto nomes que criei para pessoas que não foram mencionadas no diário. A exceção mais evidente está no fato de que, desta vez, utilizei meu sobrenome real, Gies. A verdadeira identidade de todas aquelas pessoas está cuidadosamente documentada nos arquivos oficiais dos Países Baixos.

Em relação a alguns exemplos, mais de cinquenta anos se passaram, e muitos detalhes envolvendo acontecimentos relatados neste livro foram parcialmente esquecidos. Reconstituí conversas e fatos da forma mais fiel possível às minhas recordações. Não é fácil evocar tais lembranças com tantos detalhes. Mesmo após tanto tempo, nunca fica mais fácil.

A minha história é uma história sobre pessoas comuns durante tempos extraordinariamente terríveis. Tempos que espero, do fundo de meu coração, que nunca mais se repitam. É responsabilidade de todos nós, pessoas comuns de todo o mundo, cuidar para que isso não aconteça.

Miep Gies

Parte Um

REFUGIADOS

CAPÍTULO UM

EM 1933, EU VIVIA com meus pais adotivos, os Nieuwenhuise, na Gaaspstraat, 25, dividindo com minha irmã adotiva, Catherina, um pequeno e aconchegante quarto no sótão. Nosso bairro pertencia a uma tranquila área do sul de Amsterdã conhecida como Bairro dos Rios, pois suas ruas haviam sido nomeadas em homenagem aos rios holandeses e europeus, como o Reno, o Mosa e o Geer, cujos cursos atravessavam a Holanda para chegar até o mar. Na verdade, o Amstel corria praticamente em nossos quintais.

Essa região fora construída durante a década de 1920 e o início da década de 1930, quando, com a ajuda de empréstimos do governo, grandes empresas progressistas ergueram imensos prédios para seus funcionários. Todos nós nos sentíamos um pouco orgulhosos diante do tratamento inovador que era dado aos trabalhadores comuns: moradias confortáveis, encanamento interno, jardins arborizados na parte de trás de cada edifício. Outros grandes blocos foram construídos por firmas privadas.

Na realidade, nosso bairro não era totalmente tranquilo. Quase sempre, crianças adoráveis enchiam o ar de gritos e risadas; se não estavam brincando, assobiavam para o alto, chamando seus amigos para brincar. As amizades abarcavam uma singular melodia assobiada espalhafatosamente para chamar o amigo e identificar quem estava na parte de baixo. As crianças andavam sempre na companhia uma das outras, carregando pequenas trouxas até a piscina de Amstelpark ou, talvez, conversando nos caminhos de ida e de volta da escola, em grupos. Do momento que seus pais, as crianças holandesas conheciam muito cedo a fidelidade da amizade, tornando-se rapidamente implacáveis se qualquer afronta fosse feita a algum amigo.

A Gaaspstraat era uma rua como todas as outras, preenchida com um grande bloco de apartamentos de cinco andares. Na parte de cima e também na parte de baixo da rua, soleiras abriam caminho para escadas íngremes. Os edifícios tinham sido construídos com tijolos castanhos e oblíquos telhados alaranjados. Havia janelas tanto na frente quanto atrás, todas emadeiradas e pintadas de branco. Cada uma possuía uma cortina de renda branca diferente, nunca sem flores ou plantas.

Nosso quintal era repleto de olmos. À frente dele, havia um pequeno pátio relvado e, do outro lado, se encontrava uma igreja católica cujos sinos pontuavam o dia e espalhavam os pássaros contra o céu: pardais, pombos — que se alojavam nos telhados — e gaivotas. Sempre havia gaivotas.

Ao leste, nosso bairro era cercado pelo Amstel, com barcos que iam e vinham; ao norte, pelo imponente Zuideramstellaan Boulevard, onde o bonde de número oito funcionava e onde choupos cresciam de cada lado, em fileiras retas. O Zuideramstellaan encontrava a Scheldestraat, uma das ruas comerciais da vizinhança, cheia de lojas, cafeterias e barracas de floristas, com jarros de flores frescas e radiantes.

AMSTERDÃ, NO ENTANTO, não era minha cidade natal. Nasci em Viena, Áustria, no ano de 1909. Quando estava com 5 anos de idade, a Primeira Guerra Mundial começou. Nós, crianças, não tínhamos como saber que a guerra começara, a não ser quando, um dia, ouvimos os soldados marchando pelas ruas. Lembro-me de sentir um grande entusiasmo, correndo sozinha rumo ao lado de fora para observar. Eu estava atenta aos uniformes, aos equipamentos e às muitas demonstrações de emoção entre as pessoas. Para ver melhor, corri por entre os homens em marcha e os cavalos. Um senhor do corpo de bombeiros me pegou, levantou-me e me levou para casa, enquanto eu erguia o pescoço para ver mais.

Em Viena, havia edifícios velhos e em más condições, construídos ao redor de pátios centrais e divididos em apartamentos apinhados de trabalhadores. Nós vivíamos num desses aposentos sombrios. O homem do corpo de bombeiros me devolveu à minha ansiosa mãe e saiu. Séria, ela me disse: "Há soldados nas ruas. Não é seguro. Não saia por aí."

Eu não entendi, mas fiz o que ela me pedira. Todos estavam agindo de maneira muito estranha. Como eu era muito nova, lembro-me pouco daqueles dias, exceto do fato de dois tios, que viviam conosco, precisarem ir para a guerra, o que causou bastante comoção.

Ambos os tios retornaram em segurança e, àquela altura, um deles havia se casado. Nenhum voltou a morar conosco e, assim, quando a guerra terminou, eu vivia apenas com mamãe, papai e vovó.

Eu não era uma criança muito forte e, por causa da séria escassez de alimentos durante a guerra, havia ficado subnutrida e doente. Para começar, eu era uma menina pequena e parecia estar encolhendo, em vez de crescendo normalmente. Minhas pernas eram gravetos controlados por rótulas ossudas. Meus dentes estavam moles. Quando eu tinha 10 anos, meus pais tiveram outra filha. Agora havia ainda menos comida para todos nós. Meu estado piorava e diziam a meus pais que seria necessário tomar alguma providência; caso contrário, eu morreria.

Graças a um programa que trabalhadores estrangeiros haviam organizado a fim de auxiliar crianças austríacas famintas, um plano foi elaborado para que eu pudesse escapar de meu destino. Eu seria enviada, junto com os filhos de outros operários austríacos, até um longínquo lugar conhecido como Holanda, de modo que eu pudesse ser alimentada e regenerada.

Estávamos no inverno — sempre pungente em Viena —, no mês de dezembro de 1920. Fui embrulhada em tudo que meus pais conseguiram encontrar e conduzida até a cavernosa estação de trem da cidade. Lá, esperamos por longas e cansativas horas, durante as quais outras crianças enfermas se uniram a nós. Médicos me examinavam, esquadrinhando e averiguando meu corpo magro e fraco. Embora tivesse 11 anos, eu parecia muito mais nova. Meus cabelos loiros, longos e delicados, foram presos com um extenso pedaço de tecido de algodão, amarrado num laço grande e inflado. Um cartão foi pendurado ao redor de meu pescoço. Nele, um nome estranho fora impresso, pertencente a pessoas que eu nunca havia encontrado.

O trem estava repleto de outras crianças como eu, todas com cartões em torno do pescoço. De repente, o rosto de meus pais não se encontrava mais à vista e o trem começava a se mover. Todas as crianças estavam amedrontadas, apreensivas acerca do que aconteceria conosco. Algumas choravam. A maioria nunca sequer saíra de nossas ruas e, certamente, nunca haviam saído de Viena. Eu me sentia fraca demais para observar, mas constatei que o movimento do trem me deixava sonolenta. Eu dormi e acordei. A viagem continuava sem cessar.

Tudo estava extremamente escuro quando o trem parou, no meio da noite. Despertaram-nos e fomos guiados para fora. A placa ao lado da composição ainda fumegante dizia LEIDEN.

Falando conosco numa língua completamente desconhecida, as pessoas nos levaram até uma sala grande, de teto alto, e nos fizeram sentar em cadeiras de madeira com encosto duro. Todas as crianças se encontravam em longas fileiras, lado a lado. Meu pé não alcançava o chão e eu me sentia sonolenta, muito sonolenta.

Em frente às crianças doentes e exauridas, um grupo de adultos se aglomerou. De repente, eles vieram em nossa direção como um enxame, começando a pegar nossos cartões e a ler nossos nomes. Éramos incapazes de resistir às figuras avultantes e às mãos rápidas.

Um homem não muito grande, mas de aparência bastante forte, leu a minha etiqueta. *Ja*, disse ele com firmeza, tomando uma de minhas mãos na sua e me ajudando a descer da cadeira. Ele me conduziu para longe. Eu não estava com medo e o acompanhei de bom grado.

Nós atravessamos a cidade, passando por edifícios que possuíam formas muito diferentes daqueles prédios vienenses que eu havia visto. A lua cintilava, suave e luminosa. O tempo estava limpo. O luar reluzente tornava a visão possível. Eu olhava atentamente para onde íamos.

Vi que nos afastávamos da cidade. Não havia mais casas, apenas árvores. O homem começou a assobiar. Fiquei com raiva. *Ele deve ser um fazendeiro* pensei. *Deve estar assobiando para que seu cachorro venha*. Eu tinha muito medo de cachorros grandes. Meu coração ficou apertado.

Nós, no entanto, continuamos a andar. Nenhum cachorro veio e, de repente, mais casas surgiram. Chegamos a uma porta. Ela se abriu e subimos uma escada. Uma mulher de rosto angulado e olhos suaves estava lá. Eu examinei o interior da casa, além do patamar de uma escadaria, e vi a cabeça de muitas crianças me encarando. A mulher me pegou pela mão e me deu um copo de leite espumoso. Em seguida, ela me guiou até o andar de cima.

Todas as crianças haviam sumido. A mulher me levou até um quarto pequeno, que continha duas camas. Numa delas estava uma menina da minha idade. A mulher tirou todas as camadas de roupa que eu vestia, removeu o laço dos meus cabelos e me colocou em meio às cobertas da outra cama. O calor me envolveu. Minhas pálpebras despencaram. Eu peguei no sono imediatamente.

Nunca me esquecerei daquela viagem.

Na manhã seguinte, a mesma mulher veio até o quarto, vestiu-me com roupas limpas e me levou para o andar de baixo. Lá, sentaram-se à grande mesa o homem forte, a menina da minha idade que estivera no quarto e quatro meninos, cada um de uma idade diferente. Todos os rostos que haviam me encarado na noite anterior agora me olhavam com curiosidade, ao redor da mesa. Eu não entendia nada do que eles diziam e eles também não compreendiam nada do que eu falava, até que o menino mais velho, que estava estudando para ser professor, começou a usar o pouco de alemão que aprendera na escola para traduzir coisas simples para mim. Ele se tornou meu intérprete.

Apesar do problema linguístico, todas as crianças foram gentis comigo. Gentileza, no estado de esgotamento em que eu me encontrava, era muito importante para mim. Era um remédio semelhante ao pão, à marmelada, ao bom leite holandês, à manteiga, ao queijo e à confortável temperatura das salas quentes. Ah!, e aos pequenos flocos de chocolate conhecidos como "granizos" e aos pedacinhos de chocolate chamados de "ratinhos", os quais me ensinaram a colocar sobre o pão espessamente amanteigado — guloseimas que, antes, eu nunca havia imaginado existirem.

Depois de várias semanas, um pouco da minha força começou a voltar. Todas as crianças estavam na escola, inclusive o meu intérprete, o mais velho do grupo. Todos acreditavam que a forma mais rápida para uma criança aprender holandês era frequentando uma escola holandesa. Assim, aquele homem me tomou pela mão mais uma vez e me levou até a escola local, tendo uma longa conversa com o diretor da instituição. O diretor disse: "Traga-a até nossa escola."

Em Viena, eu frequentava o sexto ano, mas em Leiden fui alocada de volta no quarto ano. Quando o diretor me levou para a estranha sala de aula, explicando em holandês quem eu era para os alunos, todos quiseram me ajudar; tantas mãos se estenderam para me prestar auxílio que eu não soube qual pegar primeiro. Todas as crianças me adotaram. Existe uma história infantil na qual um bebê, deitado num berço de madeira, é levado por uma enchente, flutuando em águas coléricas e correndo o risco de se afogar. Um gato, então, salta até o berço e pula de um de seus lados até o outro, fazendo com que o leito continue a boiar até encontrar terra firme novamente, deixando o bebê seguro. Eu era o bebê, e todos esses holandeses eram os gatos.

No fim de janeiro, eu já conseguia entender e falar algumas palavras em holandês.

Na primavera, eu era a melhor aluna da turma.

Minha estadia na Holanda deveria durar três meses, mas eu ainda estava fraca quando este tempo transcorreu. Assim, os médicos estenderam o período por mais três meses e, depois, por outros três. Logo, aquela família começou a me incorporar. Eles passaram a me considerar um deles. Os meninos diziam: "Nós temos duas irmãs."

O homem que eu começava a ver como pai adotivo trabalhava numa empresa de carvão de Leiden. Apesar de terem cinco filhos, ele e sua esposa, embora longe de serem prósperos, adotaram uma postura que dizia que onde comem sete, comem oito, e, dessa forma, eles regeneraram lentamente a faminta menininha vinda de Viena. No início, chamavam-me pelo meu nome próprio, Hermine; porém, quando o gelo que existia entre nós derreteu, passaram a achar o nome muito formal, começando a me chamar por um carinhoso apelido holandês: Miep.

Eu me afeiçoei à vida holandesa com bastante naturalidade. *Gezellig*, ou conforto, é o lema da Holanda. Aprendi a andar de bicicleta, a amanteigar o pão dos meus sanduíches nos *dois* lados. Com aquelas pessoas, aprendi a adorar música clássica e aprendi também que era meu dever ter consciência política e ler o jornal toda noite, discutindo depois o que eu havia lido.

Em um aspecto da vida holandesa, porém, eu falhei miseravelmente. Quando o inverno se tornou frio demais a ponto de congelar a água dos canais, os Nieuwenhuise me embrulharam junto com as outras crianças e nos levaram até o canal congelado. A atmosfera era festiva: barracas vendiam chocolate e leite quente aromatizado com erva-doce; famílias inteiras patinavam juntas, uma atrás da outra, com seus braços agarrados a um longo mastro, para que pudessem dar meia-volta; o horizonte se mostrava sempre plano e luminoso, com o sol hibernal avermelhado.

Utilizando tiras de couro, eles amarraram em meus sapatos um par de patins de madeira dotados de lâminas onduladas, e me impeliram para a superfície congelada. Testemunhando meu pânico, eles levaram uma cadeira até o gelo e me disseram para empurrá-la à minha frente.

Minha angústia deve ter transparecido, pois, logo em seguida, eu estava recebendo ajuda para chegar até a margem do canal. Congelada e aflita, lutei para desamarrar, sem as luvas, as tiras atadas e molhadas. Os nós não se soltavam e meus dedos ficavam cada vez mais congelados. Minha raiva e aflição aumentaram e prometi a mim mesma que nunca mais iria a qualquer lugar próximo ao gelo. Essa promessa foi cumprida.

QUANDO EU tinha 13 anos, a família se mudou para o sul de Amsterdã, indo morar no bairro onde todas as ruas possuem nomes de rios. Embora a região se localizasse na extremidade da cidade e fizesse limite com o rio Amstel, apresentando campos de pascigo e vacas malhadas de preto e branco pastando, nós vivíamos na metrópole. Eu adorava a vida urbana. Ficava particularmente encantada com os bondes elétricos de Amsterdã, bem como com os canais, pontes, barragens, pássaros, gatos, bicicletas velozes, barracas de flores radiantes, estandes de arenque, antiguidades, casas com frontão triangular à beira dos canais, salas de concerto, cinemas e clubes políticos.

Em 1925, quando tinha 16 anos, os Nieuwenhuise me levaram de volta a Viena, para que eu visse meus pais biológicos. Fiquei surpresa com a beleza da cidade e me senti estranha no meio daquelas pessoas agora pouco familiares. Quanto mais a visita se aproximava do fim, mais crescia minha ansiedade com relação à partida. Contudo, minha mãe biológica conversou francamente com meus pais adotivos. "É melhor que Hermine volte para Amsterdã com vocês. Ela se tornou holandesa. Acho que não ficaria feliz se permanecesse agora em Viena." Meus nós se soltaram e senti um grande alívio.

Eu não desejava magoar a minha família biológica, de cujo consentimento ainda precisava por ser nova, mas queria desesperadamente voltar para a Holanda. Minhas sensibilidades eram holandesas, assim como a qualidade de meus sentimentos.

Durante os últimos anos de minha adolescência, um pouco da energia que possuía se voltou para dentro. Eu me tornei independente, começando a ler e pensar sobre filosofia. Li Espinosa e Henri Bergson. Passei a encher cadernos com meus pensamentos mais íntimos, rabiscando incessantemente. Fiz tudo isso em segredo, apenas para mim mesma, não para debater. Eu ansiava profundamente por um entendimento da vida.

Então, com a mesma força com que tinha me tomado, a paixão por escrever foi interrompida. Senti-me repentinamente envergonhada, constrangida, com medo de que alguém se deparasse com aqueles pensamentos íntimos. Num expurgo, rasguei todos os meus escritos ao meio e os joguei fora, para nunca mais escrever daquela maneira. Aos 18 anos, deixei a escola e fui trabalhar num escritório. Embora continuasse a ser uma mulher reservada e independente, meu entusiasmo pela vida se voltou, mais uma vez, para o exterior.

Em 1931, aos 22 anos, retornei a Viena para ver meus pais. Dessa vez, eu já era uma mulher crescida e viajei sozinha. Estando empregada há algum tempo, eu trocava correspondências com eles regularmente, enviando dinheiro sempre que podia. Aquela foi uma visita prazerosa, e, na ocasião, ninguém mencionou a possibilidade de eu retornar à Áustria. Eu era inteiramente holandesa, agora. A faminta garotinha vienense de 11 anos, com uma etiqueta amarrada ao redor do pescoço e um laço nos cabelos, havia desaparecido por completo. Tornara-me uma jovem e robusta holandesa.

Como durante minhas visitas a Viena ninguém pensara em fazer qualquer modificação em meu passaporte, no papel eu ainda era cidadã austríaca. Porém, quando me despedi de minha mãe, meu pai e minha irmã na Áustria, o fiz conhecendo com clareza minha identidade. Sabia que iria continuar a escrever e a enviar dinheiro regularmente, que os visitaria com periodicidade, que levaria meus filhos para vê-los no devido tempo; no entanto, a Holanda seria meu lar para sempre.

CAPÍTULO DOIS

EM 1933, EU ESTAVA com 24 anos. Aquele foi um ano difícil para mim. Fiquei sem emprego por vários meses, pois fora demitida, juntamente com outro empregado, da empresa têxtil onde conseguira meu primeiro e único cargo em escritório. A época era desfavorável e a taxa de desemprego estava alta, especialmente entre os jovens. Era difícil arrumar trabalho, mas, sendo uma mulher jovem e de espírito independente, ansiava por conseguir uma nova colocação.

Minha família adotiva e eu vivíamos alguns andares acima de uma mulher mais velha, a Sra. Blik, que ocasionalmente tomava café com minha mãe adotiva. A Sra. Blik possuía um emprego bastante incomum para uma mulher, mesmo que não fosse incomum para uma holandesa trabalhar fora de casa. Ela era caixeira-viajante, e, com frequência, ausentava-se de casa durante toda a semana — isto é, até sábado —, expondo e vendendo produtos domésticos para esposas de fazendeiros e para clubes formados por donas de casa.

Todos os sábados, ela retornava com sua mala de amostras vazia e prestava contas para as firmas que a empregavam, a fim de reabastecer seu mostruário e fazer mais pedidos. Certo sábado, num dos locais que constantemente a contratavam, ela ficou sabendo que uma das meninas do escritório estava doente e que a empresa procurava por uma substituta temporária.

Naquela mesma tarde, direto do bonde, ela se arrastou por mais alguns degraus, foi até nosso apartamento e bateu na porta. Minha mãe adotiva me chamou da cozinha e, com entusiasmo, contou-me sobre o trabalho. A Sra. Blik então me entregou uma folha de papel e disse: "Bem cedo, na segunda-feira..."

Eu lhe agradeci, animada com a possibilidade de reafirmar minha independência trabalhando mais uma vez. Isto é, se eu conseguisse chegar lá cedo o suficiente e ser contratada. Onde ficava o escritório? Eu relanceei o papel. *Fácil*, pensei, *menos de vinte minutos de bicicleta*. Quinze, talvez, no ritmo rápido em que eu normalmente pedalava. O papel dizia:

Sr. Otto Frank

N.Z. Voorburgwal, 120–126

Na segunda-feira de manhã, bem cedo, eu suspendi, por sobre os íngremes degraus da fachada, minha robusta e negra bicicleta de segunda mão, tomando cuidado para não amarrotar a saia e a blusa, recémlavadas e passadas. Eu me orgulhava de minhas roupas bem-moldadas, a maioria feita à mão para economizar dinheiro, mas, ainda assim, não muito diferentes daquelas exibidas nas lojas da moda. Eu usava meus cabelos da forma mais elegante também, com um coque folgado na base da cabeça, e alguns de meus amigos diziam, rindo, que eu parecia a estrela de cinema norte-americana Norma Shearer. Eu era baixinha, com pouco mais de 1,50 metro, olhos azuis e grossos cabelos louroescuros. Tentei compensar meu tamanho com os sapatos, aumentando tanto quanto possível minha altura.

Virei minha bicicleta para o norte e rapidamente saí de nossa tranquila vizinhança. Pedalando na perigosa velocidade de sempre, com minha saia se inflando ao meu redor, driblei o intenso fluxo de trabalhadores que, com suas bicicletas sibilantes, rumavam para seus trabalhos no Centrum, o centro comercial de Amsterdã.

Espiando ao passar diante das brilhantes vitrines da loja de departamentos De Bijenkorf, a fim de flertar com os novos modelos, cruzei a larga e caótica praça Dam, local repleto de pombos por onde muitas linhas de bonde passavam para chegar até a estação central. Em seguida, acelerei ao redor do Palácio Real e da antiga Nieuwe Kerk — a "Igreja Nova" —, onde Guilhermina fora proclamada rainha em 1898, ao completar 18 anos. (Ela sucedera Guilherme III em 1890, sob a regência da rainha-mãe Ema.) Virei na movimentada N.Z. Voorburgwal.

A rua, mais uma daquelas vias sinuosas cheias de bondes e trabalhadores, era ladeada por edifícios de frontão triangular construídos sobretudo nos séculos XVII e XVIII. Ao encontrar o bloco, dei os últimos passos empurrando a bicicleta.

O edifício à minha frente era o mais moderno da rua, praticamente um arranha-céu. Acima da entrada de pedra bege se encontrava um toldo circular. Nove andares, completamente envoltos em vidro e separados por pedras marrom-acinzentadas, erguiam-se em direção ao céu anuviado. Aquele prédio incomum fora nomeado, com inscrições negras feitas ao nível do chão, GEBOUW CANDIDA (Edifício Candida). Eu meneei a bicicleta no bicicletário e ajeitei meus cabelos.

A empresa Travies and Company acomodava-se num pequeno escritório de dois cômodos. Fui recebida por um menino de rosto cativante e cabelos castanhos, com cerca de 16 anos. Ele vestia roupas de trabalho e havia descarregado e separado mercadorias numa área da sala que parecia reservada para a expedição. O cômodo não era claro e, além da área de despacho, possuía uma mesa de madeira encimada com uma máquina de escrever e um telefone, ambos pretos. O menino me disse que seu nome era Willem e que era o secretário de expedição, assim como o responsável pelas entregas da empresa. Percebi de imediato que ele era um holandês amigável e simpático, mas, antes que pudesse observá-lo mais a fundo, uma voz suave e de sotaque acentuado me chamou da segunda sala.

De maneira tímida, porém cortês, um homem alto, esbelto e sorridente se apresentou. Em seguida, deu início aos prelúdios tradicionais das entrevistas de emprego. Seus olhos negros se fixaram nos meus e eu senti imediatamente sua natureza suave e gentil, de alguma forma endurecida pelo acanhamento e por uma atitude levemente nervosa. Ele saíra da parte de trás de uma mesa organizada. Havia duas em sua sala. Desculpou-se, então, pelo holandês medíocre, explicando que viera recentemente de Frankfurt, na Alemanha — aliás, tão recentemente que sua esposa e suas filhas ainda não haviam se juntado a ele.

De bom grado, para facilitar as coisas, falei em alemão. Uma onda de gratidão emanou de seus olhos, enquanto ele voltava ao conforto da língua materna. Seu nome era Otto Frank. Supus que estivesse na casa dos 40 anos. Ele ostentava um bigode, e seu sorriso, que surgia com frequência, revelava dentes desnivelados.

O Sr. Frank deve ter me julgado positivamente, pois disse:

— Antes de começar, a senhorita precisa me acompanhar até a cozinha. — Minhas bochechas ficaram quentes. Eu conseguira o emprego? Não era capaz de imaginar o que ele poderia querer na cozinha. Talvez uma xícara de café? Entrando, o segui. Fui apresentada casualmente a outra pessoa, o Sr. Kraler, com quem o Sr. Frank dividia a sala. Mais tarde, descobri que Victor Kraler havia nascido, como eu, na Áustria.

Na cozinha, o Sr. Frank começou a agrupar sacos com frutas, açúcar embalado em papel e pacotes de outros ingredientes, ao mesmo tempo em que falava com seu jeito elaborado e sereno. Parecia que a sede da Travies and Company se localizava em Colônia, na Alemanha. A empresa se especializara em produtos para donas de casa e entre eles havia algo conhecido como pectina, o qual o Sr. Frank agora colocava à venda para as holandesas que administravam suas casas. A pectina era feita de maçãs — "caroços de maçã", brincava o Sr. Frank —, e ele a importava da Alemanha. A dona de casa a misturava com açúcar, frutas frescas e muitos outros ingredientes, produzindo a própria geleia em cerca de dez minutos.

O Sr. Frank me entregou uma folha de papel.

— Aqui está a receita. Agora, faça geleia! — Ele se virou e saiu, deixando-me só na cozinha. De repente, eu me senti insegura. Como o

Sr. Frank poderia saber que eu ainda vivia na casa de meus pais adotivos, sem saber quase nada sobre cozinha e culinária? Eu era capaz de fazer o melhor café da família, claro, mas... geleia? Acalmei as vozes em minha cabeça e examinei a receita. Era um procedimento estranho. Lembrei a mim mesma que poderia realizar qualquer coisa, desde que me concentrasse. E foi o que fiz, seguindo apenas as instruções.

Eu produzi geleia.

Nas duas semanas seguintes, permaneci na pequena cozinha enchendo potes e mais potes de geleia. Todo dia, o Sr. Frank trazia uma bolsa com outro tipo de fruta, colocando-a no balcão. Cada fruta exigia uma fórmula diferente. Eu passei a dominá-las muito rapidamente e, pelo terceiro ou quarto dia, já parecia uma especialista. Minhas geleias estavam sempre perfeitas: gostosas, com uma coloração radiante, uma consistência rígida e um aroma suculento. Potes de geleias deliciosas se empilhavam.

O Sr. Frank sugeriu que Willem e eu levássemos geleias para nossas famílias e assim o fizemos. Ele não levou nenhuma para si, pois estava morando sozinho num hotel do Centrum, e permaneceria lá até que o restante da família Frank pudesse se juntar a ele em Amsterdã. O Sr. Frank falava pouco sobre a mulher e as filhas, dizendo apenas que elas estavam com sua sogra em Aachen, uma cidade alemã muito próxima à extremidade sudeste da Holanda. A esposa dele chamava-se Edith, sua filha mais velha, Margot Betti, e a bebê, Anneliese Marie, a quem ele chamava de Anne para abreviar. O Sr. Frank também possuía uma mãe idosa e outros parentes em Basel, na Suíça.

Percebi que ele se sentia solitário, que tinha saudade de seus familiares. Naturalmente, não falei nada sobre isso. Seria tocar num assunto muito pessoal.

Eu o chamava de Sr. Frank e ele se referia a mim como Srta. Santrouschitz, pois em nossa geração os europeus do norte não usavam o primeiro nome uns com os outros. Sentindo-me rapidamente à vontade diante dele, deixei a formalidade de lado e pedi: "Por favor, me chame de Miep." O Sr. Frank atendeu minha solicitação.

Da mesma forma, ele e eu logo consolidamos nossa afinidade, descobrindo uma paixão comum pela política. Partilhávamos da mesma opinião sobre as coisas. Embora eu tivesse sido criada para não odiar nada, eu desaprovava o fanático Adolf Hitler, que recentemente chegara ao poder na Alemanha. O Sr. Frank sentia a mesma coisa, ainda que de forma muito mais pessoal, pois era judeu. Ele deixara a Alemanha por causa das medidas antissemitas de Hitler.

Embora a investida contra os judeus parecesse ter acabado na Alemanha, ela havia me deixado rancorosa. Eu jamais tivera qualquer tipo de opinião veemente acerca do povo judaico. Em Amsterdã, os judeus estavam tão integrados à vida urbana que não causavam qualquer estranhamento. Era simplesmente injusto que Hitler fizesse leis especiais para eles. Por sorte, o Sr. Frank havia ido para a Holanda, e logo sua família também estaria vivendo lá, em segurança. Mantendo nossas pequenas discussões em alemão, concordamos que era melhor dar as costas para a Alemanha de Hitler e permanecermos seguros e protegidos na Holanda, nossa terra adotiva.

Os dias se passaram e a menina que eu substituía parecia não dar sinal de retorno. Certa manhã, mais para o fim da minha segunda semana na cozinha, os braços do Sr. Frank não trouxeram frutas quando ele chegou ao trabalho. O homem se aproximou da porta da cozinha e se inclinou para tirar o avental que eu estivera usando para proteger minha roupa das geleias.

— Venha cá, Miep! — pediu, guiando-me até a sala principal. Ele apontou para a mesa localizada ao lado da janela e explicou: — Você agora se sentará a esta mesa. Eu a chamo de Balcão de Informações e Reclamações. Em breve, você saberá o porquê.

Sentei-me no canto da sala, observando com indiferença os bondes e o burburinho da rua. Rapidamente, entendi o título que acompanhava a mesa. Meu trabalho, agora que me tornara especialista em nosso processo de fabricação de geleias, era lidar diretamente com as donas de casa consumidoras.

O que vendíamos para a produção de geleias era um envelope com quatro pacotes de pectina. Receitas ilustrativas para diferentes sabores vinham escritas na parte de trás dessas embalagens. Dentro, havia também adesivos de cor azul e laranja para a identificação dos potes, assim como quadrados de celofane que deveriam ser umedecidos, pressionados sobre a parte superior do pote e presos com uma liga de borracha. Nossa representante, a Sra. Blik, comercializava esses produtos por toda a Holanda e nós vendíamos diretamente pequenos conjuntos em lojas e farmácias.

Muitas donas de casa começavam a adotar nosso processo, mas várias vezes não seguiam a receita corretamente. Elas estavam acostumadas a acrescentar algumas ideias extras a tudo que faziam na cozinha e, frequentemente, modificavam nossas instruções, adicionando um pouquinho aqui, um pouquinho ali... De repente, suas geleias se transformavam em lodos gelatinosos ou desastres aguados.

As donas de casa holandesas são sempre prudentes com relação às próprias finanças, tanto por necessidade quanto por princípio. Ser holandês é ser verdadeiramente parcimonioso com seu capital e desaprovar desperdícios. Por isso, tendo gastado dinheiro com nosso produto, aquelas mulheres ficavam enfurecidas. Elas nos telefonavam para dizer que nossa mercadoria não era boa. Meu trabalho era ouvi-las educadamente e descobrir o que haviam feito de errado, de que maneiras haviam criado uma gororoba de geleia destruída. Eu as acalmava e as fazia descrever seus resultados, e, pela natureza do desastre, era possível apontar o erro. Depois, eu as ensinava a consertá-lo. Assim, a Travies and Company teria uma cliente satisfeita e fiel.

O Sr. Kraler, que compartilhava a sala comigo, era um homem enérgico e elegante, ostentando cabelos negros e um jeito meticuloso. Ele estava sempre sério, nunca fazia brincadeiras. Tinha cerca de 33 anos. Sempre muito formal e educado, encontrava-se constantemente às voltas com seu trabalho, atribuindo entregas ao jovem Willem e supervisionando suas tarefas. Até então, ele não tinha quase nada a ver comigo. Eu parecia estar nas mãos do Sr. Frank e, como me sentia à vontade diante dele, estava contente por estar sob sua jurisdição.

O Sr. Frank deve ter ficado satisfeito comigo, pois também começou a me passar outras tarefas, como a escrituração e a digitação. Os negócios estavam lentos, mas progrediam por causa das inovações do Sr. Frank e das técnicas de venda da Sra. Blik.

Um dia, com uma expressão satisfeita no rosto, o Sr. Frank me disse que alugara um apartamento no meu bairro, no sul de Amsterdá, onde recentemente muitos refugiados alemães começaram a morar. Sua família, enfim, havia chegado. Eu podia perceber como ele estava feliz.

Não muito tempo depois, o Sr. Frank noticiou que a funcionária doente do escritório, a Srta. Heel, retornaria ao trabalho, tendo recuperado a saúde. Tentando não demonstrar minha desolação imediata, assenti, pensando que em algum momento aquilo iria acontecer.

— Porém — acrescentou ele —, nós também ficaríamos muito contentes se a senhorita continuasse como funcionária efetiva do escritório. Você continuaria conosco, Miep?

Meu coração deu um salto.

— Sim, é claro que continuo, Sr. Frank!

— Os negócios estão melhorando — explicou. — Haverá trabalho suficiente para a senhorita e para a Srta. Heel. Arrumaremos outra mesa e todos os aparatos imediatamente.

Certa manhã, o Sr. Frank perguntou se tínhamos mais café e leite na cozinha, e presumi que receberíamos um visitante. No entanto, eu estava absorta em meu trabalho quando ouvi a porta da frente. "As visitas do Sr. Frank", pensei, e olhei para a entrada. Então, entrou uma mulher de rosto redondo, tradicionalmente bem-vestida, com seus cabelos negros presos num coque. Ela estava na casa dos 30 anos. Ao seu lado, caminhava uma garotinha muito pequena, de cabelos escuros, usando um casaco de peles branco como a neve.

O Sr. Frank também deve ter ouvido a porta, e se apressou para receber as visitantes. Como eu estava mais perto, ele as trouxe até mim primeiro.

— Miep — disse em alemão —, eu gostaria de lhe apresentar minha esposa, Edith Frank-Holländer. Edith, esta é a Srta. Santrouschitz.

— Reservada, porém sincera, a Sra. Frank se portava como alguém que saíra de um mundo culto e rico. Em seguida, com uma voz risonha, o Sr. Frank acrescentou: — E esta é minha filha mais nova, Anne.

Envolta por peles brancas e felpudas, a garotinha olhou para mim e fez reverência.

— Você precisará falar alemão — explicou o Sr. Frank. — Receio que ela não fale holandês ainda. Tem apenas 4 anos.

A princípio, pude perceber que a pequena Anne estava envergonhada, agarrando-se à mãe. No entanto, aqueles olhos largos, negros, brilhantes e alertas que dominavam seu rosto estavam atentos a tudo que acontecia ao redor.

— Meu nome é Miep — disse às duas. — Trarei café. — Corri então para a cozinha, a fim de preparar uma bandeja com lanches.

Quando voltei com a bandeja para a sala, Frank havia levado a esposa e a filha para conhecer o Sr. Kraler e Willem. Anne não tirava os olhos de Willem e de todos os objetos relacionados ao escritório. Embora ainda se sentisse envergonhada, ela parecia estar se acostumando comigo, mostrando-se curiosa diante de coisas que para nós, adultos, eram sem graça e triviais: caixotes de expedição, papéis de embrulho, barbantes, porta-contas.

Anne bebeu um copo de leite enquanto, em sua sala particular, o Sr. Frank tomava café com a esposa. A menina e eu caminhamos até minha mesa. Ela olhou fascinada para a resplandecente máquina de escrever negra. Eu levei seus dedinhos até as teclas e as pressionei. Os olhos de Anne brilharam quando as peças se levantaram de repente e imprimiram letras escuras sobre a fatura presa ao datilógrafo. Depois, direcionei sua atenção à janela, para o tipo de cena vivaz da qual, acreditava eu, qualquer criança gostaria. Eu estava certa. A visão despertou seu interesse: bondes, bicicletas, transeuntes...

Ao observar Anne, pensei: *Eis o tipo de filha que eu gostaria de ter um dia. Quieta, obediente e curiosa acerca de tudo.* Ela terminou seu copo de leite e voltou o olhar para mim. Não era preciso que a menina falasse; seus olhos me diziam o que queria. Eu peguei o copo vazio e o enchi de novo.

A PARTE DE MEU TRABALHO com Otto Frank que estava relacionada às Informações e Reclamações se tornou cada vez menos importante à medida que nossas consumidoras foram se habituando a fazer geleias segundo a receita. As atividades de escrituração, digitação e inclusão em fatura aumentavam com a melhoria dos negócios. Willem era uma companhia afável no escritório, como um irmão caçula de bom temperamento. Nós nos dávamos muito bem.

Toda manhã, eu embalava meu almoço, pegava minha bicicleta e ia para o escritório. Passava pela escola Montessori, onde o Sr. Frank matriculara Anne e sua outra filha, Margot, dois anos mais velha que a irmã. Aquele era um moderno edifício de tijolos, cujas calçadas se mostravam sempre cheias de crianças risonhas e corrediças. Os Frank haviam se mudado para um endereço na Merwedeplein, uma rua exatamente como a minha, com um grande bloco de apartamentos construídos com tijolos castanhos, a talvez três ou quatro ruas de onde eu morava, também no Bairro dos Rios.

A cada dia que passava, mais refugiados da Alemanha, a maioria judeus, se mudavam para nossa vizinhança, e a piada que começamos a fazer era a de que, no bonde de número oito, o "coletor de bilhetes falava também holandês". Muitos desses refugiados eram mais abastados do que os trabalhadores holandeses da vizinhança e criavam rebuliços quando eram vistos com casacos de peles ou outros bens extravagantes.

Eu nunca caminhava quando podia correr, então sempre voava para o trabalho em minha bicicleta de segunda mão, chegando pontualmente às 8h30, antes do Sr. Frank, do Sr. Kraler e até de Willem. A primeira coisa a ser feita era café, para todo mundo. Aquela era a *minha* tarefa a cada manhã. Eu sentia prazer em preparar um café delicioso e forte e em ver que todos os outros haviam tomado um pouco. Depois de bebê-lo, estávamos prontos para o trabalho.

Certo dia, uma nova mesa foi entregue no escritório, sendo colocada na frente da minha. Logo depois, uma jovem da mesma idade que eu, loura, de aparência simples e um pouco rechonchuda, apareceu e reivindicou sua mesa. Transferi-me para a outra. Aquela era a Srta. Heel, a moça cuja doença se tornou tão longa. Willem, a Srta. Heel e eu agora dividíamos a sala da frente.

A Srta. Heel e eu não nos dávamos tão bem. Conversávamos sobre uma série de coisas e ela se comportava como se fosse uma autoridade em tudo. Música, escrituração... Em qualquer assunto, ela tentava dar a palavra final. Se alguma vez existiu uma Srta. Sabe-Tudo, era ela.

A Srta. Heel começou a contar sobre o novo grupo político a que se juntara, o NSB, que era a versão holandesa dos Nacionais-Socialistas de Hitler. Agora, repentinamente, um partido nazista havia brotado na Holanda também. Quanto mais ela expunha seu novo dogma para Willem e para mim, o que incluía juízos racistas acerca dos judeus, mais irritada eu ficava.

Por fim, não consegui mais segurar minha língua.

— Escute — disse, fixando meu olhar no dela —, a senhorita sabia que nosso chefe, o Sr. Frank, também é judeu?

Ela inclinou a cabeça com seu jeito arrogante e respondeu:

— Ah, sim, sei disso. Mas o Sr. Frank é um cavalheiro.

Rispidamente, eu ataquei.

— Então, *todos* os cristãos são cavalheiros?

Ela ficou calada depois desse sarcasmo e passou a se comportar com indiferença. Não nos falamos mais e o antigo ambiente acolhedor do escritório começou a ficar tenso e frio. Nenhum de nós estava disposto a conversar sobre política na frente dela. Eu apenas imaginava o opinião do Sr. Frank de sua explícita ligação com os nazistas, e se por acaso a demitiria. Uma atmosfera de suspense pairava sobre o escritório, como se estivéssemos todos esperando por esse desfecho.

Minha vida, porém, não girava apenas em torno do escritório. Naquela época, eu era muito ativa socialmente. Adorava dançar e, como muitas jovens holandesas, frequentava uma academia de dança. Fui uma das primeiras garotas de Amsterdã a aprender o *charleston*, o *two-step*, o tango e o foxtrote lento. Minha academia era a Stadhouderskade, e lá eu tinha aula com minhas amigas uma vez por semana. Nós ensaiávamos as danças com uma professora, uma pianista e também umas com as outras.

Nas noites de sábado e de domingo, a academia oferecia bailes gratuitos. Na época, dançávamos com os rapazes ao som de canções como "When You Wore a Tulip", "My Blue Heaven" e "I Can't Give You Anything But Love, Baby". Eu era uma dançarina muito animada e gostava tanto de dançar que nunca me deixavam sentada. Os jovens sempre pareciam me oferecer suas mãos enormes, para que pudessem dançar comigo e me acompanhar, depois, até em casa.

Eu andava na companhia de vários rapazes atraentes, incluindo um holandês muito alto, bem-vestido e extremamente cativante, um pouco mais velho que eu. Seu nome era Henk Gies. Eu o conhecera alguns anos antes na empresa têxtil, onde havíamos trabalhado juntos. Eu estivera lá como funcionária de escritório, e ele, como escriturário. Tínhamos nos afeiçoado na época e, embora tivéssemos seguido caminhos diferentes — eu na Travies and Company, ele na Agência de Serviço Social da Cidade de Amsterdã, como assistente social —, mantivemos contato. Eu o achava muito atraente. Seus cabelos claros e grossos cintilavam. Seus olhos eram cálidos e cheios de vida.

Henk também vivia no Bairro dos Rios. Na verdade, ele crescera no antigo sul de Amsterdã, perto do rio Amstel, quando havia fazendas e vacas e ovelhas ainda pastavam nas campinas. Agora, ele tinha um quarto na casa de uma família que morava na Rijnstraat, uma rua comercial com muitas lojas e olmos escuros e espessos.

As inovações do Sr. Frank estavam levando mais prosperidade para a Travies and Company. Seu holandês havia melhorado bastante e ele passava longas horas conosco elaborando propagandas para os produtos, as quais eu então colocava nas revistas lidas pelas donas de casa e pelas administradoras do lar.

O Sr. Kraler nem sempre me achava tão satisfatória quanto o Sr. Frank. Victor Kraler, sempre sério e meticuloso, com seus cabelos pretos penteados da mesma maneira insípida, gostava das coisas feitas do seu jeito, e apenas assim. Certa vez, o Sr. Frank me entregou uma carta e disse:

— Responda-a, por favor, Miep.

Eu atendi a solicitação e levei minha resposta até a sala que Frank e Kraler dividiam, mostrando-a para o primeiro. Ele a leu com muita calma e disse que estava ótima. Kraler também deu uma olhada, mas não concordou com Frank, declarando:

— Não, nós fazemos diferente.

Fiquei calada. Àquela altura, eu certamente sabia como escrever uma carta. O que o Sr. Kraler não entendia era que, sendo mulher, eu sabia que havia uma forma de se escrever para um negociante e outra de se escrever para uma dona de casa. Embora Kraler fosse casado, não tinha filhos, e via as práticas comerciais de uma maneira muito antiquada. A percepção empresarial de Frank era mais moderna e inovadora. No entanto, apesar de seu conservadorismo, o Sr. Kraler não era uma pessoa antipática. Ele era justo com seus empregados e geralmente ficava no seu canto.

Durante vários dias, a Srta. Heel não apareceu para trabalhar. Ela enviou uma mensagem para o Sr. Kraler, logo acompanhada por uma carta de seu médico. A carta dizia: "Como resultado de uma doença mental, a Srta. Heel não se mostra capaz de realizar o trabalho que dela é exigido na Travies and Company." Nós continuamos apreensivos e, quando nada mais aconteceu, pressupomos que havíamos nos livrado dela. Brincando, o Sr. Frank proclamou que aquela era "uma maneira fácil de se perder um nazista".

Nós concordamos, sem fazer qualquer indagação acerca da melhora ou da piora da saúde da Srta. Heel. Esperávamos ter nos livrado dela de uma vez por todas.

Em 1937, a Travies and Company se mudou para o número 400 da rua Singel, ocupando vários andares de uma velha casa de frontão triangular à beira do canal, e que possuía uma sala de trabalho na parte de baixo. Nós, agora, estávamos localizados a dois passos do belo mercado de flores flutuante que dava para o sinuoso canal Singel, uma das vias navegáveis mais charmosas da parte central de Amsterdã. Perto dali, para minha alegria, estava a Leidsestraat, uma rua comercial refinada; a Spui, cheia de estudantes descobrindo suas muitas livrarias; e a Kalverstraat, outra rua comercial. Embora eu fosse parcimoniosa com meu pequeno salário, não me custava nada caminhar e admirar as lojas da moda. Nada me dava mais prazer do que passear após o almoço num dia ensolarado e contemplar os vestidos mais novos nas vitrines.

Às vezes, Henk Gies e eu fazíamos curtos passeios durante o horário de almoço. O Sr. Frank o encontrara várias vezes dessa forma, e percebeu que Henk estava se tornando uma companhia constante. Os dois possuíam compleições muito semelhantes — eram altos e magros —, mas Henk tinha uma estatura um pouco maior, com seus cabelos claros crescendo em grossas ondas a partir da sobrancelha, enquanto os cabelos negros de Frank eram finos e tinham entradas. Eles eram parecidos em temperamento também, sendo homens de poucas palavras, com princípios nobres e um irônico senso de humor.

Certo dia, o Sr. Frank me convidou para jantar em sua casa. "Traga o Sr. Gies", acrescentou. Eu aceitei, honrada por ter sido convidada pelo meu chefe para partilhar de uma refeição com sua família.

O mais correto a se fazer seria chegar pontualmente às 18 horas, comer e, depois da refeição, ir embora com relativa rapidez, encurtando ao máximo a visita. Não estaria de acordo com a formalidade de nossa relação demorar muito tempo depois do jantar. Henk e eu chegamos na casa dos Frank no horário.

Ainda de paletó e gravata, o Sr. Frank estava mais relaxado no conforto de seu lar e a Sra. Frank nos cumprimentou com sua maneira reservada. Seus cabelos escuros e brilhantes haviam sido repartidos ao meio e penteados para trás, culminando num nó delicado atrás da cabeça. Ela possuía olhos negros, um rosto alongado e uma testa ampla. Suas bochechas eram carnudas e ela estava um pouco acima do peso, o que dava a seu corpo uma aparência materna e robusta. Embora o holandês da Sra. Frank estivesse melhorando, ela ainda falava com um sotaque acentuado, muito mais forte do que o do Sr. Frank. Henk também era fluente em alemão, então, foi nessa língua que todos nós conversamos. Lembrei como anos antes, no início, o holandês me parecera difícil. Naquele estágio da vida dos Frank, devia ser ainda pior.

A Sra. Frank sentia muita falta da Alemanha, muito mais do que seu marido. Com grande frequência, ao conversar, ela se referia melancolicamente à vida que levava em Frankfurt, à superioridade de alguns tipos de doces alemães e à qualidade das roupas de lá. Sua velha mãe, a Sra. Holländer, se mudara para a casa deles, mas sua saúde não estava boa, então ela acabava passando a maior parte do tempo na cama.

A mobília do apartamento havia sido trazida de Frankfurt, contendo muitas antiguidades, a maioria em madeira polida e escura, e muitas peças imponentes, negras e grandes. Gostei particularmente de uma delicada escrivaninha no estilo oitocentista francês, localizada entre duas janelas. A Sra. Frank mencionou que ela havia sido parte de seu dote. Um relógio de pêndulo majestosamente velho tiquetaqueava suavemente ao fundo. Era um Ackermann, fabricado em Frankfurt. Quando nos mostramos admirados, Frank nos disse que, depois de lhe darem corda, a cada três ou quatro semanas, o relógio não se atrasava.

Meus olhos então encontraram um lânguido esboço a carvão pendurado na parede, enquadrado com uma moldura delicada. Mostrava uma gata grande, com dois gatinhos a seu lado. A mãe estava serena, e os dois filhotes se aconchegavam em seu pelo, mamando. Os Frank adoravam gatos. E, de fato, uma gatinha amistosa marchou pela sala de maneira possessiva, como se fosse dona do lugar. Frank comentou que ela pertencia a suas filhas. Em todos os cantos havia sinais de que as crianças dominavam aquela casa: desenhos, brinquedos...

Nos últimos dias, a sangrenta Guerra Civil da Espanha quase não saíra de nossas cabeças. O general Franco, fascista espanhol, havia dissolvido quase todas as forças constituídas por voluntários de várias partes da Europa e de outros lugares distantes, como os Estados Unidos e a Austrália. Hitler e o líder fascista italiano, Mussolini, não escondiam a assistência e o apoio dados a Franco. Como partilhávamos das mesmas visões antifascistas, debatemos as últimas notícias vindas da Espanha e meneamos a cabeça em frustração, pois parecia que a brava resistência estava prestes a ser esmagada.

Estávamos sentados à mesa, quando Margot e Anne foram chamadas. Anne entrou correndo. Ela agora estava com 8 anos, ainda um pouco magra e delicada, mas tinha olhos verde-acinzentados elétricos e salpicados de verde. Eles haviam sido cravados muito profundamente, então, quando semifechados, pareciam cobertos por uma sombra escura. Anne herdara o nariz da mãe e a boca do pai, mas com um queixo levemente sobressalente e fissurado.

Aquela era a primeira vez que encontrávamos Margot, que chegou e se sentou. Ela tinha 10 anos de idade, era muito bonita e também ostentava brilhantes cabelos negros. As duas meninas traziam os cabelos cortados logo abaixo das orelhas, divididos lateralmente e presos por um grampo. Os olhos de Margot eram escuros. Conosco, ela se mostrava tímida e quieta, além de muitíssimo educada, como a pequena Anne. O sorriso de Margot deixava seu rosto ainda mais bonito. As duas meninas falavam holandês perfeitamente.

Margot parecia ser a preferida da mamãe, enquanto Anne se afeiçoava muito ao pai.

As duas filhas do casal Frank haviam sofrido com problemas de saúde durante o ano que se passara. Por causa das recorrentes doenças infantis, como o sarampo, elas foram obrigadas a perder muitos dias de aula. No decorrer do jantar, fiquei contente ao ver que, apesar do delicado estado de ambas, elas ainda conservavam um apetite feroz.

Após a refeição, as crianças pediram licença, desejando antes uma boa-noite. Elas voltaram para seus quartos a fim de fazer o dever de casa. Enquanto Anne saía, observei suas pernas magras e pequenas, revestidas por meias soquete brancas e pequenos escarpins. De maneira comovente e cômica, as meias se esgarçavam levemente ao redor de seu tornozelo fino. Uma onda de ternura se inflou em meu peito. Abafei um sorriso e o desejo de me abaixar e suspender aquelas meias até em cima.

Henk, os Frank e eu continuamos a conversar, e assim que nossas xícaras de café ficaram vazias pela segunda vez, nós agradecemos e fomos embora, rapidamente.

Aquele foi o primeiro dos ocasionais convites para jantar na casa dos Frank. Apesar de nossa formalidade, eu descobria cada vez mais sobre eles, pois a Sra. Frank gostava de relembrar seu passado, sua infância feliz na pequena cidade de Aachen, seu casamento com o Sr. Frank, em 1925, e a vida que os dois levaram em Frankfurt. O Sr. Frank havia crescido lá. No século XVII, sua família fizera parte da refinada comunidade judaica de comerciantes e banqueiros. Ele fora muito bem educado, tendo se tornado um corajoso soldado condecorado na Primeira Guerra Mundial, onde vira muitos combates e chegara ao posto de tenente.

Em Frankfurt, após a guerra, Frank virou um homem de negócios. Sua irmã vivia em Basel, na Suíça. Era casada com um trabalhador de uma empresa cuja matriz se localizava em Colônia, e que possuía uma subsidiária em Amsterdã. Era a Travies and Company, especializada em produtos alimentícios. Quando o Sr. Frank quis deixar a Alemanha, seu cunhado sugeriu que a filial holandesa o admitisse e o deixasse revitalizar os negócios. E foi isso que a Travies and Company fez — uma atitude que estava se mostrando bastante lucrativa para a empresa e também para o Sr. Frank.

CAPÍTULO TRÊS

HENK GIES E EU começamos a passar cada vez mais tempo um com o outro. Estávamos descobrindo lentamente o quanto tínhamos em comum, como o gosto por Mozart, que adorávamos. Lembro-me do quão contente ficamos ao notar que ambos éramos particularmente apaixonados por um concerto para flauta e harpa!

Quando estávamos juntos, eu, às vezes, percebia expressões de aprovação nos olhos de algum espectador. Nós dois nos orgulhávamos de andar bem-vestidos. De fato, Henk sempre se apresentava muito elegante. Eu nunca o encontrara sem gravata. Seus olhos azuis cintilavam com vivacidade. Nossa atração mútua era magnética. As pessoas que nos viam não tinham como não senti-la também.

Íamos ao cinema com frequência. Rapidamente, nossas visitas de sábado à noite ao Tip Top Theater, no velho Bairro Judeu, se tornaram um hábito. O cinema exibia filmes norte-americanos, britânicos e alemães, assim como cinejornais e um seriado que, muitas vezes, era tão fascinante que não podíamos esperar para retornar no sábado seguinte, a fim de ver o próximo episódio.

Como qualquer outro jovem casal holandês, nós passeávamos de bicicleta. Com apenas uma, no caso. Henk pedalava e eu me sentava lateralmente na garupa, com minhas pernas elevadas sobre o solo, minha saia tremulando contra o vento, minhas costas impelidas para fora, equilibrando-me, e meus braços agarrando com frouxidão a cintura de Henk.

Em qualquer dia quente e ensolarado, os habitantes de Amsterdã subiam em suas leais bicicletas negras, assim como nós. Famílias inteiras podiam se acomodar sobre uma ou duas delas. Com um pequeno assento posicionado no bagageiro, uma criancinha holandesa conseguia ir atrás e uma segunda poderia se sentar num banquinho posto à frente do condutor. Dois genitores eram capazes de transportar uma família de quatro crianças que não soubessem pedalar ainda. No entanto, assim que as crianças ficassem velhas o suficiente, ganhavam seus próprios veículos de segunda mão, seguindo seus pais ou suas mães por ruas pavimentadas, pelas pontes e por sobre os fluentes canais, como patinhos enfileirados.

Henk Gies e eu éramos loucos pelo mercado dominical do velho Bairro Judeu, muito próximo à majestosa sinagoga portuguesa localizada em frente ao rio Amstel. Pessoas de todos os lugares de Amsterdá adoravam ir até aquele bairro extraordinário, apinhado de construções do século XVII, XVIII e XIX, para passear pelo grande mercado ao ar livre, cheio de carrinhos de mão alinhados, atividades, cores e sons, em toda parte repleto de bens exóticos e pechinchas. Assim como Henk em seus tempos de infância, eu ia com frequência até lá nos domingos de manhã, ao lado de minha família adotiva. Por isso, nós dois, nos sentíamos em casa.

No bairro vivia o povo judeu mais pobre de Amsterdá. Muito tempo antes, judeus de países do leste tinham descoberto o caminho para a Holanda e, recentemente, chegaram os que vinham, refugiados, da Alemanha. Às vezes, era possível escutar iídiche e alemão. Contudo, as leis holandesas de imigração estavam ficando mais rigorosas e era cada vez mais difícil, para os judeus e outros refugiados, entrar na Holanda, assim como em diversos países da Europa Ocidental.

A torrente de foragidos havia se tornado um filete. Nós nos perguntávamos para onde eles seguiriam, ponderando, mais especificamente e com preocupação, sobre o local em que os judeus alemães conseguiriam abrigo, pois Hitler os tornava cada vez mais indesejáveis na Alemanha. Quem os receberia?

CERTA VEZ, Willem, nosso ajudante no escritório, dirigia o triciclo da empresa em alta velocidade, ao longo do Singel. O dia estava lindo. Gaivotas pairavam sobre o canal e, mais à frente, músicas latejantes fluíam de um realejo. Então, o jovem Willem acelerou o ciclo aos solavancos, passou da curva e foi atirado bem na água turva do canal Singel, em frente ao escritório.

O Sr. Frank e eu corremos para o lado de fora e, sem conseguir dominar as risadas, pescamos Willem e o veículo de entrega no canal. Nosso chefe enviou o jovem para casa num táxi e retornamos ao escritório, rindo sempre que nos lembrávamos do incidente.

Qualquer alegria que sentíamos feneceu em março de 1938, no dia em que todo o escritório estava reunido para ouvir o rádio do Sr. Frank. Uma voz dramática anunciou a entrada triunfal de Hitler na cidade de sua juventude, Viena. O locutor descreveu a atmosfera festiva e as multidões eufóricas e animadas.

Em Viena, Hitler vivera uma vida de marginalizado, assim como ocorrera comigo. Eu sofria por dentro. Imaginava a alegria histérica da massa austríaca que o aclamava. Acabei por me lembrar do meu passaporte austríaco e me arrependi profundamente por não ter me livrado dele antes.

Em seguida, todos nós ficamos espantados quando chegaram as notícias de que, numa orgia de depravação nazista, judeus vienenses haviam sido obrigados a limpar banheiros públicos e a esfregar as ruas. E também quando soubemos que seus bens tinham sido confiscados pelos nazistas.

Logo depois, fiz minha visita anual ao Departamento de Estrangeiros da polícia, no endereço O.Z. Achterburgwal, 181. Ano após ano, eu ia até lá para ter meu passaporte carimbado e meu visto prolongado. Naquele ano de 1938, para meu choque e horror, fui encaminhada até o consulado da Alemanha, onde meu passaporte austríaco foi tomado e, em troca, ganhei um passaporte alemão, com uma suástica negra carimbada ao lado da minha fotografia. No papel, minha nacionalidade agora era alemã. Isso, porém, não fazia sentido, pois de coração ainda era completamente holandesa.

Certa noite, algumas semanas após minha visita ao departamento de registro de estrangeiros e ao consulado alemão, eu estava em casa com minha família adotiva, na Gaaspstraat. Acabáramos de terminar o jantar e eu relaxava com o jornal e uma segunda xícara de café. Bateram na porta e fui chamada.

Estava lá uma jovem muito loura, mais ou menos da minha idade, com um sorriso açucarado. Perguntou-me se poderia falar comigo.

Eu a convidei para entrar e perguntei qual a natureza de sua visita. Como num jorro, a garota revelou que meu nome lhe fora indicado pelo consulado da Alemanha e que ela era, como eu, uma alemã patriota. O objetivo de sua visita era me convidar para ingressar no Clube das Jovens Nazistas. Os ideais do círculo eram aqueles do "nosso" Führer, Adolf Hitler, e outros clubes como o "nosso" brotavam por toda a Europa.

Ela continuou explicando que, quando eu me juntasse a eles — e não "se" eu me juntasse —, receberia um broche de filiação e poderia começar a frequentar as reuniões. Logo, vangloriou-se, "nosso" grupo ganharia uma viagem para a terra natal, a Alemanha, a fim de participarmos de atividades com nossas irmãs arianas. Ela prosseguiu com a mesma disposição, como se eu já fosse uma filiada.

A camada de açúcar em seu rosto derreteu quando recusei o convite.

— Mas por quê? — perguntou, desalentada.

— Como eu poderia me juntar a um clube como esse? — questionei, friamente. — Olhe o que os alemães estão fazendo com os judeus da Alemanha!

Seus olhos se cerraram e pousaram em meu rosto fixamente, como se para memorizar todos os meus traços. Fiquei feliz ao exibir meu semblante desdenhoso diante de seus pequenos olhos nazistas. Que ela me examinasse atentamente e visse por si mesma que algumas mulheres "arianas" não seriam dragadas pelos hitleristas.

Eu lhe desejei boa-noite e fechei a porta da frente às suas costas.

O TEMPO NA Holanda ainda não estava frio, apenas garoento e chuvoso, enevoado e nublado. Em novembro, uma das quatro noites que passei com os Frank foi particularmente marcada por tristeza acerca das notícias mais recentes do mundo. Algumas noites antes, no dia 10 de novembro de 1938, aconteceu a infame "Noite dos Cristais".

Naquele dia, centenas de empresas, lojas e lares judaicos foram estraçalhados e incendiados na Alemanha. As sinagogas, junto com livros judaicos sagrados, haviam sido destruídas; milhares de judeus foram espancados e baleados; mulheres, estupradas; e crianças indefesas, atacadas. Num inferno de cacos de vidro e destruição, muitos hebreus foram reunidos e deportados para destinos desconhecidos.

Subsequentemente, descobrimos que aqueles mesmos judeus estavam sendo acusados de incitação à violência e multados em milhões de marcos como punição.

O Sr. Frank, sua esposa, Henk e eu discutimos as últimas notícias. A Sra. Frank se mostrava particularmente eloquente em sua amarga reação àqueles acontecimentos bárbaros, ao mesmo tempo tão próximos e tão distantes.

Com seu habitual jeito calado e nervoso, o Sr. Frank continuava meneando a cabeça, mostrando ter esperanças de que o doentio ódio aos judeus agisse como uma febre violenta, que logo iria se aquietar, dando oportunidade para as pessoas perceberem que estavam sendo tolas ao ficar do lado daqueles tiranos sádicos. Afinal, a Alemanha se orgulhava de possuir uma tradição culta e civilizada. Será que ninguém se lembrava de que, milhares de anos antes, aqueles mesmos judeus haviam chegado até a Alemanha com os romanos?

Assim que Margot e Anne foram chamadas à mesa de jantar, interrompemos a discussão acerca daqueles eventos pavorosos, amenizando as vozes e falando apenas sobre assuntos alegres e agradáveis — assuntos adequados aos ouvidos inocentes e impressionáveis das crianças.

Alguns meses haviam se passado desde o último jantar na casa dos Frank. Podíamos perceber agora como Margot e Anne estavam mudando. Aos 9 anos, a pequena Anne desenvolvia uma personalidade e tanto. A cor de suas bochechas era brilhante, e ela falava apressadamente, com uma voz rápida e estridente. Margot ficava cada vez mais bonita, aproximando-se da adolescência. Quieta, sentando-se com as costas eretas e as mãos unidas sobre o colo, ainda era a mais introspectiva das duas meninas. Ambas se comportavam muito bem à mesa.

Descobrimos que Anne gostava de participar das peças escolares. Ela falava sobre suas várias companheiras de escola, referindo-se a elas como se cada uma fosse sua melhor e única amiga. Era claramente uma menina que gostava da companhia de suas colegas. Ela contava sobre as vezes em que visitava suas casas e também quando as recebia em seu lar. Juntas, Anne e as amigas passeavam por toda Amsterdã, realizando pequenas festas do pijama. Como Henk e eu, ela também era louca por cinema. Nós conversávamos sobre filmes que todos haviam visto, revelando quais celebridades preferíamos.

Margot tirava notas extraordinariamente altas na escola. Estava se tornando uma aluna espetacular e não ligava para as árduas horas de estudo necessárias para manter padrões tão altos. Anne também ia bem, mas estava se tornando muito popular.

A Sra. Frank vestia suas filhas de maneira muito bonita. Elas sempre usavam vestidos estampados recém-engomados e passados, muitos com colarinhos de linho branco bordados à mão. Os cabelos escuros das duas estavam constantemente lavados e eram penteados de forma reluzente. Seria exatamente assim que eu cuidaria de minhas filhas quando chegasse a hora, pensei.

No jantar, saboreamos as deliciosas sobremesas oferecidas pela Sra. Frank. Meu amor por doces era tão exacerbado quanto o das crianças. O fato de eu nunca conseguir recusar uma segunda porção se tornara uma piada. O Sr. Frank devia ser o contador de histórias da família, pois, antes que Margot e Anne fossem dispensadas para fazer o dever de casa, ele prometeu se juntar a elas para uma história quando tivessem terminado. Anne ficava muito contente com aquilo.

MAIS OU MENOS naquela época, um novo refugiado ingressou na Travies and Company. Era um homem de negócios conhecido há muito tempo pelo Sr. Frank. Ele seria nosso consultor/perito no ramo de temperos, já que meu patrão expandia o negócio com rapidez. Seu nome era Herman van Daan e, embora fosse um judeu de origem holandesa, vivera muitos anos na Alemanha. Sua esposa era uma judia alemã. Ele também tinha deixado a Alemanha com sua família quando Hitler chegara ao poder. O nome da empresa de temperos era Pectacon.

Não havia nada sobre temperos que o Sr. Van Daan não conhecesse; com apenas uma inalada, era capaz de nomear qualquer condimento. Sempre com um cigarro pendendo na boca, ele era um homem alto, grande e bem-vestido que se inclinava levemente quando caminhava. Possuía um rosto másculo e liso, e poucos cabelos lhe restavam, embora estivesse apenas no meio de sua quarta década de vida. Além disso, o Sr. Van Daan sempre se encontrava disposto a fazer piadas.

Van Daan era uma pessoa bastante agradável e não teve problemas para se adaptar à rotina da Travies and Company e da Pectacon. Ele nunca conseguia começar seu dia de trabalho sem um café forte e um cigarro. Quando se juntavam para pensar, o Sr. Frank e o Sr. Van Daan elaboravam ideias bem-sucedidas para o marketing de nossos produtos e para a procura de novos clientes.

OCASIONALMENTE, AOS sábados à noite, os Frank começaram a organizar recepções em sua casa, com café e bolo. Às vezes, Henk e eu éramos convidados para as reuniões. Com frequência havia mais outros sete ou oito visitantes, todos alemães, a maioria judeus refugiados que tinham escapado da Alemanha de Hitler.

Embora aquelas pessoas não se conhecessem de antemão, elas tinham muito em comum. O Sr. Frank gostava da ideia de apresentar os refugiados àqueles holandeses que se mostravam interessados em seus destinos, no motivo de suas fugas e em seu bem-estar na Holanda. Ele sempre apresentava Henk Gies e eu como "nossos amigos holandeses".

O Sr. Van Daan muitas vezes ia, levando sua bela e faceira esposa, Petronella. Outro casal que com bastante frequência fazia sua visita eram o senhor e a senhora Lewin. O Sr. Lewin trabalhava como farmacêutico que enfrentava dificuldades para encontrar emprego em Amsterdã. Os dois vieram da Alemanha, embora a Sra. Lewin fosse cristã. Tanto os Lewin quanto os Van Daan haviam se mudado para apartamentos no Bairro dos Rios.

Outra pessoa frequentemente convidada era um cirurgião-dentista chamado Albert Dussel. Tratava-se de um homem bonito e charmoso, parecido com o romântico cantor francês Maurice Chevalier. Dussel levava consigo sua lindíssima esposa, com quem acabara de fugir da Alemanha. Chamava-se Lotte e ela não era judia.

Eu gostava do Dr. Dussel. Era uma pessoa muito cativante. Quando descobri que ele havia sido admitido pelo meu dentista na Amstellaan, e que também tinha esperanças de um dia montar seu próprio consultório, decidi fazer com ele meu tratamento dentário. Exatamente como eu esperava, o Dr. Dussel se revelou um excelente dentista.

Naquelas reuniões de sábado, todos nós nos sentávamos ao redor de uma grande mesa redonda de carvalho escuro, localizada na sala de estar dos Frank. A mesa era preenchida com xícaras de café, com vasilhas cheias de nata, com a refinada e bela prataria da Sra. Frank e com deliciosos bolos caseiros. Todos falavam ao mesmo tempo, e todos também sabiam com detalhes o que se dera recentemente ao redor do mundo, principalmente no que dizia respeito à Alemanha. Quando a Tchecoslováquia foi ocupada por Hitler, em março de 1939, nossas vozes se ergueram em discussões raivosas. Uma coisa havia sido a anexação dos Sudetos, em setembro de 1938, para "preservar a paz"; outra, era aquela invasão, um desaforo.

Em cada encontro sabatino, chegava um momento em que as meninas da família Frank entravam na sala. A conversa dos adultos era interrompida de repente, enquanto elas eram apresentadas e cumprimentavam os convidados. Anne sorria com facilidade — um sorriso contagiante, que iluminava seu rosto por completo. Com uma pele muito boa, Margot dava sinais de estar se tornando uma grande beldade, começando a desenvolver uma aparência formosa. Elas recebiam fatias de bolo e as devoravam juntas, com Anne mal alcançando o nariz de Margot. A sala continuava bastante quieta até que as meninas partissem e as portas se fechassem. Então, de imediato, nossas vozes voltavam a rugir.

As conversas sempre acabavam retornando à vida na Alemanha anterior ao momento em que os presentes tiveram de fugir de sua terra natal. Diante da dificuldade das coisas, nossos amigos alemães eram cuidadosos com as reclamações. Quando a época estava ruim para os adultos, as crianças nunca ficavam sabendo. Essa era a forma como os holandeses tratavam as crianças também. Todas aquelas eram pessoas que trabalhavam duro e que haviam construído uma vida digna. Ninguém imaginara que seria forçado a se afastar de suas raízes e a fugir da própria pátria, recomeçando tudo num país estrangeiro, em plena meia-idade. Felizmente, eles tinham ido para a Holanda, um lugar livre e tolerante como nenhum outro.

A fumaça dos cigarros se elevava em lufadas. As discussões nunca de fato terminavam; elas apenas se enfraqueciam à medida que a hora do jantar se aproximava. Henk e eu estávamos entre os primeiros que se despediam e desciam os dois andares de escada até a Merwedeplein.

Nós, às vezes, quase colidíamos com Margot e Anne, chegando com suas leais bicicletas negras e suas bochechas rosadas pelo ar fresco. Elas encostavam os veículos contra o corrimão da escada da frente e corriam para cima. Henk e eu cruzávamos em passos rápidos a praça relvada e seguíamos nosso rumo.

CAPÍTULO QUATRO

Durante todo o início de 1939, e principalmente após a ocupação da Tchecoslováquia, ficamos ainda mais preocupados com relação a Hitler. Sabíamos que ele não era alguém digno de confiança. A atmosfera no decorrer da primavera e do verão foi de cautela e nervosa. A Holanda mobilizara suas tropas para mantê-las em estado de alerta. Algumas pessoas eram totalmente apáticas diante dos acontecimentos globais, importando-se apenas com o carteado de domingo. Outras, porém, reagiam à situação mundial como se isso fosse uma farpa debaixo da unha que nunca saía, a dor estava sempre lá. Nós vivíamos de forma mais intensa.

Mais tarde, naquele verão, a rainha Guilhermina formalizou ao mundo a absoluta neutralidade da Holanda.

A tensão forçou Henk e eu a analisarmos nossa situação. Uma profunda ligação de amor verdadeiro crescera entre nós. Nenhum dos dois havia se comprometido formalmente, pois nossa renda era muito modesta e não tínhamos economias ou qualquer outra coisa que pudéssemos usar para comprar móveis e começar uma vida. Casais mais pobres, como nós, geralmente precisavam enfrentar noivados longos.

No entanto, optamos por deixar a cautela de lado. O tempo passava e ambos estávamos ficando mais velhos. Eu havia completado 30 anos, e Henk chegava perto dos 34. Decidimos que nos casaríamos assim que conseguíssemos encontrar um apartamento. Começamos, assim, a tarefa quase impossível de achar um lugar para morar imediatamente.

À procura de um apartamento ou de suítes no apartamento de terceiros — qualquer tipo de acomodação decente —, Henk e eu parecíamos ter cruzado toda a cidade de Amsterdã. Não havia nada disponível. Henk, com um temperamento mais paciente, nunca demonstrou que estava atormentado pela frustração, mas meu lado teimoso veio à tona. Quanto mais eu fracassava, mais determinada ficava. Jurei para mim mesma que, se houvesse algum lugar escondido para nós na cidade, eu, de alguma forma, o encontraria. Não importava quantas viagens de bicicleta sob o vento gélido, a escuridão nevoenta ou a friagem do início da manhã, antes do horário de trabalho, seriam necessárias.

Infelizmente, toda a minha determinação não estava ajudando Henk e eu a ficarmos juntos. Amsterdã sempre tivera a tradição de abrigar aqueles que, de uma forma ou de outra, haviam fugido da tirania. Apesar das rígidas leis de imigração, a cidade agora estava abarrotada de refugiados, tanto políticos quanto religiosos. Todos espremiam mais alguém no sótão ou num porão inutilizado. Famílias abrigavam inquilinos e, às vezes, os inquilinos abrigavam outros locatários. A população da cidade superara suas acomodações. Simplesmente não havia mais qualquer aposento disponível.

À medida que continuamos nossa malsucedida busca por um apartamento, o acontecimento que todos temiam finalmente ocorreu. No primeiro dia de setembro de 1939, o exército de Hitler entrou marchando na Polônia. No dia 3 de setembro, a Inglaterra e a França declararam guerra contra a Alemanha. A Holanda se localizava bem no meio desses três países.

Porém, uma vez que a Polônia foi rapidamente conquistada na *Blitzkrieg*, pouca coisa aconteceu. Nós começamos a nos referir à guerra como uma "guerra sentada", ou *Sitzkrieg*. Então, no dia 8 de novembro, nossos corações se encheram de esperança pela primeira vez em muito tempo, quando chegou pelo rádio a notícia de que um atentado contra a vida de Hitler havia sido executado. Sim, a tentativa falhara, mas, pela primeira vez em um longo período, havia evidências de que em algum lugar ainda existiam "bons" alemães. Se tinha ocorrido um atentado contra a vida de Hitler, então poderia acontecer outro. E esse outro talvez tivesse sucesso. Será que eu deveria ter esperanças?

Minha vontade era que Hitler fosse deposto, assassinado, qualquer coisa. Então, enquanto refletia sobre meus torturantes sentimentos, percebi o quanto eu mudara. Tinha sido educada para não odiar nada. Assassinato era um crime terrível. E lá estava eu, cheia de ódio e pensamentos homicidas.

UM INVERNO GELADO se abateu sobre Amsterdã. Os canais congelaram. Patinadores surgiram rapidamente sobre eles. A neve apareceu antes da hora. No dia 30 de novembro, o Exército Vermelho da União Soviética atacou a Finlândia. Ao saudarmos o ano de 1940 e a nova década, porém, o rádio se mostrava estranhamente quieto. Mais uma vez, nada parecia acontecer. Eu me perguntava o que o novo ano traria. Henk e eu estávamos mais uma vez determinados a encontrar, no ano seguinte, um lugar para morar e uma maneira de dar início à nossa vida conjugal. Talvez até conseguíssemos começar nossa própria família.

OS NEGÓCIOS CONTINUAVAM a melhorar na Travies and Company. Mais empregados se faziam necessários no crescente ramo de temperos do Sr. Van Daan. Percebemos, então, que tínhamos crescido demais para as salas da Singel, 400. Em janeiro de 1940, o Sr. Frank anunciou que havia encontrado outro escritório, com espaço abundante, suficiente para que a empresa continuasse a prosperar. O novo prédio, no Prinsengracht, outro canal que se curvava pela velha Amsterdã, não ficava longe de nossa antiga localização.

O edifício fora erguido no número 263. Era uma construção estreita, de frontão triangular e tijolos vermelhos, original do século XVII. Parecia demais com muitos edifícios antigos daquela região de Amsterdã. Como fôramos para o oeste, nós, agora, fazíamos limite com um bairro de trabalhadores conhecido como Jordaan, termo derivado da palavra francesa que designa "jardim" — *jardin*. Todas as ruas de lá haviam sido batizadas com nomes de flores. O novo escritório estava localizado numa rua de minúsculas fábricas, armazéns e outras empresas pequenas, como a nossa.

O lugar era irregular, com três portas no térreo dando para o canal. A primeira entrada dianteira escondia uma escadaria de madeira íngreme e velha que levava até os almoxarifados, os quais, num primeiro momento, não tínhamos necessidade de explorar ou usar. Por meio de uma escada curta, a porta seguinte conduzia a um patamar com outras duas portas de vidro fosco. A do lado direito, com a inscrição ESCRITÓRIO, era a entrada do meu ambiente de trabalho, com espaço para mais funcionários. A que ficava ao lado esquerdo do patamar se abria para um corredor que continha a entrada do escritório de Kraler e Van Daan, à direita. No final da passagem, havia quatro degraus e outro pequeno patamar, com uma porta de vidro fosco dando para o escritório particular do Sr. Frank. A terceira porta na frente do prédio conduzia à área de trabalho localizada ao rés do chão.

Esperando para nos receber estava um gato preto e branco grande e obeso, com um rosto levemente surrado. O bichinho me examinou longamente. Eu o olhei da mesma forma e logo consegui um pouco de leite. Detestava pensar nos ratos gordos de Amsterdã que se escondiam naquele lugar velho, úmido e disperso. Ao mesmo tempo, aquele gato seria o mascote de nosso escritório e manteria a população de ratos sob controle.

A empresa modificara uma parte do quadro de funcionários. Willem nos deixara, sendo substituído por dois novos empregados: um homem mais velho e um jovem aprendiz.

Em seguida, o Sr. Frank me chamou em sua sala e me apresentou uma jovem que estivera entrevistando. Ela possuía cabelos louro-acastanhados e era um tanto mais alta que eu. Usava óculos, e eu podia logo dizer que era aflitivamente tímida. Seu nome era Elli Vossen. O

Sr. Frank tinha acabado de contratá-la para trabalhar no escritório. Elli estava com 21 anos.

Eu a tomei como minha protegida e a coloquei na mesa que ficava em frente à minha. O Sr. Frank gostava dela, assim como eu. Imediatamente, formamos uma boa equipe e nos tornamos amigas. Começamos a almoçar e a passear juntas, conversando uma com a outra sobre os mais diversos assuntos. Ela era a mais velha de seis irmãs e um irmão.

Logo após termos nos mudado, o Sr. Frank admitiu na empresa um cavalheiro holandês de meia-idade. Seu nome era Jo Koophuis. Com o passar dos anos, ele realizara diversas negociações comerciais com o Sr. Frank, sendo também um de seus amigos pessoais. O Sr. Koophuis possuía uma aparência frágil e um rosto pálido, óculos grandes e grossos, um nariz achatado e um olhar delicado. Era uma pessoa quieta, cuja personalidade imediatamente inspirava sentimentos de confiança e gentileza. O Sr. Koophuis e eu logo consolidamos uma cordial relação.

Jo Koophuis, Elli Vossen, as outras meninas do escritório e eu passamos a partilhar a sala da frente. Kraler e Van Daan continuaram a dividir a outra, nos fundos. Na verdade, aqueles homens pareciam ter formado duas equipes: Koophuis e Frank, se especializando em produtos domésticos e assuntos financeiros, e Van Daan e Kraler, lidando com temperos, principalmente aqueles utilizados na preparação de salsichas.

Intermitentemente, muitas outras mulheres foram contratadas para trabalhar com Elli e eu no escritório. Elas costumavam ser jovens agradáveis, que realizavam o próprio serviço e iam embora. Eu havia me tornado a funcionária mais antiga. Cabia a mim garantir que nossas responsabilidades não deixassem de ser cumpridas e que nosso trabalho fosse realizado com eficiência e ordem, sempre de forma apresentável e limpa. E assim era.

MARGOT FRANK completara 14 anos em fevereiro de 1940, um dia depois de eu ter feito 31. Ao jantar na casa dos Frank naquele inverno, nos demos conta de que estávamos diante de uma moça, e não mais de uma menina. Ela havia encorpado bastante. Óculos grossos agora cobriam seus olhos gravemente negros e sua atenção estava sempre direcionada para questões livrescas, nunca para frivolidades. Apesar dos óculos, Margot continuava a ficar bonita, com sua pele suave e viçosa.

Anne ainda não chegara aos 11 anos naquele frio inverno de 1940. Ela claramente venerava a irmã mais velha, e tudo que Margot fizesse ou dissesse era absorvido por seus olhos ligeiros e sua mente ágil. Aliás, Anne desenvolvera a técnica do mimetismo. Ela imitava qualquer um ou qualquer coisa e era muito boa nisso: o miado da gata, a voz de sua amiga, o tom autoritário da professora... Não conseguíamos segurar as risadas diante de suas pequenas apresentações; ela era muito talentosa com a voz. Anne adorava ter diante de si uma plateia atenta e ouvir nossa reação a suas sátiras e palhaçadas.

Anne também tinha mudado. Suas pernas finas pareciam se alongar cada vez mais por debaixo de seu vestido, assim como seus braços. Ela ainda era uma menina magra e esguia, mas dava a impressão de ter entrado num surto de crescimento pré-adolescente, com os braços e as pernas repentinamente longos demais para o próprio corpo. Ainda como o bebê da família, Anne sempre queria um pouquinho mais de atenção.

Ela passou a adoecer menos no decorrer do ano anterior. Margot, infelizmente, não melhorara, continuando a sofrer de problemas menores — dores de estômago e coisas do tipo. As crianças agora falavam sempre em holandês, sem sotaque, e a fluência da Sra. Frank progredia. Às vezes, a fim de dar a ela uma oportunidade para praticar, nós alternávamos do alemão para o holandês as conversas que tínhamos durante nossas visitas, guiando-a e tentando tornar divertido seu aprimoramento. A nova língua era mais árdua para a Sra. Frank, provavelmente porque ela ficava muito tempo em casa. Havia sido muito mais fácil para o marido, vagando pela vida de Amsterdã, e para as crianças, que se acostumaram com o holandês como patos se acostumam à água.

A PRIMAVERA DE 1940 irrompeu sobre nós. O solo derretia e as barracas de flores estavam cheias de tulipas, junquilhos e narcisos-dos-prados úmidos. Embora fôssemos sovinas com nossas economias, um pouco sempre podia ser reservado para a compra de um punhado de flores de corte. O ar sedoso e os dias alongados nos traziam sensações de esperança diante da situação da Europa. Quem sabe?

Henk e eu passávamos cada minuto livre juntos. À medida que a delicadeza da primavera crescia, ele se tornava mais bonito e encantador aos meus olhos. Suas piadas pareciam mais engraçadas e seu braço em volta de meu ombro ficava mais firme.

No dia 6 de abril, chegou a notícia de que outro atentado fora realizado contra a vida de Hitler. Aquilo quase me fez gritar de alegria. Por pouco a tentativa não dera certo. Quem sabe, desejei, os "bons" alemães não acertariam numa terceira vez?

Em seguida, porém, Hitler entrou marchando na pequena Dinamarca e, também sem qualquer esforço, na Noruega. Quase nenhum tiro havia sido disparado naqueles locais. Na Holanda, todos tinham o mesmo medo. Esperávamos para ver o que aconteceria em seguida. Felizmente, nós fomos poupados. Então, continuamos a desfrutar da primavera.

CAPÍTULO CINCO

EM MAIO, NUMA noite de quinta-feira, eu me arrastei até o quarto de minha irmã, Catherina, onde ficava minha cama. A noite estava excepcionalmente aprazível. Nossa tradicional conversa de fim de noite terminara quando repreendemos uns aos outros, lembrando que precisávamos acordar cedo na manhã seguinte, para outro dia de trabalho.

No meio da noite, interrompendo meu pesado sono, escutei o que parecia ser um persistente zumbido. Deixando a sonolência me envolver, desprezei-o, mas o ruído se misturou a um barulho de trovão distante e abafado. Nenhuma das interrupções me abalara muito, até que, de repente, percebi Catherina tentando me acordar. No andar de baixo, alguém girava o estático dial do rádio. Meu coração começou a bater com força.

Descemos correndo a escada para nos juntar à família e tentar descobrir o que estava acontecendo. As notícias no rádio eram confusas. Seriam aqueles aviões da Alemanha? Se sim, por que seguiam em direção ao oeste? As pessoas correram até as ruas para ver se alguém sabia. Algumas haviam subido no telhado. As distantes explosões chegavam da direção do aeroporto.

A aurora despontou, mas a confusão permaneceu. Ninguém voltou a dormir. Cada um de nós estava muito transtornado. Chegaram rumores de que soldados alemães, vestidos com uniformes holandeses, saltavam de paraquedas de aviões, e também de que bicicletas, armas e equipamentos estavam caindo dos céus. Ninguém nunca tinha visto ou ouvido algo parecido.

Todos nós estávamos perdidos. A princípio, uma série de informações era passada de boca a boca, e então outra e mais outra. Por fim, a rainha Guilhermina se pronunciou no rádio e disse, com a voz carregada de emoção, que os alemães haviam atacado nossa querida Holanda. E estávamos sendo invadidos, mas nos defendíamos.

Isso aconteceu em 10 de maio de 1940, uma sexta-feira. Ninguém sabia ao certo o que fazer. Como eu, a maioria das pessoas foi trabalhar da mesma forma que fazia em qualquer outro dia.

O clima no escritório era de desespero e choque. O rosto do Sr. Frank estava branco. Nós nos amontoamos ao redor do rádio de sua sala e o escutamos durante todo o dia, procurando saber sobre o desenrolar dos acontecimentos. Parecia que, embora em inferioridade numérica, nosso valente exército holandês continuava lutando e estávamos opondo resistência. Não era hora para discussões. Fizemos nosso trabalho em silêncio. Nenhuma atitude podia ser tomada, a não ser esperar para ver.

No horário de almoço, Henk veio correndo de seu escritório. Juntos, nós nos aconchegamos, com medo de imaginar o que poderia acontecer. Várias vezes ao longo do dia, soaram alarmes antiaéreos. Obedientemente, esperamos até o sinal que indicava o fim do ataque, pois não havia abrigos em nosso bairro. No entanto, nenhuma bomba caiu e não vi qualquer batalha ou homem de uniforme.

Mais rumores circulavam. Os soldados alemães estariam pulando de paraquedas vestidos de enfermeiras, freiras e pescadores holandeses. Periodicamente, pelo rádio, chegavam instruções para que ficássemos em recinto fechado e para que descartássemos todas as bebidas alcoólicas, a fim de proteger as mulheres dos soldados alemães, caso eles chegassem. As pessoas corriam para as lojas e compravam o máximo de comida que podiam.

Um toque de recolher foi estabelecido para as 20 horas. Éramos orientados a colocar fitas no vidro de nossas janelas, pois isso poderia nos proteger de estilhaços que estivessem voando. Instruíram-nos também a comprar papéis pretos para cobrir as vidraças à noite. Eu fiz isso.

A todo momento, minha cabeça estava grudada no rádio. As informações eram confusas. Nossas tropas holandesas estariam contendo a investida? Seria verdade, como sustentava um rumor, que o governo holandês enviara um navio para IJmuiden, a fim de levar os judeus para a Inglaterra? Seria verdade também que muitos judeus haviam cometido suicídio? E que outros tinham fugido para a Inglaterra em embarcações compradas por eles mesmos?

A confusão continuou por vários dias adentrando o fim de semana. Qualquer informaçãozinha se espalhava como fogo. Ouvimos que batalhas pesadas aconteciam ao redor da cidade de Amersfoort, que os fazendeiros foram instruídos a sair de lá, que as vacas tinham sido abandonadas nas pastagens e que elas gemiam e choravam porque não haviam sido ordenhadas e suas tetas estavam rebentando.

Então, chegou a pior notícia até o momento: à noite, a rainha, sua família e o governo haviam fugido de navio para a Inglaterra, levando consigo todo o ouro do tesouro holandês. Uma onda de abatimento tomou conta de nós. Os monarquistas choravam de vergonha, sentindo-se abandonados. Em seguida, foi dito que o príncipe Bernardo, marido da princesa Juliana, voltara secretamente para Holanda e se juntara mais uma vez às tropas holandesas na Zelândia.

Com a mesma rapidez que começou, aquilo tudo terminou. Às 19 horas do dia 14 de maio, o general Winkelman foi ao rádio e anunciou que os alemães haviam devastado Roterdã com bombas atiradas do alto; que inundações se alastravam por regiões inteiras da Holanda por causa da abertura de diques; que os alemães tinham ameaçado bombardear Utrecht e Amsterdã se continuássemos a resistir. Para evitar a perda de mais vidas e propriedades, explicou o general, estávamos nos rendendo aos alemães. Ele pediu para que todos ficássemos calmos e esperássemos instruções adicionais.

Como os ladrões mais abjetos, os alemães haviam nos atacado à noite. Agora, de repente, nosso mundo não era mais nosso. Uma atmosfera estranha e límbica instalou-se sobre nós. Esperávamos para ver o que aconteceria. Enquanto isso, o ódio ardia lentamente por dentro. Nada pior poderia acontecer conosco; não éramos mais livres.

Algumas pessoas queimaram jornais antinazistas, livros ingleses e dicionários. Outras começaram a se indagar acerca de seus amigos e vizinhos. De repente, passou a ser importante saber quem poderia ter se afeiçoado aos nazistas durante todo aquele tempo e quem poderia ser um espião. E que coisas havíamos dito àquelas pessoas das quais, agora, desconfiávamos?

Começamos, então, a ver uniformes alemães pelas ruas. Com fardas e capacetes, o exército da Alemanha desfilava por Amsterdã de maneira triunfante. As pessoas se postavam ombro a ombro, muitas em aglomeração, enquanto os alemães marchavam pomposamente em tanques e veículos motorizados, seguindo pela ponte Berlage até a praça Dam durante todo o pôr do sol.

Os habitantes assistiam, com a maioria dos rostos imóvel, indecifrável e quieta. De seus buracos surgiam nazistas holandeses, que aplaudiam, acenavam e davam boas-vindas. Algumas pessoas, como Henk e eu, viravam o rosto e não olhavam. Para nós, havia apenas dois lados: o dos que estavam "certos", composto por aqueles holandeses leais que se opunham ao nazismo a qualquer preço, e o dos que estavam "errados", composto por aqueles que colaboravam ou simpatizavam com o regime. Não havia meio-termo.

A VIDA PROSSEGUIA quase como de costume. Os negócios da Travies and Company continuavam a prosperar. Nós trabalhávamos calmamente o dia todo. Quatro vezes por hora, ressoavam pelo edifício os sinos da Westerkerk, localizada mais à frente. A igreja era uma construção simples, com tijolos vermelhos e cumeeiras elevadas. Diziam que era o local onde os ossos de Rembrandt estavam enterrados. Os sinos badalavam com uma rica ressonância, de certa forma abafada pelos muitos olmos que se alternavam pela rua, ao longo do canal.

Assim que nos mudamos para o Prinsengracht, eu reparava naqueles sinos a cada 15 minutos, interrompendo meu trabalho, olhando pela janela por um instante e, geralmente, observando as gaivotas se lançarem ao canal para apanhar comida. Em seguida, eu retornava para qualquer trabalho que estivesse na mesa à minha frente. Dentro em pouco, porém, após várias semanas ocupando aquele local, eu muitas vezes sequer percebia a presença deles. Os sinos tinham se tornado parte integrante da atmosfera.

Certo dia, o Sr. Frank me chamou para um canto e, com uma expressão contente no rosto, disse que lera o anúncio de cômodos disponíveis para aluguel em nosso bairro, na Hunzestraat, 25. Estaríamos interessados?

Antes de ir para o trabalho, na manhã seguinte, encontrei o Sr. Frank e, juntos, fomos até um prédio de tijolos igual a todos os outros na Hunzestraat, uma rua tranquila a apenas dois quarteirões do apartamento dos Frank, na Merwedeplein. O aposento estava localizado no térreo. O Sr. Frank tocou a campainha e esperamos. Uma senhora pequena e bonita, morena e rechonchuda, atendeu. Seu nome era Sra. Samson. O Sr. Frank fez as devidas apresentações e todos nós trocamos apertos de mão. Percebemos que a Sra. Samson era judia. Em seguida, ela nos mostrou os cômodos e disse que eles haviam ficado disponíveis de repente. A Sra. Samson era faladora e suas palavras fluíam com facilidade.

Aparentemente, ela tinha uma filha casada que morava em Hilversum, alguns quilômetros fora de Amsterdã. No dia do ataque alemão, a filha, seu genro e seus netos decidiram que tentariam fugir para a Inglaterra, retirando-se, como muitos outros, para a cidade portuária de IJmuiden.

Quando chegou em casa naquela noite e soube de sua filha e das duas crianças pequenas, o marido da Sra. Samson, um fotógrafo que tirava retratos infantis em escolas, ficou bastante chateado, pois não os havia visto antes da partida. Em seguida, decidiu que iria para IJmuiden e tentaria encontrá-los, para dizer adeus.

Ele não sabia que sua filha, assim como seus familiares, não tinha conseguido embarcar num dos apinhados navios daquele dia, sendo forçada a voltar para Hilversum. Enquanto os procurava, o Sr. Samson entrou numa embarcação e não foi capaz de desembarcar. A Sra. Samson ficou sabendo que, de alguma forma, ele partira acidentalmente para a Inglaterra.

Agora ela se encontrava sozinha no apartamento, sem saber se veria seu marido de novo. Tinha medo de ficar só. Era por isso que os cômodos estavam para alugar.

Eu lhe disse imediatamente que gostaria de alugá-los. Henk e eu nos mudaríamos sem demora. Ela se mostrou aliviada. Durante tempos como aquele, seria melhor ter pessoas jovens e fortes em seus aposentos.

Henk e eu nos mudamos para os aposentos da Sra. Samson. Assim que nos transferimos, dissemos a ela que éramos casados, porém dentro em pouco, à medida que a conhecemos melhor, revelamos que aquilo não era verdade, mas que esperávamos nos casar logo. Aquele período incomum estava rapidamente suscitando soluções pouco habituais.

Durante o dia, enquanto os alemães sobrevoavam nossas cidades, podíamos escutar o zumbido dos aviões. Chegaram notícias de que Luxemburgo e Bélgica haviam sucumbido quase tão rapidamente quanto a Holanda; de que a Alemanha invadira a França com êxito e a batalha continuava; e de que um homem chamado Winston Churchill havia substituído Neville Chamberlain como primeiro-ministro da Inglaterra.

Na Bélgica, o rei Leopoldo III se rendera aos nazistas, estando agora em suas mãos. Aos poucos, começamos a perceber que fora melhor a rainha Guilhermina não ter caído em domínio alemão e, talvez, estar segura na Inglaterra. Ela se pronunciou de maneira comovente para nós, holandeses, na rádio BBC, dizendo que lideraria, da Inglaterra, o governo livre da Holanda, até que os alemães pudessem ser derrotados. A rainha pediu para permanecermos calmos, para não desistirmos, para impormos resistência aos nazistas de todas as maneiras possíveis, afirmando que, um dia, de alguma forma, voltaríamos a ser uma nação livre.

No fim de maio, um nazista de origem austríaca chamado Arthur Seyss-Inquart, que se tornara chanceler da Áustria após a anexação do país à Alemanha em 1938, foi nomeado *Reichskommisar* dos Países Baixos por Hitler. Seyss-Inquart era um homem atarracado e de aparência comum, que sempre usava óculos reluzentes e caminhava mancando. é evidente que, nós o desprezamos de imediato.

Em junho, a suástica tremulava no alto da Torre Eiffel, em Paris. O exército alemão devastava a Europa como um dilúvio e parecia imbatível. As forças vitoriosas de Hitler ocupavam a maior parte do continente, das ilhas árticas da Noruega até as regiões viticultoras da França, das extremidades orientais mais longínquas da Polônia e da Tchecoslováquia até as baixadas na margem de nossa pequena Holanda, no Mar do Norte. Como a Inglaterra poderia enfrentar sozinha tamanho poder? O Sr. Churchill bramia no rádio que eles podiam e conseguiriam. Os ingleses eram nossa única esperança.

Uma quase normalidade permaneceu em Amsterdã quando o verão chegou. Muitas vezes, parecia que nada havia mudado. As castanheiras se encheram e a luz do sol estival se estendia até 22 horas. Henk e eu, com nossos parcos pertences, logo organizamos os dois cômodos de nosso pequeno lar, completamente mobiliado e com uso partilhado da cozinha e do banheiro.

Pela primeira vez eu passei a cozinhar refeições completas. Percebi que tinha jeito para a culinária. Henk estava feliz, assim como eu. Era quase como se nada tivesse se alterado — até a próxima vez que meus olhos pousassem sobre um soldado alemão sentado numa cafeteria ao ar livre ou sobre policiais alemães conhecidos como *Grüne Polizei*, ou "Polícia Verde", por causa da cor de seus uniformes. Então, a realidade de nossa dominação retornava a seu lugar. Eu recolocava aquela expressão impenetrável em meu rosto e continuava a cuidar de minhas coisas.

Os alemães tentavam nos conquistar com gentilezas. Não fui enganada por aquela cordialidade e aura de confiança. Eu simplesmente evitava qualquer tipo de contato. Isso não era difícil, já que não parecia haver muitos soldados entre nós.

Agora, durante todo o dia, a estação de rádio oficial não tocava nada além de música germânica. Os cinemas só exibiam filmes alemães, então, naturalmente, deixamos de frequentá-los. Foi decretado que ouvir a BBC era ilegal. Isso não teve qualquer impacto sobre nós, já que toda a esperança e todo o encorajamento vinham de lá.

Então, no final de julho, a Radio Orange, voz do governo holandês exilado em Londres, passou a ir ao ar à noite e era como água para sedentos. Uma vez que os jornais haviam parado de publicar notícias que não fossem alemãs, nós não tínhamos conhecimento de nada do que acontecia no mundo exterior e ansiávamos por qualquer informação. Assim, toda noite, embora a audição fosse ilegal, nós nos reuníamos ao redor do rádio para ouvir a transmissão.

Apesar de sua constante inquietação, até então os judeus holandeses não haviam sido tratados de maneira diferente das outras pessoas. Em agosto, judeus refugiados da Alemanha foram instruídos a se apresentar ao departamento de estrangeiros para serem cadastrados, o que eles fizeram. Nenhum dano lhes foi causado. Eles foram cadastrados e apenas isso.

Os cinemas exibiam um cinejornal chamado *O judeu eterno*, mas, como havíamos parado de ir ao cinema, nem Henk, nem eu, o vimos. Livros que desagradavam os alemães foram removidos de nossas bibliotecas e livrarias. As pessoas diziam que eles também estavam fazendo mudanças nos livros didáticos, para que se adaptassem a sua ideologia.

Em agosto, Hitler começou a lançar centenas de bombardeiros pelo Canal, em direção a Inglaterra. Primeiro surgia um tremor e logo após, mais um. Todo dia ouvíamos infindáveis zumbidos de avião à distância. Às vezes, escutávamos a RAF voando para o leste, o que fazia nossos corações acelerarem. A BBC falava de bombardeios sobre Berlim. A esperança crescia. Então, a rádio alemã anunciava a incineração de Londres e o fato de os ingleses estarem quase em ponto de capitulação. Nossos corações ficavam apertados e o ódio se agitava.

Em setembro, a Luftwaffe de Hitler começou a efetuar pesados raides aéreos à noite. O zumbido daqueles arautos da morte constituía o pano de fundo do meu sono noturno. Como nos fora prescrito, ao anoitecer eu cobria as janelas com pedaços de papel preto. As noites em casa pareciam sufocantes; sem a entrada do luar, nossos cômodos ficavam completamente escuros.

Milhares de operários holandeses estavam trabalhando em fábricas da Alemanha, do outro lado da fronteira. Outros profissionais tinham ido para empresas alemãs na Bélgica e França. Em todos os lugares brotavam cartazes vividamente coloridos, convidando os trabalhadores holandeses para trabalhar na Alemanha. Aqueles cartazes sempre exibiam rostos arianos idealizados, com bochechas rosadas.

Os repugnantes nazistas holandeses, conhecidos como NSB, se juntaram aos nazistas alemães. Eles recebiam tratamento especial e privilégios. Nós mantínhamos distância daquelas víboras. Nem sempre sabíamos quem estava "certo" e quem estava "errado", então nunca falávamos sobre a guerra com alguém se não tivéssemos certeza. Às vezes, quando eu ia fazer compras, encontrava as lojas quase vazias. Os alemães começaram a se apropriar de nossa comida e a embarcá-la para sua terra natal.

O desânimo judaico se agravou quando, no outono de 1940, os judeus holandeses do serviço público e de outros cargos públicos e governamentais, como carteiros, professores colegiais e docentes universitários, foram obrigados a abdicar de seus postos. Um clamor se ergueu. Outros, como Henk, tiveram de assinar uma "Declaração Ariana", o que não passava de uma afirmação maliciosamente redigida que, em essência, dizia: "Eu não sou judeu." Ficamos chocados com aqueles decretos — chocados, enraivecidos e envergonhados, pois muitas pessoas dignas e versadas tinham sido dispensadas de forma extremamente desprezível.

Nada daquilo modificara a rotina da Travies and Company, a não ser pelo fato de termos rebatizado o gato do escritório de Moffie, um apelido que usávamos para designar os alemães. Moffen era um biscoito no formato de um porco gordo e pequeno. Como nosso gato era conhecido por roubar comida das casas da vizinhança, assim como os alemães faziam com a nossa, Moffie parecia um nome apropriado.

O Sr. Frank e o Sr. Van Daan fizeram o máximo para camuflar qualquer medo e abatimento que estivessem sentindo. Ao lado deles, todos se comportavam da forma mais natural possível. Porém, por meio de um decreto de 22 de outubro de 1940, os nazistas exigiram que nossa empresa fosse cadastrada, junto com todos os outros negócios pertencentes a judeus ou que tivessem um ou mais sócios judaicos.

TUDO COMEÇOU insidiosamente, e, enquanto o longo e sombrio inverno se instalava sobre nós, a corda ao redor do pescoço dos judeus começou a apertar. Primeiro, todos os nossos judeus foram compelidos a se cadastrar no departamento de recenseamento. A taxa era de um florim. Nós brincávamos, dizendo que os alemães estavam fazendo aquilo pelo dinheiro. Então, surgiram rumores de que em Haia, a menos de cinquenta quilômetros de Amsterdã, começaram a aparecer, em bancos de parque e lugares públicos, placas com as inscrições PROIBIDO PARA JUDEUS e JUDEUS NÃO SÃO BEM-VINDOS AQUI. Poderia ser verdade algo daquela natureza na Holanda?

A resposta se tornou clara à medida que explosões de antissemitismo ocorriam em Amsterdã. Combates violentos entre judeus e nazistas despontaram no velho Bairro Judeu, próximo ao mercado. Os alemães usavam isso como desculpa para alçar as pontes ao redor do bairro, postar soldados e obstruir a região com tabuletas. No dia 12 de fevereiro de 1941, o jornal nazista holandês noticiou que judeus com dentes afiados haviam dilacerado o pescoço de soldados hitleristas e sugado seu sangue como vampiros. A profundidade das mentiras e da depravação nazista chocava a todos nós.

Então, em nosso próprio bairro, no sul de Amsterdã, aconteceram várias altercações violentas entre judeus e nazistas. Uma delas ocorreu numa adorada sorveteria da Rijnstraat, a Koco's. Diziam que judeus haviam derramado amônia sobre a cabeça dos soldados alemães.

Quatrocentos reféns hebreus foram capturados no velho Bairro Judeu em fevereiro. Em seguida, circularam rumores relatando as tarefas humilhantes que aquelas pessoas eram obrigadas a desempenhar, como engatinhar aos pés dos soldados nazistas. Depois disso, sob a mira de armas, eles eram aglomerados numa *razia* — palavra holandesa para "rodeio" — e levados por um caminhão. Eram conduzidos até um campo de prisioneiros chamado de Mauthausen. Rapidamente, surgiram boatos de que aqueles homens tinham se deparado com mortes "acidentais". Famílias foram notificadas de óbitos causados por ataques cardíacos e tuberculose. Ninguém acreditava naquelas histórias de falecimentos repentinos.

Os holandeses demoram para se enfurecer, mas, quando finalmente perdem a paciência, sua ira arde de maneira impetuosa. Para demonstrar a real extensão da indignação que sentíamos diante do tratamento dado ao povo judaico, convocamos uma greve geral para o dia 25 de fevereiro. Nós queríamos que nossos judeus soubessem que nos preocupávamos muitíssimo com o que lhes acontecia.

No dia marcado, o caos se instaurou. Todos os meios de transporte foram paralisados. À frente da greve, estavam nossos estivadores, e todos os outros trabalhadores seguiam aquele exemplo. Antes da ocupação alemã, a Holanda tivera uma grande variedade de partidos e grupos políticos. Agora, de repente, só havia um: o antialemão.

A greve de fevereiro se estendeu por três maravilhosos dias. Ouvi dizer que o moral dos judeus holandeses se elevara bastante. Todos sentiram a solidariedade que a greve animara. Era perigoso, é claro, mas também era sensacional fazer algo contra nossos opressores. Depois de três dias, no entanto, os nazistas reafirmaram o próprio poder com represálias brutais.

Henk e eu não visitávamos a casa da família Frank há bastante tempo. Sentíamos uma grande angústia por nossos amigos judeus. Eu era consumida por uma terrível sensação de arrependimento. Como pudéramos ser tão ingênuos a ponto de achar que nossa neutralidade seria respeitada por um homem imoral como Adolf Hitler? Se ao menos nossos amigos judeus tivessem fugido para os Estados Unidos ou para o Canadá! Henk e eu ficávamos especialmente atormentados diante dos Frank, com suas duas filhas adolescentes. A Sra. Frank, aliás, tinha dois irmãos que haviam partido para os Estados Unidos.

Quando encontramos os Frank novamente, percebemos que, desde a ocupação, a fraca saúde de Margot fora agravada pelas angústias. Ela ficava doente com muita frequência, mas conseguia impedir que qualquer coisa interferisse em seus estudos. Sua natureza doce e tranquila abafava os medos que sentia.

Enquanto isso, Anne se tornava a pessoa mais extrovertida da família. Ela falava francamente sobre qualquer tipo de coisa. Estava a par de tudo o que acontecia no mundo ao redor e se mostrava indignada com as injustiças que eram cometidas contra os judeus.

Além dos vários interesses de Anne, como as estrelas de cinema e as melhores amigas, um novo assunto havia chamado sua atenção: meninos. A prosa dela agora vinha temperada com tagarelices sobre certos jovens do sexo oposto.

Era como se os terríveis acontecimentos do mundo exterior estivessem acelerando o desenvolvimento daquela garotinha, como se de repente ela estivesse apressada para vivenciar tudo. Por fora, ela era uma menina delicada e vivaz que ainda não completara 12 anos; por dentro, porém, parte dela subitamente se tornara muito mais velha.

SEM AVISO, recebi uma intimação para me apresentar ao consulado alemão. Fui tomada pelo medo e por um mau pressentimento.

Vesti-me com muito cuidado, e Henk e eu fomos até lá, na Museumplein. O consulado alemão estava localizado num edifício patrício, construído numa rua próxima ao Rijksmuseum. O lugar exalava a uma atmosfera sinistra.

Henk e eu nos aproximamos da porta e fomos interpelados. Perguntaram-nos a natureza de nossa visita. Em seguida, mostrei a intimação que recebera. Após um exame minucioso, fomos conduzidos por uma soleira e por um corredor, até chegar a uma porta específica. Apertei com força um dos braços de Henk.

A porta estava entreaberta. Antes de podermos entrar, fomos questionados mais uma vez. De novo, mostrei a intimação. Era possível ouvir gritos ameaçadores do lado de dentro. Minha voz interior afirmava que algo muito ruim estava prestes a acontecer. Minha mão agarrou com mais força ainda o braço de Henk.

Mandaram-me entrar. Henk começou a caminhar a meu lado, mas o guarda esticou uma das mãos e pediu para que ele esperasse.

Eu entrei sozinha.

Do lado de dentro, quando apresentei minha intimação, o oficial não iniciou qualquer discurso cortês, apenas exigiu meu passaporte e olhou para mim como se eu fosse uma mancha de sujeira. Entreguei-lhe o documento, com o coração batendo com força. Ele o pegou e saiu.

Esperei durante um tempo que parecia interminável. A todo momento, pensamentos terríveis passavam por minha cabeça: o de que eles me mandariam de volta para Viena; o de que eu nunca mais veria meu querido Henk; o de que eles tentariam me convencer a ingressar no partido nazista holandês; ou o de que alguma coisa aconteceria com meus parentes que ainda viviam na capital austríaca.

Em determinado momento, um oficial chegou do escritório de trás, olhou-me de cima a baixo, não disse nada e saiu novamente. Mais tempo se passou. Outro funcionário entrou na sala e me examinou por inteiro. Tive a impressão de que eles me examinavam para tentar me entender. A maioria das mulheres alemãs da minha idade trabalhava como empregada doméstica. Eu não parecia uma e sabia que isso os deixava confusos.

Por fim, o primeiro oficial retornou com meu passaporte nas mãos. Perguntou-me se era verdade que eu me negara a ingressar no Clube das Jovens Nazistas. Lembrei, então, da visita daquela jovem, muitos meses antes.

— Sim, é verdade — respondi.

Com uma expressão gélida no olhar, ele me entregou o passaporte.

— Seu passaporte foi invalidado — disse friamente. — A senhorita deve retornar a Viena dentro de três meses.

Eu abri o documento. Na página que exibia sua data de validade, ele havia colocado um grande X negro. O passaporte agora era, de fato, inválido.

Sem saber o que fazer, fui até o Departamento de Estrangeiros da polícia, onde, a cada ano, no passado, eu me recadastrava. O departamento ficava em O.Z. Achterburgwal. Lá, por todo aquele tempo, eu sempre fora tratada com gentileza. Perguntei ao policial responsável pela repartição dos estrangeiros o que fazer. Contei-lhe o que havia acontecido no consulado alemão e mostrei-lhe meu passaporte.

Ele me escutou compreensivamente e examinou o grande X. Em seguida, meneou a cabeça com tristeza.

— Estamos vivendo num país ocupado. Não podemos mais ajudar a senhorita. Não temos autoridade. — Ele pensou por mais alguns segundos e coçou a cabeça. — Tudo que posso sugerir é que a senhorita volte ao consulado alemão e faça uma cena. Comece a chorar e diga que realmente não estava falando sério quando se negou a ingressar no Clube das Jovens Nazistas.

Minhas costas se enrijeceram.

— Nunca.

— Então, a única alternativa na qual consigo pensar é a senhorita se casar com um holandês.

Eu lhe disse que estava planejando fazer exatamente aquilo.

Ele balançou a cabeça.

— Pensando bem, para se casar, a senhorita precisará de sua certidão de nascimento, que está em Viena.

Eu lhe disse que ainda possuía vários parentes por lá. Quem sabe eles não poderiam me ajudar? Ele continuou a menear a cabeça e indicou a data inscrita ao lado do grande X.

— Não dará tempo. A senhorita só tem três meses para conseguir sua certidão. Mesmo em épocas normais, talvez levasse um ano ou mais para fazer com que um documento fosse enviado. E nós não estamos numa época normal.

Uma expressão triste tomou conta de seu redondo rosto holandês.

Eu corri para casa e escrevi rapidamente para meu tio Anton, em Viena. "Por favor, envie-me minha certidão de nascimento!", implorei, colocando a carta nos correios com prontidão.

Então, a espera começou.

Naquela primavera, enquanto eu aguardava notícias do meu tio, a Alemanha continuou a avançar. O rádio não parava de anunciar as vitórias do general Rommel no norte da África, proclamando também que os alemães estavam prestes a conquistar a Grécia e a Iugoslávia, e que a Romênia, mesmo com um governo pró-Alemanha, também estava sob ocupação, assim como nós. Ao lado de outras pessoas parecidas comigo, eu me agarrava a cada notícia boa que ouvíamos na BBC ou na Radio Orange, como as derrotas e os atos de sabotagem bem-sucedidos realizados pelas forças de resistência clandestinas que lentamente surgiam na Holanda e em todos os lugares.

Os gregos se renderam em abril de 1941. Os jornais exibiram a suástica tremulando sobre a Acrópole da mesma maneira que tremulara na França.

Ao mesmo tempo, surgiu uma enxurrada de decretos antissemitas. De repente, os judeus foram proibidos de se hospedar em hotéis ou de frequentar cafeterias, cinemas, restaurantes, bibliotecas e até parques públicos. Para piorar, eles estavam sendo forçados a entregar seus rádios para a polícia. Às próprias custas, eles tinham de deixá-los em bom estado de funcionamento e levá-los para as autoridades. Ficar sem aquela forma de ligação com o mundo exterior era inconcebível; o rádio servia como fonte de toda notícia e esperança.

Finalmente, meu tio Anton respondeu. Sua carta, entretanto, dizia apenas que ele precisava do meu passaporte para conseguir a certidão de nascimento. "Envie-o imediatamente."

Eu devia ter previsto aquilo. Seria impossível. Se mandasse meu passaporte para Viena, ficaria logo evidente que ele tinha sido invalidado. Eu não podia deixar que o tio Anton soubesse disso. Apenas o fato de ele ter tido contato com alguém que se recusara a aderir ao Clube das Jovens Nazistas poderia colocá-lo, e a meus outros parentes, em perigo.

Naturalmente, o Sr. Frank tinha consciência de tudo que se passava comigo. Apesar de seus problemas, ele sempre era um ouvinte compreensivo para meus contratempos. Eu me abria com ele o tempo todo, então, contei-lhe sobre as consequências recentes e preocupantes que acompanharam a carta do tio Anton. O Sr. Frank me escutou com serenidade, refletindo acerca da situação. Então, juntos, examinamos meu passaporte e meneamos nossas cabeças em desespero.

Em seguida, uma das sobrancelhas do Sr. Frank se arqueou.

— Tenho uma ideia — anunciou ele. — Por que a senhorita não tira uma fotocópia da primeira página do passaporte? Apenas dela, da página que traz sua fotografia e o carimbo alemão oficial, com a suástica. Depois, envie-a para seu tio em Viena e solicite que leve a fotocópia até a Prefeitura. Isso mostra que existe um passaporte. Peça, então, para ele dizer que a senhorita não tem como enviar o documento completo, pois ultimamente não pode perambular pela Holanda. — Nós trocamos o olhar de dois conspiradores. — Quem sabe não dá certo?

Eu fiz o que o Sr. Frank sugeriu. O tempo estava se esgotando para mim. Henk e eu parecíamos dois esquilos esperando numa gaiola, cada um fazendo o máximo para esconder do outro o que sentia. Ser obrigada a deixar a Holanda era, para mim, um destino pior que a morte.

Todo dia, enquanto eu aguardava notícias do tio Anton, novos decretos antissemitas eram baixados. Agora, os médicos e dentistas hebreus não poderiam atender pessoas que não fossem da fé judaica. Ignorei isso e continuei me tratando com o Dr. Dussel. Os judeus também não tinham mais permissão para se banhar em piscinas públicas. Perguntei-me onde Anne e Margot Frank, assim como suas amigas, iriam relaxar no verão.

A população judaica era obrigada a comprar o *Semanário Judeu*, onde os novos decretos eram publicados. Talvez os alemães pensassem que, daquela forma, nós, cristãos, não tomaríamos conhecimento do que acontecia com os judeus. Mas informações sobre cada nova medida se espalhavam como fogo. Além disso, pequenos folhetos e jornais antialemães começaram a circular clandestinamente. Eles eram completamente ilegais, porém nos ofereciam uma lufada de ar fresco e um antídoto para o veneno de mentiras e perseguições que nos circundava por toda parte.

Então, uma carta enviada por meu tio Anton chegou. Ela dizia: "Fui até a Prefeitura com a fotocópia de seu passaporte. Em todos os lugares há jovens fazendo a saudação nazista. Eles ficaram me encaminhando de uma pessoa para outra, de um lugar para outro. Por fim, caí em desespero. Contudo, não deixe de ter esperanças. Tentarei mais uma vez e, se não obtiver qualquer resultado, irei falar pessoalmente com o prefeito de Viena!"

Aquelas palavras me amedrontaram imensamente. Se o tio Anton desse início a um inquérito, descobririam que eu me recusara a fazer parte do Clube das Jovens Nazistas e que meu passaporte tinha sido invalidado. O tio Anton corria perigo apenas por ajudar alguém como eu. Aquilo era terrível. E o que é pior: pouquíssimo tempo me restava.

Finalmente, em junho, quando tudo parecia perdido, uma terceira carta do tio Anton chegou. Eu prendi a respiração e a abri. Ela dizia: "Fui até a Prefeitura para tentar novamente. Dessa vez, havia uma mulher mais velha no gabinete. Eu lhe disse que tinha uma sobrinha em Amsterdã ansiosa para se casar com um rapaz holandês e perguntei se ela não poderia conseguir sua certidão de nascimento, que estava em Viena. Em seguida, a idosa balconista abriu um sorriso e me disse: 'Escute, eu tenho muitas lembranças maravilhosas de Amsterdã, pois passei várias férias encantadoras por lá. Espere aqui.' Ela saiu da sala e retornou rapidamente, com a certidão nas mãos. Ei-la aqui, minha querida sobrinha. Que Deus abençoe você e seu rapaz holandês. Tio Anton."

De dentro, minha certidão de nascimento, cuidadosamente dobrada, se soltou.

Na Travies and Company, todos ficaram contentes com a notícia. O ânimo de cada um se elevou e eu agradeci efusivamente ao Sr. Frank. Afinal, aquilo tudo tinha sido ideia dele. Ele, porém, dispensou minha gratidão.

— Estou muito feliz por você e por Henk, disse-me.

Elli me deu um abraço e todos se reuniram para ver o documento. Eu me sentia como se estivesse num turbilhão de alegria.

Rapidamente, Henk e eu corremos até a Prefeitura de Amsterdã para marcar a data de nosso casamento. Contudo, a felicidade que sentíamos logo se esvaiu. Fomos informados de que, quando um holandês se casa com alguém de fora, o passaporte do estrangeiro precisa ser entregue ao empregado da Prefeitura. Nós ficamos em estado de choque. Meu passaporte possuía um X enorme e fora invalidado. Se o funcionário simpatizasse com os nazistas, eu seria deportada.

Com o coração na boca, marcamos nosso casamento para 16 de julho de 1941. Deixaríamos que a sorte decidisse nosso destino.

No dia 16 de julho, o sol brilhava. Era uma bela manhã de verão em Amsterdã, como num conto de fadas. Vesti meu casaco mais bem talhado e um chapéu; Henk, um fino paletó cinza. Como aquele era o dia de nosso casamento, nos permitimos uma viagem no bonde de número 25, que seguia para a praça Dam. O tempo todo, minha cabeça só era capaz de se concentrar no grande X e no cancelamento de meu passaporte. Eu não conseguia relaxar, assim como Henk.

Enquanto o bonde se aproximava da praça apinhada de pombos, ciclistas e pessoas que seguiam para o trabalho, eu só tinha certeza de uma coisa: independentemente do que acontecesse, mesmo que me entregassem aos alemães para ser deportada, eu nunca voltaria a Viena. Nunca. Não havia a menor possibilidade de isso acontecer. Eu encontraria um esconderijo imediatamente. Viraria uma *onderduiker* — termo alemão que designa aquele que "mergulha", que vira clandestino, que se esconde. Eu jamais, jamais retornaria para a Áustria!

O Sr. Frank interrompeu as atividades da Travies and Company naquele dia. Na Prefeitura, enquanto Henk e eu esperávamos para sermos chamados, alguns de nossos amigos chegaram. Entre eles estavam meus pais adotivos; a Sra. Samson, nossa senhoria; Elli Vossen; e o Sr. Van Daan, ao lado de sua esposa. Ela usava um sofisticado chapéu de feltro e um curto casaco feito sob medida.

Como Margot e sua avó estavam doentes, a Sra. Frank ficou em casa para cuidar delas. Anne e o Sr. Frank chegaram juntos. Ele estava elegante, com um terno escuro e um chapéu. Anne, por sua vez, parecia realmente crescida em seu terninho e seu chapéu harmonioso, com uma fita que circundava a aba. Seus cabelos haviam crescido e estavam brilhantes e cheios por causa da escovação.

Todos os nossos amigos se encontravam bastante apreensivos durante a espera. Se alguma vez um grupo de pessoas conseguiu prender a respiração simultaneamente, fomos nós. Todos estavam a par da arriscada situação.

Os olhos de Anne iam e voltavam, com sansiedade, de Henk para mim. Ela se mantinha próxima ao pai, agarrada à mão dele. Talvez fôssemos os primeiros noivos enamorados que ela via em carne e osso. Pela forma com que olhava para Henk, eu podia perceber que Anne o achava distinto e vistoso. Quem sabe ela não me via da mesma maneira? O casamento era o acontecimento amoroso mais importante para uma menina de 12 anos.

Nosso grupo era apenas mais um entre os vários que ali aguardavam. Nomes eram chamados; mais pessoas chegavam. Por fim, gritaram nosso nome. Henk e eu demos um passo em direção à mesa. Nossos amigos se comprimiam a nossas costas, como se fossem uma parede. O funcionário esticou uma de suas mãos e pediu o certificado oficial.

Henk o entregou. O empregado examinou-o, fez uma anotação, ergueu os olhos e disse:

— Por favor, eu poderia ver o passaporte da noiva?

Parecia que um grande punho tinha agarrado meu coração e o espremido. Aquele era o terrível momento. Eu sabia, Henk sabia, todos os nossos amigos sabiam. Seguiu-se um absoluto silêncio.

Eu estivera segurando meu passaporte de maneira tão firme que ele ficou grudado em minha mão. Então, eu o desgrudei e o entreguei. Todos os olhos se fixaram no policial, tentando decifrar, em seu rosto insondável, qual seria sua inclinação política. Ele abriu o passaporte e folheou as páginas. Durante todo aquele tempo, porém, sua visão estava direcionada a Henk, e não a mim ou ao passaporte. Sem olhar para baixo, ele afirmou:

— Está tudo certo.

O punho soltou meu coração e senti como se milhares de pequenos choques formigantes passeassem sobre meu corpo. Meus joelhos estavam fracos, e minha garganta, fechada.

Minha cabeça ribombava enquanto nosso pequeno grupo se transferia para a sala ao lado, onde a cerimônia oficial ocorreria. Como não tínhamos muito dinheiro, havíamos escolhido a solenidade mais barata. Henk e eu nos aglomeramos ao lado de outros dois casais prestes a se casar. O oficial pronunciava às três noivas a habitual promessa legal que as esposas tinham de fazer: "...deveis acompanhar seus maridos..." Eu, porém, não escutava nada. Nada além do palpitar de um delicioso tambor em minha cabeça que, com um estrondo glorioso, martelava: "Sou holandesa! Sou holandesa! Sou holandesa!"

O palpitante tambor foi repentinamente interrompido. Minha manga foi puxada. Era Henk. Todos os olhos se voltavam para mim, esperando. Um segundo se passou. Os afetuosos olhos azuis de Henk me explicaram o que estava acontecendo.

— Sim — afirmei de improviso —, eu aceito, eu aceito.

Um suspiro de alívio coletivo se elevou da multidão.

Nosso pequeno grupo marchou em direção às ruas. O doce sol de verão era intenso e a alegria se precipitava. Anne pulava para cima e para baixo, esquecendo seu aprumo de menina mais velha. Os olhos de nossos amigos brilhavam lacrimosos. Todos se abraçavam; houve beijos e fortes apertos de mão entre o grupo e até entre os estranhos que eram atraídos pela agitação. Encontramos um fotógrafo de rua e o contratamos para tirar retratos nossos para um álbum de recordações.

Eu estava tão eufórica que quebrei a tradição holandesa, que dizia que o noivo deveria carregar a certidão de casamento. Minha felicidade era tanta que, durante toda aquela tarde, agarrei o documento como um torno de bancada. Meu sonho de virar holandesa se tornara realidade graças a Henk. No entanto, eu estava contente porque ele era meu parceiro ideal; meu amor por ele era verdadeiro.

Anne ficou impressionada com minha aliança de ouro e a examinou sonhadoramente. Tenho certeza de que estava imaginando que, um dia, também ela se casaria com um homem alto e elegante como Henk. Por vivermos numa época difícil, tínhamos apenas uma aliança, embora fosse de costume que o casal possuísse duas. Entretanto, apenas conseguíramos juntar dinheiro suficiente para uma de ouro, e Henk insistiu para que fosse eu a usá-la. Decidimos que, depois, quando os tempos árduos terminassem, compraríamos outra para ele. Por enquanto, uma aliança estava de bom tamanho.

Meus amigos implicaram comigo por eu ter me esquecido de responder ao oficial quando ele perguntou se eu aceitaria ou não Henk como esposo. Eu lhes disse que só conseguia pensar no fato de que, finalmente, havia me tornado holandesa. "Uma grande vitória contra os Moffen, não é mesmo?" Nossos amigos riam.

O grupo se dispersou. Henk e eu tínhamos de ir à casa de meus pais adotivos para uma reunião familiar. O Sr. Frank nos informou que, na manhã seguinte, faria uma festa em nossa homenagem no escritório.

— Mas não há necessidade — disse-lhe.

Ele não aceitou minha objeção.

— Estarei lá! — anunciou Anne, sorrindo de maneira radiante.

Na manhã que se seguiu, o escritório se tornou um salão de festas. Um dos agentes de viagem que trabalhava para a empresa levou linguiça de fígado, bifes fatiados, salames e queijo. Tudo foi disposto em pratos. Fazia muito tempo que não víamos tanta carne.

— É muita comida — disse eu ao Sr. Frank.

— Bobagem — replicou ele com um sorriso, muito contente por ter um motivo para comemorar durante aqueles tempos sombrios.

Anne usava um belíssimo vestido de verão e estava de bom humor. Ela ajudou a organizar as carnes sobre os pratos, a cortar os pães, a espalhar a manteiga... Ainda estávamos todos em estado de euforia. Como parecia haver muito pouco a ser feito contra nossos opressores, minha vitória se mostrava ainda mais doce.

Anne e Elli distribuíam pratos e mais pratos de comida. Todos nós comemos até ficarmos estufados e bebemos até não sermos mais capazes de dar outro gole. Preparamos torradas. Fiquei profundamente comovida com os presentes que nos foram oferecidos. Não era fácil comprar coisas bonitas naqueles dias, mas todos tinham dado um jeito. Anne nos presenteou com uma baixela de prata em nome de sua família e da equipe do escritório. O Sr. Van Daan e sua esposa nos deram taças de cristal com cachos de uva burilados. Da Sra. Samson, veio uma caixa de cerâmica que possuía uma tampa prateada no formato de um pequeno peixe. Havia ainda outras coisas.

Eu percebi como Anne fixava seus olhos em Henk e em mim. Ela estava extremamente fascinada por nossa romântica história de amor. A menina nos tratava quase como se fôssemos estrelas de cinema, e não dois holandeses perfeitamente comuns que simplesmente tinham acabado de se casar.

CAPÍTULO SEIS

Durante todo o verão, um surto de decretos antissemitas foi publicado, um após o outro. Primeiro, no dia 3 de junho de 1941, chegou a ordem de que um grande "J" negro deveria ser acrescentado às carteiras de identidade de cada uma das pessoas que, durante o censo, tinham sido cadastradas como possuindo dois ou mais avós judaicos. Na Holanda, todo mundo, tanto os cristãos quanto os judeus, vinham sendo forçados a carregar constantemente uma cédula de identificação.

As pessoas cochichavam que nós, holandeses, especialmente os judeus, talvez tivéssemos sido tolos ao responder honestamente e a todas as perguntas do censo. Agora, como se houvessem nos enganado, os alemães sabiam exatamente quem eram e onde estavam todos os judeus da Holanda. Quando o "J" foi solicitado, estabeleceu-se uma pena: qualquer judeu que se esquecesse de fazer o cadastro ficaria detido por cinco anos e teria todas as propriedades confiscadas. A lição ensinada por aqueles que haviam sido enviados para Mauthausen, e que tinham desaparecido ou morrido, ainda estava viva na memória do povo holandês.

Algumas das normas antissemitas eram risíveis. Os judeus, por exemplo, não tinham mais permissão para possuir pombos. Outras, por sua vez, tiveram um efeito devastador, como quando, de repente, as aplicações e os bens dos judeus foram congelados para transferência e uso. Eles não podiam mais fazer o que bem entendessem com as próprias economias e posses. Começamos a perceber que uma lenta estrangulação se desenrolava: primeiro, o isolamento; agora, o empobrecimento.

Em meio a tudo isso, as crianças judias praticamente não haviam sido molestadas. Agora, porém, elas não tinham mais permissão para se misturar aos colegas de classe que não fossem judeus. Estavam sendo obrigadas a frequentar escolas exclusivamente judaicas e a serem instruídas apenas por professores semitas. Anne e Margot Frank eram loucas por seu colégio. Eu sabia que as duas ficariam arrasadas.

A fim de se adaptar ao novo decreto, escolas exclusivas para judeus começaram a surgir em Amsterdã. Em setembro de 1941, Anne e Margot passaram a frequentar a Escola Secundária Judaica. Açoitar adultos com o cruel chicote do ódio era algo terrível, e víramos que aqueles porcos alemães eram completamente capazes de fazer isso. Porém, machucar crianças indefesas era ainda pior.

Henk e eu ficávamos devastados pela frustração quando o assunto era o tormento de nossos amigos judeus. Diante deles, agíamos da forma mais natural possível, assim como eles faziam conosco. Em casa, porém, quando a noite caía, a frustração e o ódio do dia me deixavam completamente exaurida. Embora nenhum de nós pudesse justificar uma amarga sensação de vergonha, ela ainda assim se revolvia e nos consumia por dentro.

O OUTONO CHEGOU, e os dias começaram a ficar mais curtos. Os alemães tinham invadido a Rússia em junho, continuando a devastar aquele extenso país como se nada pudesse impedi-los. Chovia com frequência e o céu parecia estar sempre cheio de nuvens e névoa. Ficava cada vez mais difícil comprar o que era necessário nas lojas. Na Pectacon Company, havíamos começado a estocar produtos conhecidos como *ersatzes*, ou substitutos, pois nem sempre conseguíamos obter os temperos e produtos autênticos que estávamos acostumados a vender. Os produtos *ersatzes* geralmente eram alternativas bastante inferiores.

Nossos vendedores percorriam toda a Holanda e continuavam a trazer encomendas para o Prinsengracht. Algumas delas vinham de militares alemães postados em diversas guarnições ao redor do país. Uma ou duas vezes por semana, aqueles agentes de venda retornavam ao escritório de Amsterdã com seus pedidos e nós os completávamos e enviávamos.

Quando voltavam à empresa, porém, os vendedores também traziam consigo histórias de suas viagens e nos informavam sobre a situação de outras partes da Holanda. Eles nos disseram que, apesar da ocupação, a vida prosseguia em todo o país, mas que por toda parte os recursos holandeses — nosso carvão, nossa carne, nossos queijos — estavam sendo pilhados e levados para a Alemanha, do outro lado da fronteira.

Nas reuniões que os Frank organizavam aos sábados, muitas vezes eu me deparava com o Sr. Lewin, um amigo do Sr. Frank que fugira da Alemanha e que precisara interromper seu trabalho como farmacêutico por causa dos nazistas. O Sr. Frank tinha oferecido àquele homem alguns de nossos vários depósitos vazios, para que pudesse usá-los como laboratório. Eu nunca tive oportunidade de entrar num daqueles cômodos inutilizados, mas, de tempos em tempos, indo ou voltando, o Sr. Lewin se detinha e falava sobre seus experimentos. Às vezes, exibia cremes para a pele que havia produzido em seu laboratório improvisado.

Até então, os decretos que depunham os judeus de vários ofícios e empresas não haviam afetado o Sr. Frank e o Sr. Van Daan, assim como a Travies and Company e a Pectacon. O que o Sr. Frank fizera com suas economias e seus bens quando da expedição dos decretos não foi discutido conosco, naturalmente. Ele continuava sendo o mesmo: nunca faltava ao trabalho, nunca reclamava e restringia sua vida particular apenas à sua casa.

Todos nós estávamos apreensivos acerca do que aconteceria em seguida e nos perguntávamos se algum daqueles decretos criaria problemas para o Sr. Frank, para o Sr. Van Daan ou para qualquer um de nossos clientes. Como ondas numa lagoa, os efeitos da perseguição imposta pelos alemães à população judaica parecia se expandir e se intensificar. Ninguém sabia o que ainda estava por vir. Naqueles dias, ser judeu era se sentir sobre dunas móveis — e, para alguns, sobre areia movediça.

O Sr. Frank era um homem perspicaz. Independentemente das opiniões e percepções que tinha acerca de sua posição pessoal como judeu, eu sabia que ele seria astuto. Certo dia, então, falou a Henk que desejava discutir algumas questões pessoais. Os dois seguiram para uma sala particular.

Sozinhos no aposento e com a porta fechada, o Sr. Frank explicou a Henk que seu posto na empresa estava colocando todos em perigo. Ele afirmou que examinara a questão com muito cuidado e que decidira renunciar à direção administrativa da Travies and Company. Os documentos corporativos seriam alterados legalmente. O Sr. Koophuis, seu bom amigo, tomaria seu lugar.

O Sr. Frank iria permanecer como conselheiro, mas na realidade continuaria a administrar os negócios, como de costume. A única mudança real ocorreria do ponto de vista jurídico.

Em seguida, o Sr. Frank explicou que ter outro testa de ferro cristão e de confiança na Pectacon Company fortaleceria ainda mais o aspecto de cristandade da firma. Será que Henk não estaria interessado em se tornar diretor da empresa de temperos, tendo o Sr. Kraler como diretor administrativo?

Henk ficou contente por seu velho nome holandês de cristão poder emprestar à empresa do Sr. Frank uma fachada protetora. Estava feliz por ajudar aquele homem digno, que admirava. Henk era capaz de traçar seus ancestrais cristãos por mais de cinco gerações. Se aquela não era uma procedência ariana boa o suficiente para os nazistas, disse ele ao Sr. Frank, nenhuma outra seria.

Os documentos legais apropriados foram arquivados junto às devidas autoridades. No dia 18 de dezembro de 1941, o Sr. Otto Frank desapareceu da diretoria da Travies and Company. Para sua equipe, ele se tornou um conselheiro. Novos papéis de carta e cartões de visitas foram impressos. A Pectacon Company transformou-se em Kohlen and Company.

A vida no Prinsengracht continuou, é claro, sem interrupções. O Sr. Frank ia trabalhar diariamente. Ele se sentava à mesa de sua sala particular, tomava todas as decisões e dava todas as ordens. Nada mudou, exceto pelo fato de que, quando um cheque era emitido ou uma carta era escrita, o local para a assinatura permanecia em branco. O Sr. Frank então encaminhava o que quer que precisasse ser firmado para o Sr. Koophuis ou para o Sr. Kraler, que rabiscavam uma assinatura totalmente cristã.

Em dezembro de 1941, nosso estado de espírito se elevou. Depois de terem sido atacados em Pearl Harbor pelos japoneses, os norte-americanos declararam guerra contra o Japão, que, ao lado de Alemanha e Itália, declarou guerra contra os norte-americanos. Era quase inacreditável: os Estados Unidos, com seu efetivo e suas fábricas de avião, eram agora aliados da Inglaterra na oposição a nossos opressores. Aquele grande país estava conosco na batalha contra Hitler.

Ficamos ainda mais exaltados com as notícias vindas da Rússia. Embora Hitler tivesse devastado o país como um dilúvio ao longo do verão e do outono, nós, de repente, começamos a ouvir na Radio Orange e na BBC que o inverno frio e lodoso se instalara sobre a Rússia e que os alemães haviam ficado atolados, sem fazer qualquer progresso. A BBC predisse que as tropas de Hitler seriam esmagadas, assim como ocorrera com as de Napoleão. As transmissões alemãs, porém, sempre fazendo declarações contrárias às da BBC, alegavam que Leningrado e Moscou estavam prestes a ruir, o que aconteceria a qualquer momento. Naturalmente, nós esperávamos que a BBC estivesse mais próxima da verdade.

Em janeiro de 1942, judeus de pequenos municípios vizinhos a Amsterdã foram obrigados a se mudar imediatamente para a cidade. Foi-lhes solicitado que dessem à polícia listas com os bens que estavam sendo levados para a capital. Em seguida, eles teriam de desligar seus sistemas de gás, eletricidade e água, além de entregar aos policiais a chave de suas casas.

Ouvimos dizer que aquelas pessoas não tiveram tempo de encontrar lugar para morar, de dar destino às suas posses, de cuidar de lares que, durante a vida toda, elas haviam ocupado. Esses judeus simplesmente seguiram para Amsterdã, carregando trouxas, carrinhos de mão e, muitas vezes, as posses de uma família inteira eram colocadas num velho carrinho de bebê. Amsterdã estava cheia de gente assim. Para onde aquelas pessoas deveriam ir?

A filha da Sra. Samson voltou de Hilversum com seu marido e seus dois filhos, de 5 e 3 anos. De repente, lá se encontravam todos, à sua porta. Estavam desorientados, com medo. A Sra. Samson ficou tão transtornada quanto eles. O que fazer? Onde colocar todo mundo? Havia apenas quatro aposentos no apartamento, incluindo os nossos.

Henk e eu conversamos sobre isso e anunciamos à Sra. Samson que ficaríamos felizes em sair e devolver a ela seus cômodos. Não dissemos que não sabíamos para onde ir. Ela apenas repetia: "Não, não, não." Então, nós todos refletimos novamente e, por fim, concluímos que, onde três podiam viver, também podiam sete.

A filha, o genro e as crianças dividiam um quarto. A Sra. Samson ficava em outro, enquanto Henk e eu tínhamos um só nosso. Nós partilhávamos a sala de estar como uma grande e única família. Ficávamos espremidos, mas era necessário. Durante o jantar, o genro fazia o melhor possível para contar piadas. Ele havia sido violinista, mas agora não tinha condições de trabalhar. De alguma forma, seu humor contaminou a todos com risadas, mas sob a superfície a família era devorada pelo medo e pelo nervosismo.

Henk e eu nos afastávamos o máximo que podíamos. Não havia nada que fôssemos capazes de fazer para melhorar a situação e fingíamos não estar vendo o medo e a ansiedade deles. Em muitas noites, fazíamos visitas a alguns amigos na Rijnstraat, não muito longe dali. Durante vários anos, eles haviam alugado um quarto de sua própria casa para Henk, antes que ele saísse para morar comigo. Nós, frequentemente, os visitávamos à noitinha, sentando-nos ao redor do rádio para ouvir cada uma das informações dadas pela BBC e pela Radio Orange. Éramos como crianças sedentas, bebendo todas as palavras pronunciadas naquelas longínquas transmissões.

Winston Churchill às vezes nos persuadia com seus discursos inflamados, enchendo-nos de disposição e de força para suportar a ocupação por mais um dia, uma semana, um ano, o quanto fosse necessário até que o "bem" pudesse triunfar. O rádio noticiava novos tipos de aviões de bombardeios sendo construídos nos Estados Unidos, dizendo que eles estariam no ar em dois anos. "Agora!", exclamávamos. "Agora... nós precisamos deles *agora*! Não podemos esperar dois anos."

De fato, as coisas estavam piorando rapidamente. Os alemães começaram a racionar nossa comida. Cartelas de selos assinadas foram especialmente emitidas para cada um de nós, a fim de acompanhar os cartões de racionamento. A cada quatro ou oito semanas, recebíamos um novo cupom de distribuição e nossa cartela de selos ganhava a rubrica do oficial responsável. Nos jornais, havia listas do que poderia ser comprado com cada cupom. Não somente alimentos eram relacionados, mas também tabaco para cachimbos, cigarros e charutos. Ao ir às compras, eu geralmente conseguia encontrar tudo de que precisava, mas, por vezes, fazia-se necessário visitar duas ou três lojas diferentes, e não apenas as de sempre, na vizinhança.

Éramos forçados a usar cafés e chás *ersatzes*, dos quais ambos traziam o aroma de seu correspondente real, mas nenhum gosto. Henk nem sempre conseguia adquirir cigarros suficientes. Ele sentia falta de ter um sempre no bolso. Agora, precisava pensar duas vezes antes de fumar. Nós ficamos particularmente furiosos diante daquela penúria, porque sabíamos que os alemães estavam roubando alimentos e bens que pertenciam a nós, holandeses, e enviando-os para sua terra natal.

À medida que mais e mais judeus eram banidos de suas ocupações, os alemães começaram a organizar campos de trabalho para os homens desse povo que se encontrassem desempregados. As atribuições estavam frequentemente concentradas "ao Leste", mas ninguém sabia de fato onde. Polônia? Tchecoslováquia? Rumores afirmavam que aqueles que se recusassem a trabalhar quando chamados seriam enviados para Mauthausen, recebendo uma punição severa. Diziam que, se o convocado obedecesse e partisse quando ordenado, provavelmente teria de trabalhar à exaustão, recebendo salários muito pequenos. No entanto, um tratamento "decente" era prometido.

Ficamos sabendo que muitos judeus chamados para o campo de trabalho tomavam atitudes desesperadas para não ir. Ouvimos que uma parte deles espalhava claras de ovos sobre as mãos antes do exame físico, deixando que a própria urina escorresse sobre elas na expectativa de criar algo que pudesse simular um distúrbio renal. Alguns levavam para o exame frascos de urina extraída de diabéticos. Outros engoliam nacos gigantes de chiclete, os quais, caso grudassem no sistema digestivo, ganhavam nas radiografias a aparência de uma úlcera. Alguns, antes de serem avaliados, bebiam enormes quantidades de café e tomavam banhos escaldantes, no intuito de parecerem fracos demais para se tornarem bons trabalhadores, sendo, então, desqualificados.

Os judeus não tinham mais autorização para se casar com quem não fosse dessa fé. Os judeus não podiam mais usar os bondes. Os judeus eram obrigados a fazer compras em horários determinados e lojas específicas. Os judeus não tinham permissão para relaxar nos próprios quintais, em cafeterias ou em jardins públicos, a fim de tomar um pouco de ar fresco.

Nossas reuniões de sábado à tarde, na casa dos Frank, haviam sido interrompidas, assim como os ocasionais jantares que eu e Henk partilhávamos com eles e as meninas. Aquelas leis estavam conseguindo isolar e afastar nossos amigos judeus de nós. Agora, em todos os lugares de nossa vizinhança repleta de hebreus, havia semitas de rosto apreensivo, empobrecendo mais a cada dia, muitos tendo de se virar para alimentar os próprios filhos. Eles sussurravam entre si e paravam quando as pessoas se aproximavam. Suspeitavam de todos e agora traziam os olhos abatidos o tempo inteiro. Eu ficava aflita diante daquelas pessoas desmoralizadas sempre que as via.

Na primavera de 1942, outro decreto foi baixado. Dessa vez, ele foi publicado no jornal holandês, não no *Semanário Judeu*. Em uma semana, todos os judeus seriam obrigados a pregar em suas roupas, acima do coração, uma estrela amarela de seis pontas do tamanho da palma da mão de um adulto. Isso incluía *todos* os judeus: homens, mulheres e crianças. Cada estrela custava um cupom de vestuário da caderneta de racionamento e mais quatro centavos. Na estrela amarela vinha escrito JOOD: "Judeu".

No dia em que a norma entraria em vigor, muitos cristãos holandeses, profundamente irritados com aquela humilhação imposta a nossos judeus, também usaram estrelas amarelas em seus paletós. Muitos ostentavam flores amarelas nas lapelas ou nos cabelos, como emblemas de solidariedade. Em algumas lojas, surgiram placas pedindo que os cristãos demonstrassem um respeito especial pelos judeus da vizinhança, sugerindo, por exemplo, que levantássemos nossos chapéus para eles numa saudação cordial — tudo para mostrar que eles não estavam sozinhos.

Muitos holandeses fizeram o possível para demonstrar sua solidariedade. Aquele decreto, de algum modo mais revoltante do que todos os outros, estava levando nossa feroz ira holandesa à ebulição. Nos primeiros dias, as estrelas e flores amarelas eram tão comuns que o Bairro dos Rios passou a ser chamado de Via Láctea. O Bairro Judeu foi jocosamente apelidado de Hollywood. Um surto de orgulho e solidariedade ganhou corpo rapidamente, até os alemães começarem a distribuir pancadas e a efetuar prisões. Uma ameaça foi feita à população em geral: toda pessoa que de qualquer forma estivesse ajudando judeus seria enviada para a cadeia e, quem sabe, executada.

O Sr. Frank ia para o escritório como de costume. Nenhuma alusão foi feita à estrela amarela afixada com elegantes pontos de costura em seu paletó. Ninguém dera atenção àquilo. Nós passávamos os olhos por ela como se não estivesse lá. Para mim, ela não estava.

Embora o Sr. Frank desse a impressão de que tudo corria normalmente, eu podia ver que ele se encontrava extenuado. Agora, sem ter permissão para entrar no bonde, ele precisava caminhar por vários quilômetros até o escritório, todo dia, retornando para casa a pé quando a noite caía. Era impossível para mim imaginar a tensão pela qual ele, a Sra. Frank, Margot e Anne estavam passando. A situação deles jamais era discutida e eu não fazia perguntas.

Certa manhã, após as xícaras de café serem recolhidas e lavadas, o Sr. Frank me chamou em sua sala particular. Ele fechou a porta e fixou o olhar em mim, com seus olhos suavemente castanhos cravados de maneira profunda nos meus, demonstrando uma objetividade quase penetrante.

— Miep — começou ele —, tenho um segredo para lhe contar.

Eu o escutava silenciosamente.

— Edith, Margot, Anne e eu estamos planejando desaparecer, ir para um esconderijo.

Ele esperou que eu assimilasse tudo aquilo.

— Nós iremos com Van Daan, sua mulher e seu filho. — O Sr. Frank fez uma pausa. — Você certamente conhece as salas vazias onde Lewin, meu amigo farmacêutico, tem realizado seus experimentos, não?

Eu lhe disse que conhecia as salas, mas que nunca entrara nelas.

— Será lá que nos esconderemos.

Ele se deteve por um instante.

— Já que continuará trabalhando ao nosso lado, como de costume, preciso saber se você tem alguma objeção a fazer.

Eu lhe disse que não tinha.

Ele respirou fundo e perguntou:

— Miep, você está disposta a assumir a responsabilidade de cuidar de nós enquanto estivermos escondidos?

— É claro — respondi.

Existe um olhar entre duas pessoas que só acontece uma ou duas vezes na vida e que não pode ser descrito em palavras. Aquele olhar se fixou entre nós.

— Miep, para aqueles que ajudam judeus, a punição é severa: aprisionamento e, talvez...

Eu o cortei.

— Eu já respondi que sim. E falei sério.

— Ótimo. Apenas Koophuis está sabendo. Nem mesmo Margot e Anne tomaram conhecimento disso. Sondarei os outros pessoalmente, mas apenas poucos saberão.

Eu não fiz qualquer pergunta. Quanto menos eu soubesse, menos poderia dizer num possível interrogatório. Entretanto, eu estava ciente de que, quando o momento certo chegasse, ele me diria quem eram os outros e tudo o mais que me fosse necessário descobrir. Eu não tinha curiosidade. Eu havia lhe dado minha palavra.

CAPÍTULO SETE

Na primavera de 1942, enquanto se aproximava o segundo aniversário da ocupação alemã, o poder de Hitler não diminuía. Todas as nossas esperanças se encontravam nos Aliados... os nossos aliados. Por dentro, éramos assombrados pela lembrança de que, uma vez tendo chegado à pequena Holanda no século XVI, o opressor espanhol permanecera no poder por oitenta anos.

Nossas vidas tinham mudado completamente. Era possível ver crianças fingindo serem soldados de paraquedas, pulando dos degraus de suas fachadas agarradas ao cabo de um velho guarda-chuva. Nas aldeias, havia um acordo tácito que dizia que, se um avião fosse avistado, cada uma das casas deveria abrir suas portas para que as crianças da vizinhança pudessem correr para o lado de dentro.

À última luz do dia, como se tivéssemos feito aquilo durante toda a vida, as folhas pretas eram estendidas. Estávamos nos acostumando a formar filas em todas as lojas e a sempre comprar um pouquinho a mais, caso o produto estivesse disponível, só por precaução. Além disso, agora, nossas cadeiras a todo momento se encontravam o mais próximo possível do rádio.

Eram os judeus que carregavam a maior inquietação. A liberdade que tinham havia sido confiscada pouco a pouco: suas ocupações, sua mobilidade... Muito tempo livre e indolência forçada eram fardos pesados para se carregar. Muito tempo livre para pensar, muito tempo livre para pensamentos torpes e medos.

Por causa da estrela amarela, os judeus, que outrora não se diferenciavam dos outros holandeses, ficaram subitamente em destaque. Quando uma criança que não estava acostumada com eles tinha contato com um, ficava surpresa ao ver que o judeu não possuía chifres ou dentes de vampiro, que ele se parecia com o restante de nós, e não com um demônio, como diziam os alemães. Nossa herança holandesa, que proibia a diferenciação das pessoas, havia sido violada. E o que era pior: a mente de nossas crianças estava sendo envenenada.

À noite, o zumbido dos bombardeiros acima de nossas cabeças perturbava nosso sono. Por vezes, também os raides aéreos, as sirenes chilreantes dando o alarme e, em seguida, a espera pelo som único que indicava o fim do ataque. Nosso bairro não tinha abrigos, então Henk e eu nos acostumamos aos alertas, passando a ignorá-los. Nós simplesmente puxávamos os cobertores mais para cima e nos aconchegávamos um pouco mais próximo do outro, absorvidos pela macia roupa de cama.

A Sra. Holländer, mãe da Sra. Frank, morreu durante o inverno. Sua morte foi tratada como uma tranquila questão familiar. Naqueles dias, com as coisas do jeito que estavam, as pessoas guardavam os próprios problemas para si. O Sr. Frank se esforçava para não sobrecarregar os outros com as próprias dificuldades. Sua privacidade era tratada, a todo momento, com extremo respeito.

Certo dia, subitamente, o Sr. Van Daan se aproximou de mim em minha sala e disse: "Miep, tire seu sobretudo e me acompanhe."

Eu deixei minhas atividades de lado e fiz o que ele pedira, tentando imaginar qual seria sua intenção.

Pela ponte que dava em Rozengracht, Van Daan me conduziu por sobre Prinsengracht e por uma pequena rua secundária. Em seguida, levou-me até um açougue. Eu me detive quando ele estava prestes a entrar na loja, imaginando que devesse esperá-lo do lado de fora. Ele, porém, gesticulou para que o seguisse.

Era estranho que Herman van Daan fizesse algo assim. Achei que ele talvez tivesse em mente alguma coisa relacionada a seus temperos para fabricação de salsichas, querendo que eu tomasse conhecimento dela. Eu o acompanhei até o interior da loja.

Fiquei discretamente a seu lado enquanto ele e o açougueiro conversavam. Era possível perceber a cordialidade existente entre os dois. O Sr. Van Daan mastigava o cigarro que nunca saía de sua boca e jogava conversa fora, sem me dar qualquer atenção. Por fim, ele comprou uma pequena quantidade de carne e a embrulhou num papel marrom, a fim de levá-la para sua esposa, em casa.

Eu pensava: *Por que o Sr. Van Daan veio a um açougueiro perto do escritório quando ele mora em outra vizinhança — nossa vizinhança, no sul de Amsterdã —, onde há uma grande quantidade de açougues?* Não falei nada, ele também não e voltamos para o escritório.

Várias vezes nos meses seguintes, o Sr. Van Daan solicitou que eu o acompanhasse até aquele mesmo açougue. Eu cumpria o que ele pedia, mas sempre me perguntava por que aquele homem simplesmente não fazia suas compras perto da própria casa. Em todas as vezes, ele travava conversas jocosas e amistosas com o açougueiro e comprava alguma pequena peça de carne, enquanto eu permanecia à parte até ele se voltar para mim e indicar que estava pronto para retornar ao escritório. Eu esperava que, em algum momento futuro, o Sr. Van Daan me desse alguma explicação.

No fim de maio, a BBC anunciou que a RAF havia consumado seu primeiro bombardeio maciço sobre a Alemanha. A cidade escolhida fora Colônia, próxima à fronteira da Holanda, ao longo do rio Reno. Nós arquejamos quando a BBC informou que mil aviões participaram daquele raide.

Agora, meus ouvidos zumbiam toda noite quando escutava os bombardeiros zunirem sobre os baques da artilharia antiaérea alemã. Através dos papéis pretos, era possível perceber sombras de lampejos de holofotes se abobadando contra o céu. Os bombardeiros estavam seguindo para as regiões industriais da Alemanha, a caminho de fábricas e outras instalações importantes. *Reservem uma bomba para Hitler*, pensava eu.

Enquanto isso, a opressão contra os judeus continuava sem cessar. Eles agora eram obrigados a ficar em casa das 20 horas até as 6 horas da manhã. Além disso, sob nenhuma circunstância, deveriam visitar casas, jardins ou outras acomodações pertencentes a cristãos. Mesclar judeus com cristãos passara a ser crime.

Foi então que veio o truque mais baixo de todos. Bicicletas possuídas por judeus deveriam ser cedidas aos alemães num determinado dia de junho. O proprietário não apenas precisaria entregar as bicicletas pessoalmente, mas também seria responsável por garantir seu perfeito estado de funcionamento. Estepes, cilindros e conjuntos de reparo também deveriam ser abandonados. Nada poderia ser pior para um holandês do que a perda de sua bicicleta.

Como os judeus seriam, agora, capazes de se deslocar de um lugar para outro? Como eles iriam trabalhar, caso ainda tivessem trabalho? De que maneira jovens como Margot e Anne Frank sobreviveriam sem suas leais bicicletas negras holandesas?

Estávamos no primeiro domingo de julho, numa noite quente de verão. Henk, eu, a Sra. Samson e os outros tínhamos comido nossa refeição noturna e estávamos envolvidos em nossas diversas atividades. Para mim, a noite de domingo era destinada à realização de pequenas tarefas, a fim de me preparar para uma nova semana de trabalho.

Naqueles dias, qualquer coisa fora do comum se tornava imediatamente perturbadora, e quando a nossa campainha começou a tocar com bastante insistência, a tensão no apartamento se elevou. Nossos olhares lançaram-se uns aos outros. Rapidamente, Henk foi até a porta e eu o acompanhei. Lá estava Herman van Daan, num estado muito agitado. Henk e eu falamos com ele discretamente, sem querer angustiar a Sra. Samson e sua família.

— Venham já — implorou Van Daan com uma voz que, ao mesmo tempo, soava urgente e suave. — Margot Frank recebeu um cartão-postal que a obriga a se apresentar para embarcar rumo a um campo de trabalho forçado na Alemanha. Estão mandando que ela leve uma mala com roupas de inverno. Os Frank resolveram se esconder imediatamente. Vocês poderiam vir agora, a fim de levar algumas das coisas que serão necessárias no esconderijo? Os arranjos que eles tinham de fazer ainda não ficaram completos, vocês sabem.

— Nós iremos — respondeu-lhe Henk. Em seguida, vestimos nossas capas de chuva. Sermos vistos carregando sacolas e pacotes seria demasiadamente perigoso; sob nossas capas velhas e folgadas, conseguiríamos disfarçar melhor. Poderia parecer estranho alguém usar capa de chuva numa noite quente e seca de verão, mas seria melhor do que ter sacolas cheias de bens nos braços.

Henk deu algumas explicações à Sra. Samson, para que ela e os outros não ficassem alarmados. Então, partimos com o Sr. Van Daan. Na noite do mesmo dia em que o Sr. Frank me confessara que planejava se esconder, eu contei a Henk sobre a conversa. Sem discussões, ele ratificou sua ajuda incondicional aos Frank, concordando que o plano era prudente. Nenhum de nós, porém, esperara que eles precisassem se esconder tão cedo. Caminhando rapidamente, mas sem pressa, para não chamar atenção, seguimos em direção à Merwedeplein. No caminho, Van Daan nos contou que o Sr. Frank tinha acabado de falar às meninas sobre o plano de se esconderem, mas sem revelar-lhes onde seria o esconderijo.

— Como podem imaginar — explicou ele —, elas estão em estado de grande confusão. Há muito a ser feito em tão pouco tempo, e o locatário deles parece estar criando caso, dificultando demais as coisas.

Caminhando até a casa dos Frank, fui subitamente arrebatada por uma grande sensação de imediatismo com relação a meus amigos. Recrutar uma menina de 16 anos para realizar trabalhos forçados era uma nova abominação que os alemães impunham aos judeus. *Sim*, pensei, *quanto mais cedo nossos amigos desaparecessem em segurança, melhor*. No entanto, quantas outras jovens como Margot eles teriam recrutado? Jovens sem um pai como o Sr. Frank, que não tinham planos para se esconder. Jovens que deveriam estar terrivelmente assustadas naquela noite. Com esses pensamentos, tive de me esforçar para não correr pelo restante do caminho até a Merwedeplein.

Quando chegamos ao apartamento dos Frank, poucas palavras foram trocadas. Eu podia sentir a pressa deles, um quase pânico implícito. Mas, também podia perceber que havia muito a ser organizado e preparado. Tudo era terrível demais. O Sr. Frank nos entregou pilhas do que pareciam ser roupas e sapatos de criança.

Minha agitação era tão grande que sequer as inspecionei. Eu simplesmente pegava o máximo que podia, escondendo aquele monte de coisas da melhor forma possível sob minha capa e em meus bolsos, assim como sob a capa e nos bolsos de Henk. O plano era eu levar aqueles objetos para o esconderijo em algum momento futuro, quando nossos amigos já estivessem seguros lá.

Com as capas de chuva abarrotadas, Henk e eu retornamos para nossos aposentos e rapidamente descarregamos o que colocáramos sob elas. Dispomos tudo debaixo de nossa cama e então, com nossas capas novamente vazias, corremos de volta até a Merwedeplein para pegar outra leva.

Por causa do inquilino dos Frank, a atmosfera na casa da família era de silêncio e disfarce. Todos se esforçavam para aparentar normalidade, para não correr, para não elevar a voz. Mais coisas nos foram entregues. A Sra. Frank as empacotava e as ordenava com rapidez, estendendo-as para nós enquanto, mais uma vez, as recebíamos sem parar. O cabelo dela escapava de seu firme coque e caía-lhe sobre os olhos. Anne entrou, carregando muitas coisas. A Sra. Frank mandou que ela as levasse de volta. Os olhos da menina estavam arregalados, numa mistura de agitação e um medo terrível.

Henk e eu pegamos o máximo que podíamos e retornamos com rapidez.

No dia seguinte, segunda-feira, acordei bem cedo ao som da chuva.

Antes das 7h30, como fora combinado na noite anterior, eu pedalei para a Merwedeplein. Bem no momento em que alcancei os degraus da fachada, a porta do apartamento dos Frank se abriu e revelou Margot. Sua bicicleta estava estacionada do lado de fora; ela não a entregara como fora ordenado. O Sr. Frank e sua esposa se encontravam na parte de dentro, e Anne, com os olhos esbugalhados e vestindo uma camisola, retraía-se atrás da soleira da porta.

Pude perceber que Margot vestia algumas camadas de roupa. O Sr. e a Sra. Frank me encararam, com olhos que penetravam os meus.

Esforcei-me para parecer confiante.

— Não se preocupem. A chuva está muito pesada. Nem mesmo a Polícia Verde desejará encará-la. Ela nos dará guarida.

— Vão — ordenou-nos o Sr. Frank, vasculhando a praça com o olhar. — Anne, Edith e eu iremos ainda nesta manhã. Vão, agora.

Sem olharmos para trás, Margot e eu empurramos nossas bicicletas até a rua. Rapidamente, nos afastamos da Merwedeplein e seguimos para o norte, virando na primeira curva. Nós pedalávamos em sincronia, não com muita velocidade, a fim de dar a impressão de que éramos duas trabalhadoras a caminho do emprego na manhã de uma segunda-feira.

Não havia nem mesmo um oficial da Polícia Verde sob a tempestade. Eu peguei as ruas grandes e movimentadas, seguindo da Merwedeplein até a Waalstraat; dobrando à esquerda para tomar a Noorder Amstellaan em direção a Ferdinand Bolstraat e a Vijzelstraat até a Rokin; passando pela praça Dam e pela Raadhuisstraat; e virando, por fim, no Prinsengracht, feliz como jamais ficara ao ver nossa rua pavimentada e o turvo canal.

Durante todo o percurso, não proferimos uma única palavra. Ambas sabíamos que, no momento em que subimos em nossas bicicletas, nos tornamos criminosas. Lá estávamos nós, uma crista e uma judia sem a estrela amarela, guiando uma bicicleta ilegal. E isso num momento em que a judia recebera ordens para ingressar numa brigada de trabalho forçado que estava prestes a partir rumo a regiões desconhecidas da Alemanha de Hitler. O rosto de Margot não demonstrava qualquer intimidação. Ela não transparecia nada do que sentia por dentro. De repente, havíamos nos tornado duas aliadas na luta contra o poder da besta alemã instalada entre nós.

Não havia uma única alma nos arredores do Prinsengracht. Depois de abrir a porta, carregamos nossas bicicletas para o depósito, voltamos e fechamos a entrada. Eu abri a próxima porta, que dava para o escritório, e a fechei contra a chuva. Estávamos ensopadas até a pele. Pude perceber que Margot estava prestes a desmoronar.

Eu a tomei pelo braço, conduzi-a pela sala do Sr. Frank e a levei até o patamar do andar de cima, que levava ao esconderijo. Estávamos nos aproximando do horário em que os outros chegavam para trabalhar, então passei a recear que alguém aparecesse. Contudo, permaneci em silêncio.

Margot parecia uma pessoa aturdida, em choque. Eu podia sentir seu assombro agora que estávamos do lado de dentro. Enquanto ela abria a porta, apertei seu braço para lhe dar coragem. Ainda assim, não dissemos nada uma à outra. Ela desapareceu por trás da entrada e eu assumi meu lugar no escritório da frente.

Meu coração também batia forte. Sentei-me à minha mesa, imaginando como conseguiria me concentrar no trabalho que tinha para fazer. A torrencial chuva de verão havia nos abrigado. Uma pessoa agora estava segura dentro do esconderijo. Outras três ainda precisavam ser protegidas pela tempestade.

O Sr. Koophuis chegou para trabalhar e levou a bicicleta de Margot para algum lugar que me era desconhecido. Logo após ele sair, pude ouvir a chegada do armazenista, que batia o pé para tirar a água dos sapatos.

No fim da manhã, escutei o Sr. Frank, sua mulher e Anne atravessando a porta do escritório frontal. Eu estivera esperando por aquele momento, então me juntei a eles rapidamente e os apressei pela sala do Sr. Kraler e pela escadaria, até chegarmos à porta do esconderijo. Todos os três se encontravam bastante molhados. Estavam carregando algumas coisas e traziam estrelas amarelas costuradas em suas roupas. Abri a porta para eles e a fechei assim que os três sumiram do lado de dentro.

À tarde, quando ninguém estava por perto e tudo se mostrava tranquilo, subi as escadas sozinha e desapareci no esconderijo, fechando a entrada com força às minhas costas.

Ao penetrar naqueles cômodos pela primeira vez, fiquei surpresa com o que vi. Em total desordem se encontravam sacos, caixas e mobílias, pilhas e mais pilhas de coisas. Eu não conseguia imaginar como tudo aquilo fora transportado até o esconderijo. Jamais havia percebido qualquer objeto sendo levado para lá. Talvez tudo tivesse sido carregado à noite, ou aos domingos, quando o escritório ficava fechado.

Naquele andar havia dois quartos bem pequenos. Um era retangular e o outro, mais comprido e estreito; ambos possuíam uma janela. Apainelados com uma madeira pintada de verde-escuro, eles traziam um papel de parede velho e amarelado que descascava em determinados pontos. As janelas estavam cobertas por cortinas grossas, brancas e improvisadas. Num aposento amplo se encontrava um banheiro e, mais ao lado, havia uma área de vestir.

Acima de um íngreme lance de degraus de madeira, existia uma sala grande com uma pia, um fogão e armários. Lá também as janelas estavam cobertas por cortinas. Do lado de fora, outra frágil escadaria aparecia, conduzindo a um sótão e a uma área de depósito. Os degraus que levavam ao sótão cruzavam uma espécie de mansarda, também cheia de pilhas e sacolas de objetos.

A Sra. Frank e Margot pareciam pessoas perdidas, sem sangue, num estado de completa letargia. Elas aparentavam não conseguir se mover. Empurrando, carregando e desobstruindo, Anne e seu pai se esforçavam para criar algum tipo de ordem a partir daquela profusão de objetos.

— Em que posso ajudar? — perguntei à Sra. Frank.

Ela balançou a cabeça.

— Posso trazer um pouco de comida? — sugeri.

A Sra. Frank anuiu.

— Apenas algumas poucas coisas, Miep... Quem sabe um pouco de pão, uma pequena quantidade de manteiga... E leite, talvez.

A situação era muito perturbadora. Eu queria deixar a família sozinha, reunida. Não conseguia sequer imaginar o que eles não deveriam estar sentindo para deixar tudo o que tinham no mundo: sua casa, uma vida inteira de posses, a gatinha de Anne, Moortje. Lembranças do passado. Dos amigos.

Eles simplesmente haviam fechado a porta de suas vidas e desaparecido de Amsterdã. O rosto da Sra. Frank dizia tudo. Rapidamente, eu os deixei.

Parte Dois

NO ESCONDERIJO

CAPÍTULO OITO

ALGUNS DIAS APÓS a família Frank ter se escondido, o Sr. Frank pediu para que Henk e eu fôssemos até seu apartamento, na Merwedeplein, e surpreendêssemos seu inquilino, no intuito de descobrirmos o que havia ocorrido após o desaparecimento e se eles estavam sendo caçados. No início da noite, quando já havia escurecido, Henk e eu fizemos a visita.

Ao tocarmos a campainha, o inquilino da família, um judeu de meia-idade, nos convidou para entrar. Fixando expressões de inocência em nossos rostos, perguntamos pelo Sr. Frank.

— O Sr. Frank não tem aparecido no escritório ultimamente. Queríamos saber se ele está bem.

— Os Frank desapareceram — respondeu o inquilino. Em seguida, ele se levantou, saiu da sala e retornou com um pedaço de papel em uma das mãos. — Eu encontrei isto — explicou, mostrando para Henk um endereço que fora escrito na folha. — Acredito que seja uma rua de Maastricht.

Nós examinamos os dados. Se alguém estivesse em fuga, Maastricht, a cidade holandesa localizada na fronteira com a Alemanha e a Bélgica, certamente faria parte da rota.

— O Sr. Frank possui familiares na Suíça — arriscou o inquilino. — Quem sabe eles não fugiram para lá? — Em seguida, ele balançou a cabeça. — As pessoas da vizinhança estão dizendo que o Sr. Frank fugiu para a Suíça com a ajuda de um velho amigo do exército. Na verdade, um vizinho afirmou ter visto toda a família escapando num grande carro. Ninguém sabe ao certo.

O inquilino deu de ombros. Ele não parecia perturbado. As pessoas não ficavam mais surpresas quando seus amigos simplesmente desapareciam.

— Eu continuarei por aqui — disse-nos, enquanto seu olhar vagava pelo apartamento. Então, acrescentou: — Se eu conseguir. Também sou judeu, como vocês podem ver.

Sem demonstrar curiosidade, eu passei os olhos pelo apartamento, analisando a mobília. A seguir, procurei pela gata de Anne, pois sabia que aquela seria a primeira coisa pela qual a menina perguntaria quando lhe contássemos sobre a visita feita a sua casa. Eu, porém, não vi qualquer sinal do bichinho.

Nós desejamos uma boa-noite ao locatário.

— Por favor, você poderia nos avisar se por acaso receber qualquer informação sobre o paradeiro dos Frank? — perguntou Henk.

O inquilino se comprometeu.

— E Moortje? Você viu minha gata, a Moortje? O inquilino está cuidando dela ou a deu para alguém? — inquiriu Anne assim que subi ao esconderijo para pegar a lista de compras matinal. — E minhas roupas, minhas coisas? Você trouxe da minha casa alguma de minhas coisas, Miep? Trouxe, Miep?

— Miep não pôde trazer nada do apartamento, Anne... Você não vê? — explicou o Sr. Frank gentilmente.

Enquanto continuava esclarecendo à menina o porquê, percebi uma nova compostura, uma nova tranquilidade em relação ao pai dela. Outrora um homem constantemente nervoso, o Sr. Frank agora exibia uma aparência de completo controle, e uma sensação de segurança e serenidade emanava de si. Eu podia notar que ele desejava estabelecer um calmo exemplo para os outros.

Anne não havia terminado com suas perguntas.

— E quanto aos meus amigos... quem está lá? Algum deles também se escondeu como nós? Eles foram levados numa *razia*?

As *razias* (ou rodeios) de judeus ainda estavam ocorrendo.

Anne se mostrava emotiva, ansiosa por notícias. Quando ela e os outros se reuniram, relatei a história da visita que eu e Henk fizéramos à Merwedeplein. Eles queriam todos os detalhes.

— E a Jopie, que mora do outro lado de sua rua? — perguntou a menina quando terminei minha narrativa. — Ela está bem?

Jopie era amiga de Anne, uma menina de sua idade que vivia na residência à frente da nossa, em Hunzestraat. Anne sabia que eu, por vezes, conversava com a mãe dela, cuja origem era francesa. Costureira, ela não era judia, embora seu marido fosse. Ele trabalhava como negociante de antiguidades. A família vivia acima de nossa leiteria, e eu, às vezes, encontrava a senhora na rua quando saía para comprar leite. Ela estava sempre sozinha.

— Sim, Anne, vi a mãe da Jopie. Ela continua na mesma situação. Sua família não saiu de lá.

O rosto de Anne se obscureceu. Ela queria mais notícias de seus amigos, dos quais sentia muita falta.

Deixei claro para ela que não tinha como lhe dizer nada acerca de suas outras amizades, assim como também seria muito perigoso tentar descobrir tais coisas.

— E o que mais está acontecendo do lado de fora? — perguntou o Sr. Frank, sedento por notícias do mundo exterior que ele não mais habitava.

Ao ver sua sede, contei-lhes o que sabia. Contei-lhes sobre as *razias* que vinham acontecendo em diferentes regiões da cidade. Contei-lhes que o mais novo decreto obrigava o desligamento dos telefones dos judeus. Contei-lhes que os preços para a compra de documentos de identidade falsos haviam disparado.

— E Henk? Ele nos visitará depois de almoçar? — indagou Anne.

— Sim — afirmei —, mas só quando os homens do escritório estiverem em horário de almoço. Ele sabe muito mais sobre o que está acontecendo pela cidade. Muito mais.

Os rostos se avivaram com a notícia de que, sim, Henk viria.

— E Elli subirá durante o almoço.

Todos ficaram contentes com o fato de que mais visitas chegariam. Eles desejavam que cada um de nós subisse com a maior assiduidade possível.

Jo Koophuis ia até lá com frequência, sempre levando alguma coisinha. Ele tinha um jeito especialmente cordial. O Sr. Kraler também subia, ora levando ao Sr. Frank perguntas sobre os negócios, ora levando a revista *Cinema e teatro* para Anne, que apreciava notícias e fotos de estrelas de cinema.

Lentamente, o esconderijo começava a ficar organizado. As coisas eram empilhadas fora do caminho, no sótão, ao lado de velhas pastas do escritório. Uma aparência de lar aos poucos emergia, com a velha e fiel cafeteira, os livros didáticos das crianças ou a escova de cabelos que vagueava por lá.

Anne colara na parede do próprio quarto suas fotografias de celebridades: Ray Milland, Greta Garbo, Norma Shearer, Ginger Rogers, a atriz holandesa Lily Bouwmeester e o ator alemão Heinz Rühmann. Ao lado delas, havia outras imagens que a menina apreciava: uma grande propaganda do processo de fabricação de geleias de nossa empresa, a *Pietá* de Michelangelo, uma grande rosa, chimpanzés reunidos para um chá, a princesa Elizabeth de York e muitos, muitos recortes de bebês fofinhos. Ela gostava tanto de recortes de bebês fofinhos quanto de estrelas de cinema.

Anne e Margot dividiam o cômodo comprido e estreito do primeiro andar do esconderijo. Na porta ao lado, dentro do aposento maior, o Sr. Frank e sua esposa haviam organizado o próprio quarto. No pavimento de cima se encontrava uma área de estar e de preparação de alimentos, a qual se tornou o lugar utilizado para eles passarem o dia, pois se localizava um andar acima da cozinha do escritório e dificultava a audição de qualquer barulho. Mas, nenhum ruído era emitido no decorrer da jornada de trabalho, enquanto os empregados circulavam para cima e para baixo. Nenhuma descarga era dada; nenhum sapato percorria as rangentes escadas de madeira. Todos ficavam silenciosos e quietos, esperando que um de nós anunciasse que os funcionários haviam partido.

Naqueles primeiros dias, percebi que a Sra. Frank continuava muito deprimida. Margot encontrava-se no mesmo estado, demasiado silenciosa e contida. Sempre gentil e prestativa, ela era capaz de se tornar invisível Margot nunca interferia em nada, nunca fazia exigências.

Todo dia eu levava até lá algumas das coisas que, na noite anterior ao desaparecimento da família, Henk e eu pegáramos na Merwedeplein. Eu carregava tudo que tinha para o esconderijo rapidamente.

A cada manhã, quando uma quietude tomava conta do escritório, a primeira coisa que eu fazia era subir até o local do esconderijo na ponta dos pés e pegar uma lista de compras com a Sra. Frank. Ou ela me dava dinheiro, ou eu o pegava do caixa, no andar de baixo, repondo-o posteriormente. Depois, antes que Anne pudesse começar com sua chuva de perguntas, eu prometia a ela que voltaria mais tarde com as compras e que, então, nós nos sentaríamos para ter uma conversa de verdade.

ENQUANTO AS *razias* continuavam, os judeus buscavam desvairadamente locais para se esconder. Alguns realizavam tentativas desesperadas e, por vezes, imprudentes de cruzar a fronteira com a Bélgica. Todos estavam à procura de um "endereço seguro". Um endereço seguro, um esconderijo, repentinamente se tornara a mais bendita das aquisições. Era melhor do que um emprego no comércio de diamantes, mais valioso do que um pote de ouro. As pessoas lutavam de todas as formas possíveis para conseguir qualquer informação que as levasse a um endereço seguro.

O Sr. e a Sra. Coenen, genro e filha da Sra. Samson, estavam procurando desesperadamente um lugar onde pudessem se ocultar. À medida que, no início de julho, as *razias* continuavam se espalhando por várias partes de Amsterdá, ambos temiam por si próprios e por seus dois filhos. Enfim, conseguiram encontrar um abrigo.

Quando isso aconteceu, o casal teve vontade de nos contar, mas Henk e eu havíamos descoberto rapidamente que, quanto menos soubéssemos da vida dos outros, melhor. Nenhum de nós sabia o que os alemães poderiam fazer quando nos capturassem — apenas sabíamos que todo tipo de tortura era aceitável para aquele povo bárbaro.

Diante das preparações que faziam pelo apartamento, nós percebemos que a partida dos Coenen era iminente. Sabendo que estavam desesperados para fugir, Henk os avisou para ficarem longe da estação ferroviária central.

— A Polícia Verde está fazendo patrulha lá dia e noite. Seria tolice se aproximar de lá. — ele os avisou.

Além disso, nós não falamos mais nada para aqueles pobres amedrontados, cujos filhos não entendiam coisa alguma do que se passava ao seu redor. Não fizemos qualquer pergunta, e eles não nos disseram nada.

Certa noite, nós retornamos do trabalho e eles haviam desaparecido.

Naquele dia, aconteceu um surto particular de *razias* pela cidade. Quando Henk e eu voltamos do trabalho, a Sra. Samson nos disse que seu genro, sua filha e seus netos se encontravam tão nervosos e atemorizados que haviam decidido seguir direto para o endereço do esconderijo. Ela ainda estava muito trêmula por causa da partida deles. Henk e eu pensamos que talvez fosse melhor se ela ficasse num local seguro até que as *razias* terminassem, então sugerimos que ela permanecesse com meus pais adotivos. A Sra. Samson concordou e eu rapidamente organizei as coisas para ela.

Logo após a virada do dia, naquela mesma noite, a campainha da porta tocou. Henk e eu estávamos na cama e ficamos paralisados ao ouvi-la. Pedindo para que eu não saísse de onde estava, Henk foi até a porta. Eu estava muito apreensiva para ficar, então o segui até a entrada. Havia uma mulher lá. Com ela — um ao seu lado, outro em seus braços — estavam os pequenos e sonolentos filhos da Sra. Coenen, filha da Sra. Samson.

A mulher explicou que os pais daquelas crianças haviam sido capturados pela Polícia Verde na estação central.

Ela me ofereceu a menininha que estava carregando. Eu me adiantei e a peguei. Da mesma forma, a mulher atirou o garotinho em nossa direção e Henk o tomou em seus braços. "Tenho ordens para trazer estas crianças até este endereço." Isso foi tudo que a mulher disse. A seguir, ela se virou, saiu e, caminhando rapidamente, desapareceu em meio a escuridão. Ficamos atônitos. Nossos pensamentos eram os mesmos: quem era ela? Era judia ou cristã? Por que a Polícia Verde permitira que levasse duas crianças judias?

Nós carregamos os meninos até a cozinha, lhes preparamos leite quente, pão amanteigado e as colocamos para dormir.

No dia seguinte, a Sra. Samson retornou e encontrou seus netos. Ela tentou fazer com que lhe dissessem o que acontecera, mas nenhuma das crianças tinha idade suficiente para contar qualquer coisa sobre seus pais. Nada poderia ser descoberto. Seus pais simplesmente haviam desaparecido nas mãos dos alemães.

Agora, mais do que nunca, percebemos que era muito importante encontrar um lugar onde aquelas crianças pudessem se esconder. Uma investigação discreta foi realizada e descobrimos uma organização de estudantes em Amsterdã que possuía um endereço para o qual crianças poderiam ser levadas. Com muita rapidez, tendo se passado menos de uma semana, a netinha foi encaminhada, por meio da organização, para um esconderijo em Utrecht. Em seguida, o neto foi levado para um abrigo em Eemnes.

Então, teve início a busca por um "endereço seguro" para a Sra. Samson. A cada dia que se passava, a vida ficava mais e mais difícil para os judeus que habitavam Amsterdã. Quanto mais cedo ela pudesse escapar, a fim de evitar uma *razia*, melhor.

NÓS FOMOS ENCORAJADOS a saber que dez igrejas cristãs da Holanda haviam se unido e emitido um protesto público na forma de telegramas, enviados para as mais altas autoridades da Alemanha. Juntas, elas expressaram o profundo "ultraje" que sentiam diante das deportações alemãs do povo judeu. Elas chamaram as medidas de "ilegais" e acusaram os germânicos de atacar abertamente toda a moralidade holandesa e os "divinos mandamentos da justiça e da caridade".

Aqueles telegramas foram completamente ignorados pelos alemães.

Uma semana após os Frank terem se mudado para o esconderijo, subi até lá, como de costume, para pegar a lista de compras, e descobri que Herman van Daan, sua esposa, Petronella, e seu filho de 16 anos haviam se escondido ali também. O menino se chamava Peter e era um garoto troncudo e de boa aparência, com grossos cabelos escuros, olhos sonhadores e uma índole encantadora.

Eu sabia que os Van Daan haviam planejado se esconder muito em breve; no entanto, eles também adiantaram a data do próprio desaparecimento, pois a nova explosão de *razias* se alastrava por toda Amsterdã. Ao contrário da triste chegada dos Frank, os Van Daan se mostraram eufóricos quando se viram seguramente abrigados em seu aconchegante esconderijo. Eles tinham muito para contar àquela família sobre os pesadelos que estiveram ocorrendo na cidade; em uma semana, desde o desaparecimento dos Frank, muito havia acontecido a seus amigos judeus.

Peter levara seu gato para o esconderijo. O nome do bichinho era Mouschi. Muito, muito amistoso, o felino era animado e completamente negro. Anne gostou dele imediatamente, embora ainda sentisse falta de sua própria gata, Moortje, falando com frequência sobre ela. Mouschi se sentiu completamente em casa no esconderijo.

As novas disposições do abrigo foram estabelecidas. O Sr. e a Sra. Frank permaneceram no próprio quarto, enquanto Margot e Anne continuaram a dividir o aposento comprido e estreito ao lado do banheiro e da área de vestir. O Sr. Van Daan e sua esposa dormiriam no grande cômodo que ficava um lance acima dos Frank, e Peter ocupou o minúsculo quarto ao lado do de seus pais, localizado parcialmente abaixo da escadaria que levava ao sótão, uma área ainda cheia de bens empilhados que não haviam sido removidos.

Durante o dia, a cama dos Van Daan permanecia dobrada contra a parede. O quarto do casal servia como cozinha e sala de estar, e lá todos passavam o dia. Eles, porém, não se aproximavam do andar de baixo, que ficava bem acima das salas particulares e da cozinha do escritório. Rapidamente, os Frank e os Van Daan estavam colocando as coisas em ordem, criando um lar bastante aconchegante sob aquelas circunstâncias.

Os Van Daan contaram histórias perturbadoras sobre como o bonde de número oito fora usado para transportar judeus até a estação central. Anne, Margot e a Sra. Frank ficaram abatidas enquanto escutavam. Alguns dos judeus sentados lado a lado naquela condução tinham sido seus amigos e vizinhos. Bondes inteiros agora estavam cheios de judeus usando estrelas amarelas e carregando o pouquinho permitido de bagagem.

Na estação central, eles eram arrebanhados até trens especiais. O destino dessas composições era um lugar chamado Westerbork, uma espécie de campo de detenção. Ele ficava em Drenthe, bem distante de Amsterdã e não muito longe da Alemanha. Dizem que alguns judeus chegavam a jogar postais e cartas pela janela dos trens, esperando que algum estranho os postasse. Uma parte deles fora de fato postada e recebida por familiares ou amigos, informando-lhes para onde tinham ido aqueles que deixaram suas casas.

Após a chegada dos Van Daan, comecei a perguntar tanto à Sra. Frank quanto à Sra. Van Daan o que eu poderia trazer das lojas. Quando as questionei, o Sr. Van Daan me entregou uma lista de cortes de carne. Eu examinei a listagem e balancei a cabeça. Os cupons de racionamento que tínhamos simplesmente não seriam capazes de fornecer tanta carne.

O Sr. Van Daan riu, com seu habitual cigarro pendendo dos lábios.

— Lembra-se do açougue próximo ao Rozengracht, aonde a senhora ia comigo para fazer compras?

— Sim, eu me lembro — respondi.

— Vá até aquele açougueiro — explicou. — Dê-lhe minha lista. Não diga nada e ele lhe dará o que queremos.

Eu olhei para ele de maneira cética.

— Não se preocupe. — O Sr. Van Daan ria e seus olhos brilhavam. — Aquele homem a examinou várias vezes nas ocasiões em que a senhora foi até lá comigo. Ele conhece seu rosto. É um grande amigo meu. A senhora vai ver: se ele puder, lhe dará o que for de seu desejo.

Por fim, entendi no que consistiam aquelas visitas ao açougueiro. Não tive como não menear a cabeça e não rir também.

Então, conforme o prometido, e sem falar nada, o açougueiro examinou meu rosto e me deu o que podia da lista que o Sr. Van Daan havia escrito.

Na maior parte dos dias, por volta do horário de almoço, Henk ia até o Prinsengracht para fazer a refeição comigo no escritório. O trabalho dele ficava na Marnixstraat, a uma caminhada de sete minutos do meu. Apenas uma ou duas vezes por semana, nas ocasiões em que precisava ir a um escritório diferente da Agência de Previdência Social de Amsterdã, é que ficava muito longe para ele vir almoçar.

Depois que nós dois terminávamos de comer, Henk subia as escadas e ia até o esconderijo, a fim de visitar nossos amigos. Às vezes, ele permanecia lá por dez minutos, outras vezes, por trinta ou quarenta, enquanto os trabalhadores do andar de baixo se ausentavam para almoçar. Henk sempre se sentava na beira da bancada localizada contra a parede, com suas longas pernas pendendo angularmente. De imediato, o gato de Peter, Mouschi, vinha correndo de onde estivesse e pulava nos braços de Henk. O animal era louco por ele.

Antes que alguém fosse capaz de dizer uma palavra, o Sr. Van Daan pedia cigarros para Henk, que lhe dava o que tinha sido capaz de comprar no mercado negro da velha região do Jordaan, bem próxima ao escritório. Em certas ocasiões, ele levava cigarros egípcios chamados Mercedes; em outras, conseguira encontrar apenas aqueles de fabricação holandesa, os quais não tinham um gosto tão ruim.

Van Daan acendia um cigarro e, depois, perguntava: "Então, o que está acontecendo pela cidade?", além de "Quais são as notícias que o senhor tem da guerra?" Em seguida, Henk relatava quaisquer novidades que tivesse, dando início à discussão entre os homens, da mesma forma que as minhas discussões ocorriam sempre com as mulheres. A não ser por Anne, curiosa a todo momento. Ela estava sempre à frente dos debates, tanto dos masculinos quanto dos femininos. Era a pessoa mais curiosa de todas as que se encontravam no esconderijo, assim como a mais inocente. Anne saudava todos nós, visitantes, com uma tempestade de perguntas e consultas.

Agora que as famílias Frank e Van Daan estavam escondidas, elas não tinham mais acesso aos cartões de racionamento. Com sete pessoas necessitando de alimentação, nós precisávamos de tais cartões desesperadamente. Para resolver esse problema, Henk estabeleceu alguns contatos clandestinos úteis. Ele pediu para que os que estavam escondidos lhe dessem suas carteiras de identidade. Confiando plenamente em Henk, eles não fizeram qualquer pergunta e lhe entregaram todos os sete documentos.

Henk pegava as carteiras de identidade e as levava até suas fontes clandestinas, a fim de provar que precisava alimentar sete refugiados. Em seguida, essas organizações ilegais davam a ele bilhetes de racionamento roubados ou falsificados, os quais eram repassados para mim. Eu ficava com eles no escritório, usando-os em minhas excursões diárias ate as lojas, em busca de comida.

Henk possuía um amigo que era dono de uma livraria e de uma biblioteca na Rijnstraat, no Bairro dos Rios. O estabelecimento se chamava Como's. Toda semana, Henk perguntava a nossos companheiros do esconderijo o que eles gostariam de ler. Em seguida, ia até a Como's e procurava pelas várias solicitações. Ele normalmente conseguia encontrar o que queria, e com alguns centavos tomava de empréstimo uma pilha de livros.

Então, geralmente aos sábados, eu levava os novos livros até o esconderijo, a tempo para o fim de semana, quando não haveria visitas por causa do fechamento do escritório. Ao mesmo tempo, eu reunia os volumes que já haviam sido lidos. Era tão grande o ritmo de leitura no esconderijo, que não era raro que mais de um par de olhos tivesse devorado cada livro.

Henk, Koophuis, Kraler, Elli e eu tentamos intercalar nossas visitas. Nossos amigos estavam sempre sedentos por elas. Todo dia era interminável para aqueles que se encontravam confinados nos quatro pequenos cômodos. A única lufada de ar fresco disponível poderia ser obtida no sótão, onde uma claraboia mostrava uma porção do céu e a torre da Westerkerk. Lá, as roupas lavadas eram penduradas e sacolas de comida se encontravam fora do caminho, ao lado de velhas caixas de arquivo do escritório. Era no sótão, também, que Peter gostava de se ocupar com suas ferramentas, tendo montado uma pequena oficina. Anne e Margot gostavam de subir até lá para ler.

Nossas visitas haviam adquirido um certo ar de rotina. De manhã cedo, eu era a primeira a realizá-la, o primeiro rosto após uma longa noite de confinamento conjunto. No entanto, essa visita era apenas comercial, no intuito de buscar a lista de compras e de ver quais as necessidades do dia. Em seguida, Elli chegava para o almoço, geralmente compartilhando um pouco do prato que a Sra. Frank ou a Sra. Van Daan havia preparado. Henk ia depois, para discutir com os homens as notícias do dia.

Então, na calmaria da tarde, eu subia com as compras e fazia uma visita de verdade. Como Frank e Van Daan eram os especialistas de nossa empresa, Koophuis e Kraler precisavam ir ao andar de cima várias vezes para fazer perguntas e resolver problemas comerciais. No fim do dia, após a saída do último funcionário, um de nós subia e informávamos aos que estavam escondidos que eles poderiam então se deslocar e falar normalmente, sem se preocupar com qualquer ruído.

Naquelas primeiras semanas, nenhum de nós conseguiu se acostumar com a subida do primeiro e grande degrau da íngreme escada do esconderijo. Várias vezes eu batia fortemente com a cabeça no teto baixo acima dele, chegando no andar superior com os olhos cheios de lágrimas e com a cabeça doendo intensamente. Todos nós topávamos contra o teto — todos exceto Henk, o mais alto, que nunca se esquecia de se inclinar para evitar a pancada —, e as batidas com a cabeça se tornaram uma piada. Por fim, alguém pregou uma velha toalha no local, encerrando as colisões.

QUASE DE INÍCIO, Anne me perguntara:

— Miep, por que você e Henk não vêm passar a noite conosco? Por favor, nós acharíamos ótimo.

— Sim, nós viremos um dia desses — prometi.

Todos estavam ansiosos para que passássemos uma noite no esconderijo, e eu lhes garanti que iríamos. Antes que pudéssemos cumprir nossa promessa, porém, fomos informados de que éramos convidados para um evento especial, uma ceia, da qual Henk e eu participaríamos como convidados de honra. A festa ocorreria em comemoração pelo nosso primeiro aniversário de casamento. A data estabelecida foi sábado, dia 18 de julho. Naturalmente, nós aceitamos.

Quando a noite chegou, depois que todos os funcionários haviam partido, eu permaneci no escritório. Henk veio a meu encontro. Nós dois tínhamos nos esforçado para aparecermos elegantes naquela reunião especial.

Assim que entramos no esconderijo, fomos recebidos pelo delicioso aroma dos pratos em preparação. Quando escalamos a escadaria e adentramos o aposento dos Van Daan, teve início uma profusão de atividades. A mesa foi posta e nossos amigos estavam contentes por acolher nossa chegada.

Anne me mostrou um cardápio especial que datilografara para a ocasião. Ela devia ter descido na noite anterior até a sala particular, a fim de utilizar a máquina de escrever. O cardápio dizia: "Jantar, oferecido por HET ACHTERHUIS na ocasião do aniversário de um ano do matrimônio dos veneráveis Sr. e Sra. Gies." Anne adquirira o hábito de chamar o esconderijo de *Het Achterhuis*, ou "O anexo". Ela então listou os pratos que seriam servidos, tecendo curtos comentários. À sopa, ela deu o nome de *Bouillon a la Hunzestraat*, em referência à rua em que Henk e eu morávamos. Nós lemos o cardápio com prazer.

O próximo prato seria *Roastbeaf Scholte*, o qual fora batizado em homenagem ao nosso açougueiro. Em seguida, seria a vez da *Salade Richelieu*, da *Salade Hollandaise* e de uma batata. Anne então continuou explicando, acerca do *Sauce de Boeuf (Jus)*, que deveríamos usar "quantidades muito pequenas, por causa da redução da concessão de manteiga nos bilhetes de racionamento". Ela relacionou também *Riz a la Trautmansdorf* — isto é, arroz feito como numa aldeiazinha aconchegante da Alemanha — e "açúcar, canela e suco de framboesa", os quais deveriam ser servidos ao lado de "Café com açúcar, creme e várias surpresas".

Eu prometi a Anne que guardaria seu cardápio para sempre como lembrança, quando então a Sra. Van Daan anunciou que estava na hora do jantar ser servido. Para mim e para Henk foram cedidos lugares de honra. Nossos amigos se sentaram ao nosso redor, e assim éramos nove pessoas espremidas em torno da mesa, nove cadeiras diferentes e desconsoantes comprimidas umas contra as outras.

Então, o jantar começou. Estava delicioso. Eu descobri que a Sra. Van Daan ficara responsável pela cozinha.

— Não sabia que sua esposa era uma cozinheira tão excelente. A comida está excelente. — comentei, então, com o Sr. Van Daan.

Ele sorriu com orgulho.

— Vocês não sabiam que minha mulher é especialista em culinária sofisticada?

— Sabemos agora — respondeu Henk.

QUANDO O CALOR DO VERÃO chegou ao extremo, o esconderijo passou a ser um lugar desagradável. Por causa da constante necessidade de cortinas durante o dia e também pela necessidade dos estores de escurecimento durante a noite, não havia muito ar fresco. No decorrer da jornada de trabalho, apenas a janela da esquerda ficava levemente aberta, para dar a impressão de que homens do escritório estavam trabalhando por lá. Por isso, até mesmo sob a melhor das circunstâncias o lugar se encontrava um pouco sufocante. Quando a temperatura aumentava, o abafamento se elevava. Felizmente, por causa do grande e belo castanheiro localizado atrás do esconderijo, os raios do sol eram bloqueados e o local não ficava tão quente quanto poderia.

À medida que a desordem começava a ser organizada no abrigo, nossos amigos encontravam cada vez mais formas de se manterem ocupados durante o dia. Jamais alguém estava ocioso quando eu surgia de maneira silenciosa do andar de baixo. Fosse lendo, estudando, brincando, descascando cenouras ou fazendo cálculos, a mente de nossos amigos permanecia ocupada constantemente. Durante o dia, todos usavam apenas meias, sem sapatos, para evitar qualquer barulho.

Quando eu chegava, cada um deles me exibia seu lado mais amigável e agradável. Embora estivessem vivendo uns em cima dos outros, em minha presença meus amigos eram sempre educados, tanto comigo quanto entre si. De imediato, amadurecera no meio deles o trabalho em equipe, e qualquer tarefa era realizada rapidamente. As diferentes personalidades que apresentavam estavam descobrindo como se misturar, a fim de formar uma espécie de equilíbrio.

Margot e Peter se mostravam bastante reservados, permanecendo sempre em segundo plano. A Sra. Van Daan era temperamental, agitada, tagarela, enquanto a Sra. Frank, afável e ordeira, permanecia demasiadamente quieta, porém atenta a tudo que acontecia a seu redor. O Sr. Van Daan era o contador de piadas, um pouco pessimista e inquieto, sempre fumando. O Sr. Frank era a figura calma, o professor das crianças, o mais lógico, a pessoa que equilibrava todos eles. Ele era o líder, aquele que estava no comando. Quando uma decisão precisava ser tomada, todos os olhares se voltavam para o Sr. Frank.

O VERÃO SE ARRASTAVA, agosto chegou e a Sra. Samson ainda não possuía um "endereço". Pelos alto-falantes ouvíamos o brado agudo de Hitler nos dizendo que a vitória completa estava à vista. Independentemente do quanto odiávamos aquilo, não podíamos discutir. Sim, Hitler tinha a Europa em suas mãos e a espremia. Tudo estaria perdido se ele consumasse sua vitória antes que os norte-americanos e os britânicos pudessem se preparar para aterrissar do outro lado do Canal. Quando pensamentos assim penetravam em minha cabeça, semelhantes a pontadas de ansiedade, eu os afastava o mais rápido possível. Com eles, eu não teria forças para continuar.

Nós quase não acreditávamos que as *razias* poderiam piorar ainda mais, mas, em agosto, isso aconteceu. Os judeus procuravam qualquer coisa que pudesse lhes garantir um pouco mais de tempo, que pudesse lhes oferecer alguma espécie de imunidade à deportação. Talvez um cargo no Conselho Judeu, o grupo local de líderes judaicos que atuava fazendo a ligação entre os semitas e os nazistas, um trabalho na indústria de diamantes ou no ramo de sucatas de metal, ou então uma loja especial que existia apenas para atender as necessidades dos judeus — uma padaria ou mercearia judaica. Os judeus não tinham mais permissão para fazer compras em estabelecimentos comuns ou, então, só podiam fazê-las em horários especiais.

Eles tentavam postergar a deportação através de declarações falsas, alegando que se encontravam fisicamente incapacitados ou que haviam sido diagnosticados com alguma deficiência mental. A ansiedade e a incerteza cresciam diariamente entre a população judaica. Era cada vez maior o número de judeus deportados. Escapar de uma *razia* estava se tornando mais difícil. Quando vazava e rapidamente se espalhava a informação de qual região seria alvo de uma, as pessoas encontravam uma forma de não permanecer em suas casas. No dia seguinte, então, após o fim do rodeio, elas saíam e procuravam por seus familiares e amigos, para ver quem ainda estava livre.

Frequentemente, maridos e mulheres eram separados por uma *razia*. Um era arrastado, enquanto o outro, por se encontrar em algum lugar diferente, ficava para trás. Quando um lar judeu se esvaziava de seres humanos, uma empresa de mudanças chamada Puls, que fora contratada para recolher os bens judaicos, encaminhava para o local, após cerca de uma semana, uma van que removia tudo com rapidez, até o lugar ficar completamente desguarnecido. Então, muitas vezes em questão de dias, os nazistas holandeses do NSB, aos quais era dada alta prioridade na aquisição de novos apartamentos, se mudavam para o lar vazio.

O dia 6 de agosto de 1942 ficou conhecido como Quinta-feira Negra. Uma *razia* perdurou por todo o dia e invadiu a noite. Ouvimos dizer que judeus foram apanhados nas ruas e arrastados, que tinham sido levados sob a mira de armas até suas casas, sendo obrigados a trancar as portas, entregar as chaves e deixar tudo que tinham. Eles foram espancados. Rumores diziam que muitos suicídios de judeus haviam resultado daquela *razia*. À noite, quando eu voltava do trabalho, meus amigos e vizinhos contavam histórias detalhadas sobre os rodeios.

Recentemente, Elli perguntara ao Sr. Kraler se seu pai, que sem emprego tentava sustentar seis crianças, não poderia trabalhar conosco no Prinsengracht. Nós precisávamos de outro auxiliar no escritório.

Kraler discutiu a questão com Frank, que deve ter dado sua aprovação. O Sr. Frank ainda era o homem das decisões. Então, o pai de Elli, Hans Vossen, se juntou a nós. Seu chefe era o Sr. Kraler e seu trabalho consistia na mistura de diferentes combinações de condimentos e na moedura deles, realizada no moinho de temperos. Em seguida, ele os embalava e os despachava.

Com cerca de 45 ou 50 anos de idade, o Sr. Vossen era um homem magro e quase tão alto quanto Henk. Certo dia, logo depois que ele começou a trabalhar conosco, eu fui para o escritório e descobri que o Sr. Frank o envolvera no secreto plano de encobrimento. Para melhorar a segurança do projeto, o Sr. Kraler pediu que o Sr. Vossen colocasse charneiras ligando a estante e a parede que ficava à frente da porta do esconderijo. Essa estante, na qual colocávamos livros de contabilidade vazios encadernados em preto e branco, ocultava a porta por completo. Ninguém jamais teria como saber que havia ali uma entrada. Na parede acima da soleira pendia um mapa do Grão-Ducado de Luxemburgo, colado anos antes.

O Sr. Vossen posicionara um gancho atrás da estante, o qual podia ser fechado por nossos amigos. Quando aberto, ele fazia com que toda a estante pudesse ser girada para fora e para o lado, permitindo a entrada no esconderijo.

Aquela havia sido uma ideia maravilhosa. Elli me contou posteriormente que a invenção partira do Sr. Frank. Agora, de repente, com tanto pavor tomando as ruas de Amsterdá, entrar no esconderijo era quase como entrar na proteção e no refúgio de uma igreja. O local era seguro e nossos amigos não corriam riscos.

Sempre que arrastava a estante, eu precisava colocar um sorriso no rosto, disfarçando o amargo sentimento que abrasava meu coração. Eu respirava fundo, fechava a entrada com a estante e assumia um ar de tranquilidade e bom humor que não era mais visto em lugar nenhum de Amsterdá. Meus amigos do andar de cima não precisavam ficar preocupados ou partilhar de minha angústia.

CAPÍTULO NOVE

Os JUDEUS QUE ATÉ então haviam escapado da prisão agora tinham medo de sair às ruas. Cada dia era preenchido por uma insuportável ansiedade. Cada som poderia ser o da chegada da Polícia Verde; cada campainha tocada, cada batida na porta, cada passo e cada barulho de carro, uma *razia*. Muitos permaneciam em suas casas e simplesmente se sentavam, esperando.

A Sra. Samson anunciou que estava partindo para um esconderijo, pois encontrara um "endereço seguro". Nós ficamos muito contentes. Ela queria nos dizer mais, porém recordamos-lhe que, quanto menos soubéssemos, mais seguro seria para ela e para nós. Henk lhe fez um pedido:

— A senhora poderia aguardar alguns dias, até eu e Miep saírmos de férias? Espere até setembro, pois assim não teremos como saber nada sobre seu desaparecimento. Então, caso nos apanhem e nos espanquem, poderemos dizer que não sabemos para onde a senhora foi, já que na época estávamos de folga.

A Sra. Samson disse que esperaria. Sabíamos que pedir que aguardasse até mesmo alguns dias era muito para ela, mas nós agora tínhamos de cuidar de sete pessoas no esconderijo do Prinsengracht — isto é, precisávamos pensar não apenas em nós mesmos. Se algo acontecesse conosco, criaria problemas graves para eles.

Era difícil saber o que estava acontecendo. No jornal oficial só havia mentiras. O detalhamento da guerra era pomposo. Em agosto, os alemães alegaram que haviam capturado os campos petrolíferos russos de

Mozdok e que estavam declarando vitória total. A BBC nos informou que realmente os alemães tinham conquistado os campos de petróleo, mas que eles não possuíam qualquer valor, porque os russos os deixaram completamente destruídos e inutilizáveis.

Logo em seguida, os alemães anunciaram que seu 6º Exército alcançara o rio Volga, ao norte de Stalingrado, e que a cidade estava sob seu domínio. Então, a Radio Orange relatou as casualidades que a Alemanha sofrera, dizendo que os russos haviam prometido lutar até o último homem e que, de alguma forma, eles estavam resistindo.

Os alemães descreviam as deportações dos judeus como um "reassentamento", alegando que aqueles que tinham sido levados estavam sendo tratados decentemente, que recebiam alimentação e abrigos adequados e que as famílias eram mantidas unidas. Ao mesmo tempo, porém, a BBC declarava que os judeus poloneses alocados nos campos de detenção germânicos estavam sendo intoxicados com gases, que os judeus holandeses eram utilizados no trabalho escravo e levados para campos muito distantes na Holanda, Alemanha e Polônia.

Embora não soubéssemos o que era verdade, sabíamos que os alemães haviam obrigado os judeus holandeses levados para os campos de trabalho a enviar cartões-postais para seus familiares. Os postais sempre afirmavam coisas positivas sobre a vida nos campos, dizendo que a comida era boa, que havia chuveiros e assim por diante. Isso era o que os captores nazistas forçavam os prisioneiros a escrever.

De alguma forma, os judeus conseguiam transmitir outras informações. Por exemplo, no final de um postal enviado de um dos campos, um holandês diria: "Dê lembranças a Ellen de Groot." Esse era um nome comum na Holanda, então os alemães não o censuravam. O que eles não sabiam é que, em holandês, *ellende* significava "miséria" e *groot*, "terrível". Dessa forma, a mensagem conseguia falar sobre uma "miséria terrível".

Minha cabeça latejava com esses fragmentos contraditórios de informação. Eu ficava apreensiva ao pensar nos rumores desagradáveis que circulavam acerca do tratamento grosseiro dado pelos alemães, naqueles campos longínquos, aos seus indefesos prisioneiros. Para o bem de meu estado de espírito, eu começara a acreditar apenas nas boas notícias, transmitindo todas elas ao esconderijo e deixando as más entrarem por um ouvido e saírem pelo outro. Para ser capaz de continuar, eu precisava acreditar piamente que a guerra teria um final positivo para todos nós.

Como aquela não era uma época normal, Henk e eu não podíamos desfrutar de longas férias. Nós precisávamos desesperadamente de uma folga, e conseguimos tirar dez dias para ir até uma cidadezinha fora de Amsterdã. Lá, no campo, caminhamos e descansamos, mas eu não consegui afastar meus pensamentos dos nossos amigos refugiados.

Quando voltamos à Hunzestraat, a Sra. Samson havia partido sem deixar rastros.

As famílias Frank e Van Daan conseguiram se manter saudáveis durante todo o verão. Isso era de extrema importância, pois nosso principal medo era alguém ficar doente e não poder visitar um médico. Pairando sobre cada um de nós, essa aflição atingia de forma especial a Sra. Frank. A todo momento, ela se mostrava particularmente cuidadosa com a saúde das crianças, observando sempre o que elas comiam e vestiam, se tinham frio ou se havia quaisquer sinais de enfermidades.

O açougueiro do Sr. Van Daan não era o único comerciante que nos ajudava a garantir os suprimentos básicos de nossos refugiados. O Sr. Koophuis tinha como amigo o dono de uma rede de padarias de Amsterdã. Quando nossos companheiros seguiram para o esconderijo, Koophuis fez um acordo com ele para que certa quantidade de pão fosse entregue no escritório duas ou três vezes por semana. Nós utilizávamos todos os cupons de pão que tínhamos para pagar por ele. O pagamento da quantidade sobressalente seria realizado em dinheiro, após a guerra. Como o número de pessoas trabalhando no Prinsengracht era igual ao número de pessoas escondidas no andar de cima, não havia motivos para desconfiança.

Eu começara a visitar sempre a lojinha do mesmo merceeiro, em Leliegracht. Aquele homem tinha um jeito bastante afável. Dependendo do que ele tivesse no dia, eu comprava tudo que era possível. Depois de várias semanas, o merceeiro percebeu que eu sempre comprava quantidades enormes de hortaliças. Sem que trocássemos qualquer palavra, ele começou a separar verduras para mim. Quando eu chegava, ele as trazia de outra parte da loja.

Eu colocava os alimentos em minha sacola, levava-os rapidamente para o escritório, no Prinsengracht, e os posicionava entre minha mesa e a janela, para que não fossem vistos por ninguém que não pertencesse ao nosso grupo de confidentes.

Mais tarde, quando era seguro, eu carregava as compras até o andar de cima, com exceção das pesadas batatas. Estas eram trazidas pelo merceeiro durante o horário de almoço. Eu sempre esperava por ele na cozinha, para que tudo corresse tranquilamente enquanto ninguém estivesse por perto. O homem colocava a pesada carga numa pequena despensa indicada por mim e, durante a noite, Peter descia, pegava as batatas e as levava para cima. Nenhuma palavra sobre isso foi trocada entre o comerciante e eu. Nada precisava ser dito.

Eu fazia compras para sete refugiados, assim como para Henk e para mim mesma. Não raro, eu precisava ir a várias lojas para conseguir as quantidades necessárias, mas não chegava a ser particularmente extravagante. Não vivíamos numa época normal. Todos tentavam adquirir o máximo de coisas possível e não era nada incomum comprar a granel. Da mesma forma, muitos lojistas não eram tão rígidos com relação aos cupons. Muitas vezes, se tivesse um que valesse, digamos, um quilo de batata, e quisesse comprar um quilo e meio, eu entregava o cupom com um pouco de dinheiro e eles, de bom grado, me davam os gramas sobressalentes.

O leite ficava sob a responsabilidade de Elli. Na Holanda, era comum que o produto fosse entregue em escritórios e casas, e sua distribuição acontecia diariamente. Estava claro que as pessoas que trabalhavam conosco precisavam de bastante leite, então nós não tínhamos medo de que o leiteiro suspeitasse de algo. Todo dia, fazendo chuva ou sol, o leite chegava. Elli levava as garrafas para o andar de cima quando subia para almoçar.

O Sr. Frank me disse que viera do Sr. Koophuis o plano de se esconderem e que foram os dois quem inicialmente o tinham elaborado. Em seguida, ambos aceitaram o Sr. Van Daan, convidando ele e sua família para lhes fazerem companhia no esconderijo. Junto com a mobília, muita comida seca e enlatada fora de alguma forma ocultada no abrigo. Sacos e mais sacos de feijão, conservas, sopas, artigos de cama e mesa e utensílios para cozinha tinham sido armazenados em horários noturnos inusitados. Eu não sei exatamente como tudo aconteceu, mas acredito que o Sr. Koophuis tenha orientado seu irmão, dono de uma firma de limpeza pequena, mas que dispunha de transporte motorizado, a levar os itens maiores. O Sr. Kraler estaria a par dessas entregas.

O Sr. Frank era o responsável por supervisionar o estudo das crianças no esconderijo. Era exigido rigor e ele mesmo corrigia as tarefas. Como Peter van Daan não era um aluno tão bom, o Sr. Frank fazia questão de lhe dedicar mais tempo e atenção. Otto Frank teria sido um ótimo professor. Ele era gentil e também severo, e sempre permeava suas aulas com um pouco de humor.

O estudo das crianças tomava grande parte dos dias. Para Margot, aquilo era fácil. Para Anne também, embora ela não se concentrasse tanto quanto a irmã. Anne era frequentemente vista escrevendo num diariozinho de capa dura, com motivo xadrez vermelho-alaranjada, dado pelo seu pai na ocasião de seu 13º aniversário, no dia 12 de junho, algumas semanas antes de os Frank terem se escondido. Ela rabiscava nele quando se encontrava em dois lugares: em seu próprio quarto e no quarto de seus pais. Embora todos soubessem que ela estava escrevendo, Anne nunca o fazia quando outras pessoas estavam por perto. Obviamente, o Sr. Frank falara sobre o assunto e dera instruções para que ninguém a incomodasse.

Segundo ouvi do Sr. Frank, o diário era uma companhia constante para sua filha, além de ser fonte de zombaria para os outros. Como ela tinha tanto sobre o que escrever? As bochechas de Anne ficavam rosadas quando ela era alvo de brincadeiras. Sempre rápida na resposta, a menina devolvia a provocação, mas, para manter a segurança, guardava seu diário na velha pasta de couro do pai.

Anne achava que sua melhor característica eram seus grossos cabelos castanho-escuros. Ela gostava de penteá-los várias vezes ao dia, a fim de mantê-los saudáveis e revelar seu brilho. Quando o fazia, sempre cobria os ombros com um xale triangular de algodão fino e da cor bege, tendo estampadas, entre outras pequenas figuras, rosas azuis, verde-claras e cor-de-rosa. Amarrado abaixo de seu queixo, esse harmonioso xale de penteadura recolhia os fios que se soltavam durante o vigoroso escovar e pentear de Anne. Todas as noites, ela colocava grampos no cabelo para virar as pontas. Margot também cacheava sua cabeleira.

As duas meninas ajudavam a cozinhar, a limpar panelas, a descascar batatas e a arrumar. Ambas estudavam ou liam a todo momento. Às vezes, para olhar e admirar aqueles rostos glamourosos, Anne espalhava sua coleção de imagens de estrelas de cinema. Ela falava sobre filmes e sobre celebridades cinematográficas com qualquer um que se dispusesse a ouvir.

Sempre que eu adentrava em silêncio o esconderijo, via cada um de seus habitantes absorto em alguma atividade. Eles pareciam camafeus vivos: uma cabeça inclinada atentamente sobre um livro; mãos repousadas sobre uma pilha de cascas de batata; um olhar sonhador num rosto cujas mãos tricotavam negligentemente; a mão delicada sobre o dorso sedoso de Mouschi, tocando-o e acariciando-o; uma caneta rabiscando um papel em branco, esperando seu dono considerar um pensamento para voltar, então, a rabiscar. E todos em silêncio.

E, quando meu rosto surgia acima do patamar, cada um dos olhares se cravava em mim. Um instante de entusiasmo arregalava todos os olhos e eu era sugada por todos eles com uma sede voraz. Em seguida,

Anne, sempre ela, atacava-me com uma acelerada chuva de perguntas. "O que está acontecendo?", "O que tem na sacola?", "Você soube das últimas novidades?"

Rapidamente, assim que a Sra. Samson se transferiu para seu esconderijo, Henk registrou o apartamento em nosso nome cristão. Tínhamos medo de que, deixando-o sob a alcunha judaica da Sra. Samson, uma van da Puls surgisse eventualmente e levasse toda sua mobília. É claro que nós devolveríamos tudo a ela quando retornasse com seu marido.

A Sra. Samson se escondera em setembro. Não muito tempo depois, talvez um mês ou seis semanas, recebemos um envelope com o carimbo postal de Hilversum, uma cidade nos arredores de Amsterdá. Havia, do lado de dentro, uma carta enviada por uma tal de Sra. Van der Hart, nome que não significava nada para nós. Assim que a lemos, porém, pudemos compreender. Aparentemente, a Sra. Samson estava escondida num cômodo daquela senhora, em Hilversum. Sentindo-se solitária, ela pediu que a Sra. Van der Hart nos escrevesse e nos convidasse para uma visita.

Não podíamos recusar. Realizamos a curta viagem de Amsterdá até Hilversum de trem. Ela nos tomou cerca de 45 minutos, incluindo uma caminhada de 15. Em seguida, encontramos o endereço na cidade que correspondia ao rementente da carta. Lá se encontrava uma grande quinta, do tipo que apenas pessoas muito abastadas possuíam.

Tocamos a campainha e nos identificamos para a mulher que atendeu a porta. Era a Sra. Van der Hart. Ela nos levou para o lado de dentro e rapidamente explicou que, naquele momento, estava morando com seu único filho, um universitário de 21 anos chamado Karel. Seu marido ficara detido nos Estados Unidos quando da eclosão da guerra na Holanda. Ele não conseguira voltar e ela não recebia notícias dele há dois anos. A Sra. Van der Hart se desculpou pela bagunça da casa, explicando que, antes da guerra, sempre tivera empregados, mas que, agora, precisava fazer tudo sozinha.

Ela nos conduziu pelo andar de cima até um lindo cômodo, no qual encontramos o local onde a Sra. Samson residia. Embora estivesse solitária, amedrontada e inquieta por ficar do lado de dentro, ela recebia boa alimentação e era tratada com delicadeza. Descobrimos que aquele deveria ser o esconderijo dos Coenen, a família da filha da Sra. Samson — a qual, se não entrasse em pânico e não seguisse até a estação central, talvez estivesse naquele cômodo, em segurança. Infelizmente, a filha e o genro da Sra. Samson haviam desaparecido nas mãos dos alemães; agora, seus filhos estavam escondidos.

Fizemos nossa visita, contamos à Sra. Samson todas as notícias sobre Amsterdá e lhe prometemos que voltaríamos. Em seguida, tomamos o trem do início da noite de volta para a capital.

Mais ou menos naquela época, um certo judeu mais velho, um amigo do Sr. Frank que conhecêramos numa das reuniões de sábado que sua família organizava, escreveu para nós pedindo que fôssemos até sua casa. Ele disse que era de grande urgência.

Henk foi encontrá-lo a sós e retornou com uma aparência pálida e exaurida. Estava carregando dois livros enormes com as bordas folhadas a ouro, uma edição delicada e lindamente impressa das obras completas de William Shakespeare, em inglês. Ele me disse que o homem, com cerca de 60 anos ou mais, dividia seu apartamento com a irmã, uma solteirona mais velha que ele, e a mãe, muito idosa. Henk disse também que aquele judeu lhe perguntara imediatamente se ele conhecia algum "endereço seguro" para as duas e para si próprio. Henk balançou a cabeça numa negativa. "Quando ele perguntou, eu de imediato pensei: 'É impossível que pessoas dessa idade encontrem esconderijos.' Porém, não tive coragem de lhe dizer isso, e afirmei: 'Darei uma olhada.'"

A seguir, o homem retirou os tomos de Shakespeare de sua estante. A prateleira estava repleta de belos livros encadernados em couro.

— Sr. Gies, poderia me dar a honra de levar algo meu para sua casa, guardando-o até depois da guerra? — perguntou ele, então

— Sim — disse-lhe Henk.

Então, lá estava o Shakespeare belamente encadernado. Henk e eu ficamos em silêncio. O que mais poderíamos dizer? Nós dois sabíamos que era quase impossível encontrar um "endereço seguro" para pessoas tão idosas. Henk prometera que iria tentar, o que ele fez, sem qualquer sucesso.

Eu sabia o quão arrasado Henk se sentia por causa daquele senhor. Eu havia experimentado uma infelicidade semelhante mais ou menos naquela época, quando passara por uma velha mulher judia sentada do lado de fora de nosso apartamento, sobre um degrau de pedra. A Polícia Verde estava chegando para prendê-la. Seus olhos imploravam para que cada transeunte a ajudasse. Ela era apenas um dos muitos judeus que pareciam perambular pelas ruas e se sentar desamparadamente sobre escadarias, já que não podiam se valer dos bancos de parque ou das cafeterias públicas.

Ultimamente, a Polícia Verde e a SS vinham fazendo *razias* surpresas durante o dia. Aquele era o melhor horário para pegar os judeus mais indefesos em casa: os velhos, os doentes, as crianças pequenas... Muitos tinham se mudado para as ruas a fim de não estar em casa quando os alemães viessem procurá-los. Eles frequentemente perguntavam a transeuntes se estes haviam visto sinais de algum rodeio ou de soldados, e, se sim, onde.

Por mais que eu desejasse ajudar aquela velha senhora e outras pessoas como ela, eu sabia que precisava ser prudente. Eu tinha de pensar em mais gente além de mim mesma. Como tantos, eu desviei o olhar, entrei e fechei minha porta. Meu coração estava partido.

ANNE E OS OUTROS estavam insistindo para que nós dormíssemos no esconderijo. Sempre havia um ar rogativo na forma como eles nos pediam. Então, certo dia, levei para o escritório algumas roupas de dormir para mim e para Henk.

Quando anunciei para Anne e para a Sra. Frank que nós finalmente passaríamos a noite por lá, o entusiasmo foi extraordinário. Parecia que a rainha Guilhermina em pessoa estava prestes a fazer uma visita. Esfregando as mãos, Anne estava inteiramente agitada.

— Miep e Henk dormirão aqui hoje à noite — disse, correndo para contar aos outros do andar de cima.

Tentei moderar os ânimos.

— Nós não queremos nenhum estardalhaço — pedi à Sra. Frank.

Ela sorriu, colocou uma mão em meu ombro e o apertou. No caminho da saída, repeti minha solicitação ao Sr. Frank, que subia as escadas.

— Mas, sem estardalhaços, por favor.

Com um sorriso no rosto, ele balançou a cabeça.

— Sim, sim, claro.

Durante o dia, contei a Jo Koophuis sobre nosso plano. Após seu expediente, Henk chegou e, assim que o último funcionário partiu, às 17h30, no final da jornada de trabalho, o Sr. Koophuis nos desejou boa-noite, trancando a porta do prédio às suas costas. O escritório ficava bastante silencioso quando todos saíam. Nós nos certificamos de que as luzes haviam sido desligadas e, em seguida, subimos a escada, puxamos a estante e entramos. Eu a fechei atrás de nós.

Cada um de nossos amigos nos saudou alegremente enquanto avançávamos para o pavimento superior.

— O último funcionário se foi, informei-lhes. — De imediato, surgiram vozes, passos, a descarga do vaso sanitário e o fechamento de um armário. O andar de cima logo ficou barulhento; o lugar ganhara vida.

Anne nos guiou até o quarto que dividia com Margot. Por insistência da menina, Henk e eu fôramos alocados lá. As irmãs passariam a noite no cômodo de seus pais. Anne me arrastou até sua cama, cuidadosamente feita, e afirmou que queria que eu colocasse minhas coisas sobre ela. Satisfeita, eu lhe disse que ficaria honrada e dispus meus artigos noturnos sobre sua cama, enquanto Henk fazia o mesmo na de Margot.

Faltava pouco para a hora das transmissões de rádio e toda a tropa marchou até a sala do Sr. Frank, no andar de baixo, para puxar cadeiras e se reunir ao redor do aparelho Phillips sobre a mesa. A sala toda se inflou agitada quando a voz da Radio Orange — perto, mas ainda assim tão longe — surgiu no rádio. "Esta é a Radio Orange. Tudo correu bem hoje. Os ingleses..." E assim ela continuava, enchendo-nos de esperança e de informações, sendo a nossa única ligação verdadeiramente livre com o mundo exterior.

Quando chegou a hora de nos sentarmos para comer, Henk e eu recebemos lugares de honra, como ocorrera no jantar de nosso aniversário de casamento. Todos os nove se espremíam ao redor da mesa.

Dessa vez, foram a Sra. Frank e Margot que supervisionaram a cozinha. A comida estava saborosa e satisfatória.

Com os papéis de escurecimento estendidos e a luz elétrica acesa, além do calor que emanava da cozinha, o cômodo se tornou confortavelmente quente e acolhedor. Conversando, nós nos demoramos sobre o café e a sobremesa, com nossos amigos devorando a boa-nova de nossa presença. Eles pareciam insaciáveis diante de nossa companhia.

Sentada, me dei conta do que era permanecer encarcerado naqueles pequenos cômodos. Enquanto me acostumava com esse sentimento, fui tomada por um pouco do medo desamparado que, dia e noite, acompanhava aquelas pessoas. Sim, estávamos todos em época de guerra, mas Henk e eu tínhamos liberdade para ir e vir quando quiséssemos, podendo permanecer ou partir. Aquelas pessoas estavam numa prisão, uma prisão com travas do lado de dentro de suas portas.

Nós nos desejamos boa-noite relutantemente, lembrando que o Sr. Van Daan e sua esposa não poderiam ir para cama até que nós também fôssemos. Henk, eu e a família Frank marchamos pela escada até o andar de baixo. Lá, nós nos desejamos mais uma rodada de boa-noite. Em seguida, Henk e eu nos preparamos para dormir em nosso quartinho, cercados pelo rosto das estrelas de cinema na parede.

Subi na dura e pequena cama de Anne, muito confortável com suas camadas de cobertores. Eram tantos que eu não conseguia imaginar de que forma a menina poderia ser acometida pelo frio. O cômodo, ao contrário da cama se mostrava gelado, e enquanto eu me aprumava da maneira mais aconchegante possível, conseguia escutar qualquer ruído que era emitido nos outros aposentos: a tosse do Sr. van Daan, o ranger das molas, o som de um chinelo sendo largado ao lado de uma das camas, a descarga do vaso sanitário, Mouschi aterrissando sobre suas patas acolchoadas em algum lugar acima de minha cabeça...

O relógio da Westertoren soava em intervalos de 15 minutos. Eu nunca o ouvira tão alto, ecoando e reverberando pelos cômodos. A igreja se localizava do outro lado do quintal do Anexo. No escritório, o som era bloqueado pelo edifício. Quando eu escutava as batidas na sala dianteira, durante o dia, o som já havia sido silenciado e abafado por todo o prédio. Ele soava de maneira reconfortante e longínqua.

Eu passei a noite toda ouvindo cada uma das batidas do relógio da Westertoren. Não consegui dormir — fui incapaz de pregar os olhos. Escutei o barulho do início de uma tempestade, o surgimento do vento. A quietude daquele lugar era opressiva. O medo das pessoas que lá estavam trancadas era tão denso que pude senti-lo me oprimindo. Era como se um fio de terror fosse esticado. Ele era tão terrível que nunca permitiu que eu fechasse meus olhos.

Pela primeira vez, experimentei a sensação de viver como um judeu refugiado.

Esta sou eu (à direita)
com 12 anos, em 1921.

Eu, em 1933.

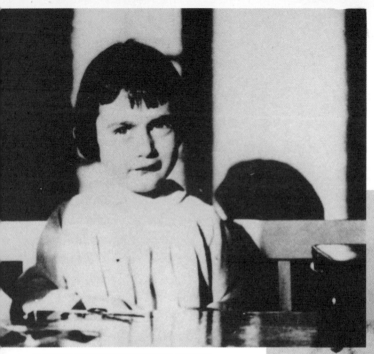

© ANNE FRANK-FONDS/COSMOPRESS, GENEBRA

Anne Frank, em 1933, mais ou menos na época em que sua família emigrou da Alemanha para a Holanda.

Anne Frank e seus colegas de classe em 1935, pouco depois de eu a ter conhecido. Anne está ao centro, circulada.

COM PERMISSÃO DE JAN WIEGEL

Otto Frank aproximadamente na época em que comecei a trabalhar para ele.

Anne por volta de 1936-37, diante do escritório da rua Singel, 400.

SOBRE AS DUAS IMAGENS: © ANNE FRANK-FONDS.COSMOPRESS, GENEBRA

Otto Frank e eu no escritório da rua Singel, 400, em 1937.

Jo Koophuis

Após a mudança para Prinsengracht, 263. Sentados em primeiro plano, da esquerda para a direita, estão Victor Kraler, Elli Vossen e eu. Duas outras funcionárias do escritório se encontram atrás de nós.

© ANNE FRANK-FONDS/COSMOPRESS, GENEBRA

Vista aérea de Prinsengracht com sua aparência atual, tendo a Westerkerk à direita.

Anne Frank, 1940.

© ANNE FRANK-FONDS/COSMOPRESS, GENEBRA

Meu passaporte com o carimbo da suástica.

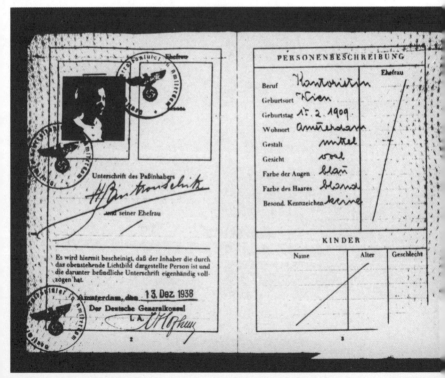

SOBRE AS DUAS IMAGENS: © ANNE FRANK-FONDS/COSMOPRESS, GENEBRA

Margot e
Anne Frank,
em 1941.

À ESQUERDA:
Acima, Henk e eu no
dia de nosso casamento,
em 16 de julho de 1941.
Abaixo, o casal Van Daan
e Victor Kraler.

NESTA PÁGINA:
À direita, a Sra. Samson
(de chapéu e sobretudo escuros).
Abaixo, os convidados do casamento.

NESTA PÁGINA:
À esquerda, a estrela amarela que os judeus holandeses foram obrigados a usar.
Abaixo, a ordem que liquidava a Pectacon por ser uma empresa pertencente a judeus.

AO LADO:
Acima, visão frontal do Prinsengracht, 263. Abaixo, sua vista traseira, mostrando o Anexo, ou esconderijo, e o castanheiro que sombreava o edifício.

DER REICHSKOMMISSAR
FÜR DIE BESETZTEN NIEDERLÄNDISCHEN GEBIETE
DER GENERALKOMMISSAR
FÜR FINANZ UND WIRTSCHAFT
WIRTSCHAFTSPRÜFSTELLE

AMSTELSTRAAT 14
AMSTERDAM

den 12. September 1941.
Korte Vijverberg 5
B./N./EG 101

Abschrift.

B v d. I. E.
29 NOV. 1941
MIDDERNACHT

Auf Grund des § 7 der Verordnung des Reichskommissars
für die besetzten niederländischen Gebiete vom
12. März 1941 (VO. 48/1941) über die Behandlung an-
meldepflichtiger Unternehmen bestelle ich Sie zum
Treuhänder der Firma

N.V. Handelsmaatschappij Pectacon,
Amsterdam-C, Singel 400,

mit der Aufgabe, die Liquidation des Unternehmens nach
meiner Weisung durchzuführen.

gez. Bauer

Herrn
Mr. Karl Wolters
A m s t e r d a m - N
Jan van Eijkstr. 31

SOBRE AS DUAS IMAGENS: © ANNE FRANK-FONDS/COSMOPRESS, GENEBRA

Ao lado, Edith Frank.
Abaixo, à esquerda,
Peter van Daan. À direita,
o Dr. Albert Dussel.

Anne, em 1942.

A entrada do esconderijo. A estante em frente ao vão da porta (à direita) e a estante afastada para o lado, mostrando a soleira e a escada.

SOBRE AS TRÊS IMAGENS: © ANNE FRANK-FONDS/COSMOPRESS, GENEBRA

Torre da Westerkerk vista da janela do sótão, no esconderijo.
Parede do quarto de Anne no esconderijo, com todas as fotografias ainda afixadas.

SOBRE AS DUAS IMAGENS: © ANNE FRANK-FONDS/COSMOPRESS, GENEBRA

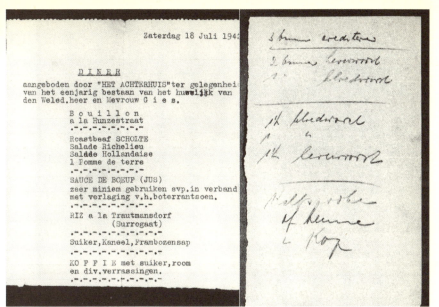

Acima, à esquerda, o cardápio que Anne datilografara para o jantar de nosso primeiro aniversário de casamento, realizado no esconderijo. À direita, uma lista de compras elaborada por Herman van Daan enquanto esteve escondido. Esta é uma lista típica daquelas que eu levava até o açougueiro a quem o Sr. Van Daan me apresentara.
O mapa na parede do esconderijo, exibindo o progresso das tropas aliadas após a invasão da Normandia.

© ANNE FRANK-FONDS/COSMOPRESS, GENEBRA

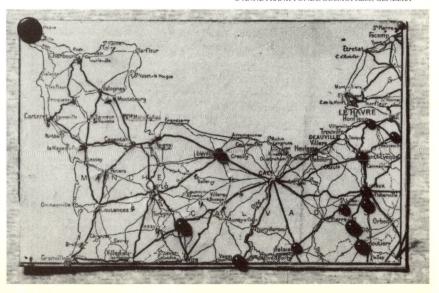

Carteira de identidade de Henk e a minha.
Cupons de racionamento e a lista, retirada de um jornal de 1944,
do que poderia ser adquirido.

Acima, documentos de transporte e de repatriação de Otto Frank; ao lado, seu cartão de refugiado de guerra.

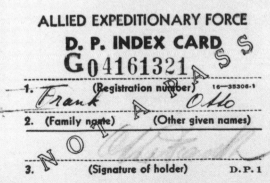

Prinsengracht, 263, em outubro de 1945. De pé, da esquerda para a direita, estão Koophuis e Kraler. Sentados, se encontram eu, Otto e Elli.
Abaixo, a aterradora carta que nos informou que Margot e Anne não retornariam. Literalmente, o texto diz: "Por meio desta, declaro que Margot e Anne Frank, alocadas no Schonungsblock no. 19 do campo de prisioneiros de Bergen-Belsen, faleceram por volta do fim de fevereiro e do início de março (1945). Eu mesma fui prisioneira naquele campo, no bloco no. 1, e possuía relações amigáveis com as meninas supracitadas."

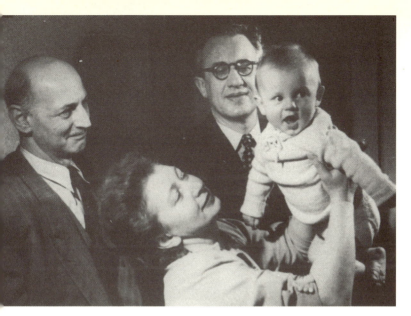

Otto Frank, Henk e eu, em 1951, com meu filho, Paul.
O xale de Anne e uma foto de Otto Frank sobre a mesa que pertencera à família e que o Sr. Frank me dera antes de falecer.

JACOB DE VRIES

Lendo o livro de Anne.

Henk e eu em Amsterdã, 1986.

ANNE-MARIE O'HEALY

JACOB DE VRIES

CAPÍTULO DEZ

À PRIMEIRA LUZ DO DIA, eu ainda estava acordada. Bem cedo, ouvi nossos anfitriões começando a despertar e seguindo alternadamente até o banheiro, que precisava ser utilizado antes que os empregados chegassem ao escritório, no andar de baixo. Do lado de fora, a chuva caía.

Henk e eu nos vestimos rapidamente e subimos para tomar café, mais uma vez ao redor da mesa. Ele foi o primeiro a partir, pois precisava se afastar do prédio antes que os funcionários começassem a chegar. Pude notar o olhar de nossos amigos, relutando em deixar que Henk os abandonasse.

Eu me demorei o máximo que podia, recebendo mais café e sendo tratada, novamente, como rainha. Anne me interrogou sobre as impressões que eu tivera acerca da vida noturna do esconderijo. "Como você dormiu? As batidas do relógio da Westertoren a mantiveram acordada? Você ouviu o barulho dos aviões indo bombardear a Alemanha? Você conseguiu dormir em meio a tudo isso?"

Não era fácil se esquivar das perguntas dela, mas fiz o meu melhor, sem querer revelar a experiência pela qual passara durante aquela noite longa e repleta de medo.

Anne trazia uma expressão de satisfação em seu rosto e me olhava fixamente. Mesmo sem dizer nada, nós duas sabíamos que, por um curto período de tempo, eu passara de forasteira para moradora, e que agora eu também entendia como era pernoitar no esconderijo.

— Você vai dormir aqui de novo? — perguntou ela.

Os outros imploraram também.

— Sim, sim! Volte logo para passar uma noite conosco!

— Sim, eu voltarei e dormirei — respondi.

Anne se voluntariou.

— Você pode ficar com minha cama de novo. Nós nos sentimos seguros quando temos nossos protetores tão perto.

Eu lhe garanti que ficaríamos sempre por perto.

— Se não estivermos perto fisicamente, estaremos em espírito.

— À noite também? — perguntou Anne.

— À noite também — respondi.

Ela me olhou fixamente por um minuto. Depois, sua expressão se alterou.

— E você não vai precisar nem se molhar nesse aguaceiro para chegar no trabalho.

Razias enormes foram organizadas no início de outubro de 1942. O segundo dia daquele mês ficou conhecido como Sexta-feira Negra. Nele, espalhou-se como fogo, no Bairro Judeu, o boato de que aconteceria um rodeio gigante. Então, atemorizadas, as pessoas esperaram o som das botas na escadaria e o ruído penetrante da campainha. Os rumores haviam se tornado tão terríveis que os bairros judeus de toda Amsterdã foram quase tomados pelo pânico.

Aquela maligna explosão de *razias* havia se espalhado. De repente, porém, elas tinham cessado. Semanas e mais semanas se passaram e novos rumores diziam que talvez a deportação da população judaica tivesse acabado, que talvez os campos se encontrassem cheios e os alemães já tivessem adquirido toda mão de obra escrava de que necessitavam.

Aquele outono, na Holanda, se mostrava chuvoso e friorento, sempre sombrio. A BBC e a radio Orange informaram que o 6º Exército alemão vinha sendo refreado. No dia 8 de novembro, os ingleses e os norte-americanos, liderados pelo general Eisenhower, desembarcaram nas costas marroquina e argelina, e o grande general Montgomery recuava as divisões do general Rommel. Com lentidão, é claro, mas palmo a palmo. Naturalmente, os jornais controlados pelos alemães bradavam que a guerra estava quase ganha. A Alemanha logo dominaria todos os países da Europa, a Inglaterra, o norte da África, o Egito e assim por diante.

Toda vez em que ia às compras, eu não sabia o que encontraria. A impressão era de que nas lojas havia sempre uma quantidade um pouco menor de artigos e filas um pouco maiores. As pessoas tinham uma aparência levemente mais surrada, também. Ainda assim, com um tempinho adicional e alguma procura, não era difícil adquirir o necessário para alimentar nossos sete amigos, além de Henk e eu mesma.

Sempre que eu entrava no esconderijo, Anne, a Sra. Frank e a Sra. Van Daan me espremiam até que soubessem todos os detalhes da vida do outro lado da estante. Os homens questionavam Henk da mesma maneira. Anne frequentemente perguntava se o apartamento que tinham na Merwedeplein havia sido esvaziado pela Puls. Por várias vezes, eu montara em minha bicicleta e fora até lá para checar, mas não conseguia ver nada de diferente, apenas as mesmas cortinas que cobriam as janelas quando os Frank residiam lá. Eu disse a ela que não sabia.

Por acaso, certo dia eu vira que a casa dos Van Daan estava vazia. A Sra. Van Daan não recebera bem a notícia e ficou atormentada. Prometi a mim mesma que evitaria trazer informações que causassem qualquer tipo de transtorno, o que não era nada fácil. Anne teria sido uma ótima detetive. Sentindo que algo estava sendo encoberto, ela me colocava contra a parede, me questionava e me confrontava, até que eu me pegasse revelando exatamente o que decidira não revelar.

A Sra. Frank era quem mais se afetava diante das más notícias. Lentamente, com a proximidade do inverno, sua atitude se tornava cada vez mais lúgubre. O restante de nós estava confiante com o boato de que talvez as *razias* tivessem terminado. Nós acreditávamos em todas as notícias esperançosas que a BBC e a Radio Orange transmitiam acerca das recentes ofensivas anglo-americanas. No entanto, nada daquilo parecia avivar a Sra. Frank. Nenhuma informação animadora era capaz de vencer sua perspectiva sombria. Por mais que cada um de nós argumentasse contra seu ponto de vista, ela não via qualquer luz no fim do túnel.

APESAR DA INTERRUPÇÃO na perseguição dos hebreus, a população judaica não se sentia segura. Ainda que muitos se afastassem por um longo tempo, outros ainda viviam tomados pelo medo, geralmente sem ter qualquer fonte de sustento, exceto quando trabalhavam nos ofícios protegidos, de número cada vez menor. Já fazia algum tempo que fora declarado ilegal um cristão se valer dos serviços de um judeu do ramo médico e odontológico, mas eu me recusava a interromper os tratamentos que fazia com Albert Dussel. Ele era um dentista excelente — na verdade, um cirurgião-dentista —, e também uma pessoa da qual eu gostava.

Durante uma das visitas que fiz a seu consultório naquele outono, ele me perguntou com uma voz serena e prudente:

— Miep, você não saberia de nenhum esconderijo para mim?

Meneando a cabeça, eu lhe disse que não. Prometi que lhe informaria se tomasse conhecimento de algum lugar.

No dia seguinte, ao relatar as novidades no esconderijo, eu contei ao Sr. Frank sobre minha visita ao Dr. Dussel e disse também que ele estava em busca de um abrigo. O Sr. Frank ouviu minhas notícias com interesse — Dussel e sua esposa estavam entre os refugiados da Alemanha que costumavam ir até a casa de sua família nas reuniões de sábado à tarde. Eu sabia que o Sr. Frank gostava dele tanto quanto eu.

Não pensei mais nada sobre aquela troca de informações até alguns dias depois, quando, durante minha visita vespertina ao esconderijo, o Sr. Frank declarou que queria discutir algo comigo. Eu me sentei e o ouvi dizer:

— Miep, onde sete podem comer, também podem oito. Todos nós refletimos sobre isso e decidimos que Dussel poderá se juntar a nós aqui, no esconderijo. No entanto, ele terá de vir amanhã de manhã, bem cedo.

O Sr. Frank continuou, explicando por que Dussel deveria partir na manhã seguinte. Ele não queria que o doutor tivesse tempo de contar nada para ninguém, assim como também não queria que ele tivesse tempo para fazer preparações elaboradas, o que poderia levantar suspeitas e oferecer riscos àqueles que já se encontravam no esconderijo. Eu entendi perfeitamente e lhe disse que faria o convite de imediato.

Depois do trabalho, fui direto para o apartamento de Albert Dussel e lhe informei que tinha um abrigo para ele. Não lhe dei qualquer detalhe, dizendo apenas que encontrara um local "seguro" onde ele poderia se esconder.

— Porém, você terá de partir amanhã de manhã. Essa é a condição imposta pelo local.

O rosto de Dussel se entristeceu e ele balançou a cabeça, lamentando.

— Será impossível — disse. — Estou fazendo o tratamento de uma senhora que sofre de um sério problema nos ossos. Amanhã é a sessão final. Não posso desapontá-la. Não posso deixá-la sofrendo. — Ele soltou um longo suspiro. — Será impossível, impossível. No dia seguinte, sim, mas amanhã... impossível.

Eu não disse mais nada e saí.

Na manhã posterior, com o coração pesado, subi até o esconderijo para contar sobre minha visita a Albert Dussel. O Sr. Frank ouviu o que ocorrera. Pude perceber que ponderar a acolhida de alguém de fora inspirava em cada um deles uma ansiedade adicional e desnecessária. O Sr. Frank disse que discutiria o assunto com todos e que lhes relataria a situação de Dussel.

Naquela tarde, antes de deixar o escritório, passei no andar de cima e perguntei:

— Então, vocês chegaram a alguma decisão sobre o Dr. Dussel?

O Sr. Frank anunciou solenemente:

— Nós discutimos a questão, concluindo que um médico responsável não pode abandonar um paciente no meio de um tratamento. Nós o respeitamos por isso. Diga a Dussel que, se estiver disposto a vir na segunda-feira de manhã, ele encontrará lugar aqui. — E continuou: — Nós elaboramos um plano. Miep, você está disposta a ajudar, apesar dos riscos envolvidos?

Eu lhe disse que sim.

Cuidadosamente, ele me relatou o plano.

Após o trabalho, eu retornei até o Dr. Dussel e lhe contei que achara um lugar para ele e que segunda-feira de manhã era um bom dia. Pude ver um novo lampejo de esperança em seus olhos.

— Segunda-feira de manhã está ótimo. Minha paciente já terminou o tratamento. Estou pronto.

— Excelente. Eis o plano, então: às 11 horas da segunda-feira você deve estar na central dos correios, que se encontra em N.Z.

Voorburgwal. Permaneça diante da fachada e caminhe para cima e para baixo, como se estivesse passeando. Assim que você for reconhecido por um homem, o contato, ele se aproximará e dirá: "Por favor, me siga." Então, não diga nada e o acompanhe aonde quer que ele vá. Ah, e leve o menor número de coisas possível, nada que o coloque em evidência. Talvez exista uma forma de você conseguir seus bens depois, após estar escondido com segurança. Veremos.

O Dr. Dussel me agradeceu copiosamente. Eu podia perceber que, em sua cabeça, meu papel naquilo era simplesmente o de mensageira. Ele me deu adeus "até o fim da guerra", fazendo então uma saudação. Em seguida, eu lhe desejei uma boa jornada. Não podia dizer nada mais. Nós dois sabíamos que, para um judeu a caminho do esconderijo, e principalmente durante aquelas horas que antecediam o refúgio, o perigo se espreitava por todos os lugares.

Da mesma forma, pude notar que Dussel imaginava o esconderijo no campo, onde muitos se localizavam.

O contato de Dussel era Jo Koophuis. Dussel não o conhecia, então não havia qualquer possibilidade de que o doutor o associasse a Frank. E Dussel nunca estivera no escritório do Prinsengracht. Como muitos judeus se dispunham a fazer, Albert Dussel estava colocando a si mesmo, a sua segurança e, talvez, a sua vida nas mãos de um estranho.

Na segunda-feira de manhã, fiquei trabalhando à minha mesa. Por volta das 11h30, o Sr. Koophuis se aproximou de mim e disse:

— Está tudo bem. Levei-o pelo corredor até a sala particular de Frank. Ele está aguardando lá, impressionado por ter sido levado bem para o centro de Amsterdã e não para fora da cidade. Miep, agora é a sua vez.

Eu corri até o aposento particular do Sr. Frank.

— Miep! — exclamou Dussel, com uma expressão de espanto no rosto.

Tudo o que eu não podia fazer era irromper em gargalhadas ao pensar na surpresa que estava por vir.

— Deixe-me pegar seu casaco — pedi.

Com uma aparência que se tornara perplexa, ele o tirou. Em seguida, coloquei o agasalho sobre meu braço.

— Agora, vamos — continuei. — Iremos para o andar de cima. — Então, empurrei o Dr. Dussel pelos velhos degraus que levavam ao patamar da estante, diante do esconderijo. Eu abri a porta atrás do móvel, segui diretamente para o andar de cima, até o cômodo dos Van Daan, e caminhei para o lado de dentro, onde todas as pessoas se reuniam ao redor da mesa, sorrindo e esperando por Dussel. O café estava pronto. Uma garrafa de conhaque também o aguardava. O dentista parecia prestes a desmaiar. Ver o Sr. Frank era como ver um fantasma, pois, para ele, os Frank tinham fugido para a Suíça. Quem poderia imaginar que eles se encontravam bem no centro de Amsterdã?

Meu coração estava cheio, quase explodindo.

— Senhoras e senhores — disse —, missão cumprida.

Então, dei as costas e os deixei todos juntos.

A PARTIR DESSE MOMENTO, passei a encontrar, uma vez por semana, a esposa do Dr. Dussel, uma loira charmosa um ano mais velha do que eu. Eu lhe entregava grossas cartas de seu marido e ela me dava correspondências, livros, embrulhos e os poucos equipamentos odontológicos que ele solicitara. Ela era cristã e, como não tinha mais nenhum judeu a seu lado, não corria qualquer risco.

Contei à Sra. Dussel que tinha de repassar as coisas que ela me dava para outra pessoa, responsável por entregá-las a seu marido. Eu fingia não conhecer o local onde Albert Dussel se refugiava. Ela, porém, era uma pessoa discreta e sensível, e sabia que não deveria buscar informações. A Sra. Dussel nunca me fez uma pergunta sequer. Nós trocávamos cartas e pacotes uma vez por semana, e então repetíamos o procedimento na semana seguinte.

Como o Dr. Dussel se mudara para o esconderijo, não havia mais lugar no qual Henk e eu pudéssemos passar outra noite. Por isso, apesar da decepção da menina, os convites de Anne tinham de terminar. Quando Dussel chegou, Margot foi transferida para o quarto do Sr. e da Sra. Frank. Anne permaneceu onde estava, passando a dividir seu estreito cômodo com o doutor. Todos pareciam encarar bem as novas disposições, mas o local ficara um tanto apertado com oito pessoas, em vez de sete.

Rapidamente, porém, descobriu-se que Albert Dussel tinha medo de gatos. Então, foram feitos esforços para que Mouschi ficasse longe dele, o que nem sempre era fácil, pois Dussel tinha medo do gato, o gato não entendia nada e continuava se empenhando, como de costume, para fazer amizade com o novo membro da casa.

Mouschi vigiava a todos, incluindo Dussel, a partir de um aconchegante ponto ao lado do forno a carvão. O forno, geralmente, ardia no grande cômodo dos Van Daan e o carvão vinha do escritório abaixo. Havia regiões arejadas e úmidas por todo o esconderijo, então os ocupantes com frequência vestiam várias camadas de roupas, por vezes acompanhadas até de um xale. Apesar das correntes de ar e da umidade, a brasa do carvão e o calor das panelas ajudavam a deixar o local confortável. Exceto quando havia restrições no racionamento de energia, as luzes levavam alegria aos aposentos.

À MEDIDA QUE O ANO de 1942 se aproximava do fim, Henk e eu nos esforçávamos de maneira especial para permanecermos secos e aquecidos, pois tínhamos percebido que também nós não poderíamos adoecer.

Felizmente, nossa saúde se mostrou resistente, assim como a de nossos amigos no esconderijo. Com a chegada do inverno, notei que, no Anexo, se desenvolvia uma espécie de enfraquecimento das energias. Não era fácil identificar isso, mas parecia que um pouco do ânimo dos moradores do andar de cima havia se esvaído, que uma espécie de languidez tomara conta deles. Eu podia perceber que o jeito conservador de Dussel começava a irritar Anne e que os caprichos de Anne começavam a aborrecer Dussel. A cordialidade entre a Sra. Frank e a Sra. Van Daan se enrijecera um pouco. Peter passava mais tempo do que nunca no sótão, e Margot era capaz de permanecer num só lugar por um longuíssimo tempo.

Pequenos incidentes e doenças começaram a ocorrer. Nada perigoso: uma conjuntivite para Dussel, uma costela forçada para a Sra. Van Daan... Pequenas dores, feridas e reclamações, o que era de se esperar. Eram muitos vivendo, noite e dia, naqueles pequenos cômodos; os músculos não se exercitavam o suficiente, ficando rígidos; as vozes estavam sempre abafadas; as bexigas não se esvaziavam por longos períodos de tempo; não havia escape para abundante energia de Anne.

Aquelas pequenas enfermidades pareciam ser um preço muito baixo a ser pago por um oásis seguro na Amsterdá ocupada pelos alemães. Nós estimávamos que uma grande percentagem da população judaica não estava mais na cidade, tendo sido deportada para o leste. Além disso, cada vez mais holandeses cristãos precisavam ir trabalhar na Alemanha, a fim de ajudar na produção de armamentos germânicos.

NAQUELE INVERNO, como a claridade só surgia às 9 horas, era no escuro que Henk e eu pedalávamos diariamente até o trabalho. A escuridão retornava às 16h30, então também voltávamos para casa sob ela. Dividida entre o trabalho, a busca diária cada vez mais longa pela quantidade de comida necessária, as visitas ao esconderijo e a manutenção de uma aparência corajosa para nossos amigos, no fim do dia, eu chegava em casa exaurida.

Henk e eu fizéramos amizade com um jovem casal holandês que vivia do outro lado da rua. A esposa estava grávida na época e deveria dar à luz muito em breve. Às vezes, apesar do toque de recolher, nós os visitávamos à noite e ouvíamos ilegalmente a BBC. Bebíamos café substituto e deixávamos as notícias do rádio incutirem alguma esperança em nós, preenchendo nosso vazio.

Certa noite, Henk e eu estávamos nos sentindo particularmente exaustos. O dia fora cansativo e difícil para os dois. Eu tinha guardado, para uma ocasião especial, a última porção de um café legítimo e, naquela noite, eu a peguei impulsivamente e convoquei Henk.

Após o toque de recolher, com uma de minhas mãos segurando o café e a outra sendo comprimida pelo grande punho de Henk, corremos até o outro lado rua para visitarmos nossos amigos. O rosto deles se avivou com a visão de um café de verdade. Todos nos aconchegamos da melhor maneira possível e nos reunimos ao redor do rádio. Fazendo com que cada gota da rica bebida durasse o máximo possível, nós saboreamos, de todas as formas, seu cheiro, seu sabor e seu efeito.

O café funcionou como mágica. Logo, estávamos animados e ostentando um novo vigor para encarar o opressor alemão. Tínhamos deixado a derrota de lado mais uma vez, esperando apenas o momento em que os Aliados viriam nos resgatar.

Renovados, mas ao mesmo tempo sonolentos, eu e Henk finalmente nos despedimos e fomos para casa. No dia seguinte, o marido veio nos dizer que, logo após nossa partida, sua esposa entrara em trabalho de parto, fora levada de táxi para o hospital e dera à luz um menino.

— Sim, o bebê está ótimo. Minha esposa também. Que café você preparou, Miep! —, acrescentou risonhamente.

Eu ri também. Nós aproveitáramos muito bem nosso último café legítimo.

A OCUPAÇÃO ESTIMULARA lentamente meu apetite por vingança. Assim, as informações de que os alemães congelavam até morrer nas milhares de nevascas russas, e de que muitos também sucumbiam nos desertos quentes e solitários do norte da África, avivaram-me ainda mais, deixando-me repleta de uma emergente comoção.

Os alemães se vangloriavam por estarem a 130 quilômetros de Stalingrado e, depois, a 50. Eles garantiam que, a qualquer momento, aquela grande cidade ruiria e que a majestosa Rússia estaria sob o domínio de Hitler. A BBC e a Radio Orange nos informaram que os soldados do Exército Vermelho tinham jurado lutar até o último homem. Estava claro que tinham sido enormes as baixas russas. As alemãs também.

Henk desmontara nosso rádio e, aos poucos, o levava para o sótão do esconderijo, no andar de cima. Isso significava que, agora, nós não tínhamos acesso às transmissões em casa, precisando visitar nossos amigos da vizinhança para ouvir as notícias ou, então, ouvi-las depois, em segunda mão.

Elli e eu começamos a planejar uma celebração no esconderijo para o Dia de São Nicolau. Embora os Frank fossem judeus, sabíamos que eles eram liberais diante das práticas religiosas. Em todos os lugares da Holanda, o Dia de São Nicolau, 5 de dezembro, era destinado mais às crianças do que à observância. Tínhamos em mente um dia festivo para Margot, Anne e Peter.

Elli e eu trabalhamos arduamente na composição de poeminhas rimados e um pouco zombeteiros, o que era tradição no Dia de São Nicolau. Juntas, quebramos a cabeça para elaborar presentes adequados a cada membro do grupo em refúgio. Como era impossível comprar coisas nas lojas, tivemos de nos valer de uma série de ideias ingênuas e passíveis de serem realizadas em casa, sem auxílio. Em segredo, costurávamos, martelávamos e colávamos. Então, reunimos todas as lembrancinhas e todos os poemas e os escondemos numa grande cesta, outrora coberta com decorações que Elli trouxera de casa e que haviam sobrado das comemorações passadas do Dia de São Nicolau.

Nós ocultamos a cesta colorida até a hora marcada, quando o Sr. Frank poderia conduzir o grupo até o andar de baixo para a surpresa.

Elli foi para casa, assim como eu. Pensei no que prepararia para o jantar de Henk e meditei sobre o quão felizes nossos amigos deveriam estar no esconderijo, abrindo a grande e festiva cesta que abrigava os presentes divertidos e as rimas engraçadas. Que festa não estariam fazendo! As crianças, principalmente, e, de forma especial, Anne, uma sofisticada mulher de 13 anos até o anúncio da festa, quando então se tornaria uma menininha de 6 maravilhada e jubilosa.

Pensando nela, me lembrei de como eu recentemente notara o quão pálida e débil estava sua coloração. A dos outros também. Nenhum raio de sol e nenhuma lufada de ar fresco haviam tocado suas peles em mais de seis meses. Imaginei quantas vezes um nazista não havia caminhado próximo ao Prinsengracht, 263, sem nunca saber ou suspeitar de nada. Em seguida, afastei esses pensamentos. Era melhor pensar em coisas boas, em como as crianças estariam felizes depois de descer as escadas e encontrar uma cesta de presentes e poemas. No dia seguinte, Anne relataria cada detalhe da festividade. Juntas, nós poderíamos rir e revivê-la.

CAPÍTULO ONZE

Estávamos todos certos de que a guerra acabaria em 1943. As condições do tempo eram aterrorizantes, sombrias, úmidas. As pessoas se encontravam sob tanta pressão, que algumas começaram a perder o controle.

Henk, eu, todos nós acompanhamos a batalha de Stalingrado. Ninguém jamais tivera notícias de um combate tão cruel e sangrento antes. Palmo a palmo, os alemães eram derrotados e deixados sob o frio e a neve gélida. *Ótimo*, pensei, *que todos eles congelem, e Hitler também.*

A palavra "rendição" era usada pela primeira vez durante as transmissões da BBC. Os alemães estavam à beira da rendição. Nós ousávamos acreditar, mas ninguém era capaz de imaginar aquele vocábulo saindo da boca de Hitler.

Eles, porém, se renderam em 2 de fevereiro. No dia seguinte, nós nos reunimos ao redor dos rádios, titilando da cabeça aos pés com as notícias e apertando as mãos uns dos outros, quando então, na estação oficial alemã, o anúncio de rendição foi feito, acompanhado pelo rufo de tambores trágicos e pelo segundo movimento da Quinta Sinfonia de Beethoven. Quanta alegria sentimos! Esperávamos que aquele fosse o começo do fim.

No entanto, aquelas notícias boas foram rapidamente sucedidas por uma surpresa perturbadora. O Sr. Kraler me contou, em tom solene, que o homem que, numa certa manhã de fevereiro aparecera sem avisar no escritório, era o novo dono do Prinsengracht, 263. O Sr. Koophuis estava lhe mostrando as instalações. O sujeito que o acompanhava era um arquiteto convocado para lhe dar assistência técnica.

Imediatamente, minha sensação de segurança se desintegrou por completo. O novo proprietário poderia fazer o que bem entendesse com o edifício e naturalmente desejaria ver todos os cômodos de sua nova aquisição. Como aquele homem poderia não subir para examinar o que agora lhe pertencia?

Eu me preparei por um terrível instante. Meu coração saltava para fora do peito. Se nossos amigos fossem descobertos agora, o que ele faria? Ele era *goed* ou *slecht*, "bom" ou "mau"? Obriguei-me a permanecer sentada à minha mesa e esperei.

Por fim, Koophuis, sozinho, com uma aparência mórbida no rosto, retornou para a sala. Questionei-lhe com os olhos e ele meneou a cabeça.

— Não, ele não foi. — Em seguida, afundou em sua cadeira, que estava próxima. — Quando me perguntaram sobre os depósitos na parte de trás, eu disse a ele que não tinha conseguido encontrar a chave. Não dava para saber ao certo, mas, de alguma forma, ele parecia terrivelmente interessado. Ele pode voltar a qualquer momento, e não conseguiremos dissuadi-lo.

Nossos olhos fizeram a mesma pergunta impossível. O que fazer agora? Nós dois quebrávamos nossas cabeças para encontrar um local onde oito pessoas pudessem se esconder confortavelmente, onde duas famílias e mais uma pessoa pudessem permanecer juntas. Olhávamos um para o outro terrivelmente frustrados. Não havia nada a ser feito, a não ser relatar ao Sr. Frank o que acontecera. Caberia a ele decidir. Era ele que estava no comando.

— Como o proprietário pôde deixar de nos contar sobre a venda do prédio? Como ele pôde ser tão insensível? — perguntava-se Koophuis, em voz alta. — Agora estamos com a corda no pescoço.

O Sr. Frank não tinha sugestões para dar. Nada poderia ser feito, a não ser esperar para ver o que aconteceria, para ver se o novo proprietário retornaria e, em caso positivo, o que desejaria ver. Aquela angústia a mais pesava no peito de todos. Nós aguardamos, porém o novo dono não retornou. Continuamos esperando por todo o inverno.

Elli se inscrevera num curso de estenografia por correspondência, mas a verdadeira aluna era Margot Frank. Toda vez que uma aula chegava, endereçada a Elli Vossen, a mulher a levava para o andar de cima, onde Margot, então, se entregava às tarefas. Anne também estava aprendendo por aquelas lições. As duas irmãs tinham tempo suficiente para praticar e tornaram-se bastante proficientes. Após terminarem os afazeres domésticos, elas passavam longas tardes escrevendo e reescrevendo a linguagem estenográfica. Ao fim da lição, Elli a colocava novamente no correio, e então a aula seguinte era enviada. Elli estava obtendo notas muito altas.

Com o arrastar do inverno, nenhum de nós se distanciou das chamas do carvão. Todos nos esforçávamos ao máximo para permanecermos aquecidos, para não deixarmos o calor se dissipar, o que era facilitado pelo tamanho pequeno dos cômodos. Tudo que fosse capaz de ser queimado era atirado no forninho localizado no quarto dos Van Daan. Em seu aposento, os Frank tinham outra fornalha a carvão diminuta. O lixo e os restos iam para o fogo à noite, após o expediente. As cinzas e outras sobras incombustíveis eram levadas por Peter até o andar de baixo, sendo colocadas na lixeira junto ao refugo do escritório. O lixo produzido era tão pouco, que sequer era perceptível.

Eu tinha passado a separar, para Anne, livros de contabilidade em branco, a fim de que ela pudesse utilizá-los em suas aulas e também para suas próprias escritas. Ela continuava muito sigilosa acerca de suas composições e sempre armazenava seus papéis na surrada pasta de couro do pai, guardada na privacidade do quarto dele. Como os Frank acreditavam no respeito à privacidade de todos, inclusive à das crianças — e como, em outros aspectos, havia pouquíssima reserva no esconderijo —, a intimidade de Anne era sempre levada a sério e respeitada. Ninguém se atrevia a tocar em seus papéis ou a ler seus escritos sem permissão.

CERTA MANHÃ, chegamos ao trabalho e encontramos nossos amigos agitados. Ruídos haviam sido ouvidos na noite anterior e eles suspeitavam que um roubo fora cometido no almoxarifado abaixo. O estado de cada um era de uma ansiedade aguda e terrível. Eles receavam que o invasor do cômodo, independente de quem fosse, tenha se intrigado com o som de seus passos.

Uma preocupação em especial veio à tona porque o rádio da velha sala do Sr. Frank fora deixado com o dial na estação da BBC, o que era uma infração penal. As cadeiras do aposento também estavam próximas ao aparelho, colocando no cenário um grupo que escutara as notícias intencionalmente. Eles tinham medo de que o ladrão relatasse a situação para a polícia e de que as autoridades ligassem os pontos, realizando uma batida no esconderijo.

O estado nervoso de todos era tão agudo que, mesmo quando o almoxarifado foi examinado, sem revelar sinais de invasão ou de qualquer coisa fora do comum, eles permaneceram tensos e inquietos com relação ao rádio e a todo o resto. Percebi que eles estavam sendo acometidos por um contagioso caso de nervosismo.

Tentando tranquilizá-los, minimizamos a situação. Tudo para acalmar os nervos à flor da pele. Nós brincamos e gracejamos, e logo eles estavam brincando também, rindo de sua exagerada sensibilidade ao barulho e ridicularizando sua vívida imaginação.

EM MARÇO, o mais recente decreto afirmava que havia uma nova alternativa para os judeus remanescentes. Eles deveriam escolher entre a deportação e a esterilização. Alguns optaram pela esterilização e obtiveram garantias de segurança assim que passassem pelo processo. Estes, então, receberam um "J" vermelho em suas carteiras de identidade, em vez da nefasta letra preta. Os que possuíssem o "J" vermelho também estavam liberados de usar a estrela amarela.

Na mesma época, os alemães publicaram um apelo aos que estavam escondidos, prometendo que todos aqueles que se entregassem seriam perdoados. Perdoados *pelo quê?*, pensamos. Naturalmente, nenhum de nós acreditava nisso ou em qualquer outra promessa feita pelo opressor germânico.

Nossos amigos refugiados menearam a cabeça diante daquela informação, cada vez mais gratos, com o passar do tempo, pela sorte de desfrutarem de um esconderijo tão seguro. Eles não conseguiam imaginar um abrigo melhor em toda Amsterdã.

No fim de março, enormes *razias* ocorreram novamente. Dessa vez, asilos judaicos destinados aos cegos, aos loucos e aos doentes terminais foram completamente esvaziados. Fiz o melhor que pude para ocultar de meus amigos no esconderijo o que eu sabia e via. Se conseguisse evitar, nunca lhes contava sobre os horrores que presenciava. Nem mesmo as perguntas de Anne iam tão fundo. Ninguém parecia querer saber mais do que já sabia.

De repente, então, aconteceu algo dramático e maravilhoso para a população judaica que continuara em Amsterdã. O departamento de registro oficial (onde ficavam arquivados todos os documentos que diziam quem era judeu, quem era meio-judeu, quem era um quarto judeu e assim por diante) fora incendiado. Circulava o boato de que o incêndio fora grande e de que a destruição tinha sido enorme, mas ninguém parecia saber sua real dimensão ou quantos cadastros foram destruídos durante aquele maravilhoso ato de sabotagem. Se todos os arquivos tivessem sido exterminados, os alemães não teriam como saber quem ainda precisava ser preso. Nós aguardamos mais informações. Infelizmente, constatou-se que pouquíssimos documentos foram consumidos pelo fogo.

EXATAMENTE NA ÉPOCA da chagada do mês de abril, quando o inverno se aproximava de seu fim, as enfermidades nos atingiram. Por sorte, seus alvos foram os ajudantes, e não nossos amigos refugiados. A impressão era a de que, num dia, todos levavam a vida adiante, enquanto, no outro, ninguém mais estava bem. Elli e seu pai foram acometidos, ficando impedidos de trabalhar durante várias semanas seguidas. Elli pegara uma forte gripe e seu pai fora encaminhado para o hospital a fim de fazer alguns exames.

Nosso querido Sr. Koophuis nunca havia sido de fato muito saudável. Sempre atormentado por dores de estômago que pioravam cada vez mais, ele começara a apresentar hemorragia interna e seu médico o deixou de cama, na esperança de que um bom descanso e menos pressão lhe fossem benéficos. Todos em Amsterdá viviam pressionados e angustiados, assim como sob um ódio ardente. O médico mal percebeu que o Sr. Koophuis, profundamente preocupado com a segurança de nossos amigos refugiados, estivera carregando consigo uma dose adicional de tensão, responsabilidade e pressão.

Henk, o Sr. Kraler e eu fizemos um esforço extra para visitar nossos companheiros no esconderijo, pois, de repente, foram interrompidas as visitas daqueles que se encontravam adoentados. Para nossos amigos, que sentiam muita falta de cada uma delas, parecia que o sol tinha se ocultado por trás de uma nuvem. Eles sentiam saudades das fofocas, dos palavrórios e das histórias que Elli contava sobre o namorado. Em especial, eles sentiam falta de Jo Koophuis, o provedor das piadas, do afeto, dos pequenos presentes e das guloseimas que elevavam o ânimo de cada um. Koophuis melhorava o espírito das pessoas como ninguém, deixando para trás todos os seus problemas no momento em que fechava a estante móvel. Ele trazia consigo apenas força, encorajamento e a capacidade de fazer com que nossos amigos se sentissem muito melhores e mais radiantes do que no momento em que os encontrara. Agora, porém, seu estômago problemático exigia sua atenção e ele foi obrigado a ficar de cama.

Henk e eu fizemos o possível para preencher os períodos de tempo que, durante o dia, ficaram vagos. Era estranho, mas, às vezes, quando sentia que minhas forças iam acabar, eu me esforçava um pouco mais, descobrindo, ao me valer de uma reserva de energia que desconhecia, que era capaz de reunir mais vigor e tolerância de acordo com as exigências da situação.

Embora parecesse magro e debilitado, Jo Koophuis retornou mais rápido do que o médico lhe ordenara, alegando que se sentia bem. O Sr. Vossen, no entanto, descobrira que sua permanência no hospital seria mais longa, pois seu prognóstico não era bom. Por isso, o Sr. Kraler decidiu que outro homem precisava ser contratado para cuidar do almoxarifado. O Sr. Frank concordou e lhe deu permissão para ir adiante.

O Sr. Kraler contratou um homem chamado Frits van Matto para trabalhar no depósito e assumir as tarefas do Sr. Vossen. Como eu não estava envolvida de forma alguma naquilo, não prestei muita atenção nele. Passei a notá-lo quando começou a aparecer no escritório para receber as ordens de Elli. Era apenas uma intuição, mas havia algo de antipático naquele homem. Sua presença me deixava com uma sensação desagradável. Van Matto se esforçava de maneira especial para travar conversas comigo. Eu permanecia impassível e reservada.

Ele tentou forjar uma amizade com ainda mais afinco quando percebeu que eu me dava bem com Jo Koophuis e que este parecia gostar muito de mim. Pude notar que, na cabeça de Van Matto, me adular faria com que suas relações com Koophuis melhorassem. Aquilo não funcionou. Eu não conseguia não ficar impassível diante dele. Também não sabia dizer o porquê, mas algo naquele homem me irritava. Era só um pressentimento, mas eu confiava nos pressentimentos que tinha.

OCASIONALMENTE, Henk e eu viajávamos até o esconderijo da Sra. Samson, em Hilversum, para visitá-la. Nós reuníamos alguns presentinhos, porém nada sofisticado, pois era cada vez mais difícil conseguir as coisas. A Sra. Samson praticamente nos exauria durante as visitas. Ela nunca fora uma pessoa quieta e as conversas jorravam de si em torrentes.

Numa daquelas jornadas a Hilversum, durante a primavera de 1943, a Sra. Van der Hart, proprietária da quinta onde a Sra. Samson se abrigara, disse-nos que gostaria de ter uma conversa conosco. Nós a acompanhamos até sua sala de estar.

Percebemos que, ao falar, ela estava bastante distraída e perturbada. A Sra. Van der Hart nos perguntou se tomáramos conhecimento do juramento de lealdade que os alemães haviam obrigado os universitários holandeses a assinar. Ele declarava que o estudante se afastaria de qualquer ato contra o Reich alemão e o exército germânico.

Dissemos a ela que estávamos cientes do juramento, do fato de que muitos alunos haviam se recusado a assiná-lo e de que pequenas greves estudantis surgiam ao redor das várias universidades da Holanda. Os alemães encararam aquela oposição da forma que faziam sempre, com prisões, detenções e ordens para que qualquer estudante resistente interrompesse seus estudos imediatamente.

Ela, então, chegou ao objetivo da conversa.

— Meu filho, Karel, se recusou a assinar o juramento. Ele precisa se esconder, precisa de um lugar para...

Eu a interrompi.

— Não precisa dizer mais nada. Peça-lhe para ir o quanto antes até Amsterdã. Ele pode se esconder conosco.

Da mesma forma que a Sra. Van der Hart abrigava a Sra. Samson, nós nos sentíamos na obrigação de abrigar seu filho, como retribuição.

Logo em seguida, em maio, Karel van der Vart se refugiou junto a nós na Hunzestraat.

Ele era um rapaz de boa aparência, magro, loiro, de média estatura e agradável. Demos-lhe o velho quarto da Sra. Samson e ele se alegrou conosco de imediato. Karel gostava muito da minha comida, apesar das limitações impostas pelo racionamento.

Ele nos confessou que sua mãe não era uma boa cozinheira. Ela tivera criados antes da guerra e, sem serviçais desde o início dos conflitos, fizera o melhor que podia, mas os resultados não tinham sido satisfatórios. Henk e eu trocamos um olhar. Karel riu. Ele sabia o que se passava em nossa cabeça: que, quando fazíamos nossas visitas à Sra. Samson, a comida estava saborosa.

— É verdade —, explicou. — Para os outros ela cozinha bem, mas, quando os convidados se vão, sua culinária... simplesmente não é a mais a mesma.

Eu fazia com que nossas provisões rendessem para mais uma pessoa. Henk e eu nos entreolhávamos, espantados pela velocidade com que Karel era capaz de raspar um prato de comida. Naturalmente, não podíamos contar ao Sr. Frank e aos outros sobre o refúgio que Karel van der Hart recebia em nossa casa, pois aquilo nos colocava em novo risco. Qualquer coisa que nos ameaçasse os atormentaria duplamente.

Logo, uma rotina com Karel foi estabelecida. Henk e eu íamos para o trabalho toda manhã. Karel permanecia sozinho em casa o dia inteiro. Aquela era uma vida muito solitária para um jovem, mas não havia nada que pudéssemos fazer. Nós não sabíamos o que ele fazia durante o dia, a não ser ler e jogar xadrez consigo mesmo. Suspeitávamos de que, às vezes, saía para dar uma volta, mas não fazíamos qualquer pergunta. Dentro de casa, seu tabuleiro de xadrez estava aberto a todo momento, no meio de um jogo cujo adversário ela ele mesmo. Karel desfrutava do tempo que quisesse para analisar uma jogada. Tempo era tudo o que ele tinha.

Estávamos na época da limpeza geral, mas até isso foi limitado pela guerra. O sabão estava cada vez mais escasso. Linhas e tecidos encareciam gradativamente. Eu tinha de pensar duas ou três vezes antes de remendar a ponta das meias de Henk. Será que o pedaço de linha não poderia ser usado para algo mais necessário? Será que nossos amigos não precisavam dele mais do que nós?

Na vida de cada um havia agora uma camada encardida, vencida, desgastada. Uma aparência de constante desalinho tomara conta de todos os que eram moderadamente prósperos e um semblante de pavorosa pobreza revestia, sem cessar, as pessoas que possuíam ainda menos que a gente.

Às vezes eu tinha de gastar o dobro do tempo para garimpar víveres que atendessem a todos nós. Não era incomum, nas lojas, termos de esperar em filas longas, para enfim chegar ao balcão e descobrir que não havia quase nada disponível para compra: alguns feijões, algumas alfaces murchas, batatas parcialmente apodrecidas — alimentos que, quando eu chegava em casa, estavam ruins e nos faziam mal. Eu ampliara meu círculo de estabelecimentos e, ocasionalmente, tentava fazer compras em lojas de vizinhanças distantes, sempre na expectativa de encontrar uma nova fonte de comida.

Comer havia deixado de ser interessante. Éramos forçados a nos contentar com o que tínhamos. Isso significava monotonia, tédio e o mesmo cardápio por dias e dias seguidos. Também implicava em problemas digestivos, em semiadoecimentos e na permanência da fome após a alimentação.

Contudo, jamais ouvi qualquer queixa vinda do esconderijo. Durante o desempacotamento e o armazenamento da comida, nunca havia sinal algum de tédio ou de frustração. Nunca eram feitos comentários sobre como nossos amigos estavam cansados de comer couve, ou qualquer outra comida, por mais de duas semanas. Eles nunca reclamavam sobre as provisões cada vez menores de manteiga e gordura.

Da mesma forma, nunca fiz qualquer menção à cor débil que meus amigos tinham assumido. O vestuário das crianças começava a se desintegrar também — ele puía e simplesmente se desgastava. Com seu jeito sempre calmo, a esposa do Sr. Koophuis ocasionalmente conseguira para elas algumas roupas usadas, enviando-as ao esconderijo através de seu marido.

Obviamente, quem passava maiores necessidades era a pequena Anne, que diante de nossos olhos estava deixando de ser tão pequena assim. Ela simplesmente explodia para fora de suas roupas, ao mesmo tempo em que também se alterava a forma de seu corpo.

Os pés da menina não podiam mais ser espremidos nos sapatos que ela trouxera para o esconderijo. Eu ria quando ela tentava fazer isso, mas, por dentro, talvez fosse capaz de chorar ao ver aqueles pés delicados, que deveriam estar correndo, dançando e nadando.

Aquele surto de crescimento havia chegado no momento certo: Anne completaria 14 anos no dia 12 de junho. A natureza seguia seu curso como deveria, apesar das condições às quais a menina estava submetida. Nós todos nos reunimos para fazer com que seu aniversário fosse o mais festivo possível, com docinhos e guloseimas, livros, papéis em branco e artigos de segunda mão.

Anne se alegrava mais do que nunca quando recebia ou dava presentes, assim como quando comemorava alguma coisa. Naquele ano, ela ficou especialmente contente com tudo que lhe reuníramos, demonstrando grande felicidade ao abrir suas lembranças e ao ler seus poemas de aniversário.

Todos nós nos empenhávamos para permanecermos animados e combatermos qualquer melancolia. O esforço extra se fazia necessário porque havíamos acabado de descobrir que um tipo fatal de câncer fora diagnosticado no pai de Elli, Hans Vossen. Os médicos não tinham esperanças e não lhe davam muito tempo de vida.

Cada um de nós se reuniu ao redor de Elli e dos outros, na esperança de conseguirmos superar o terrível fantasma da morte que atormentava nossa afável amiga, tão preciosa para todos e integrante de nosso pequeno círculo íntimo.

CAPÍTULO DOZE

O Sr. Frank contou a mim e à esposa que recentemente notara um problema no olho de Anne. Sem chamar de maneira exagerada a atenção da menina, eles a vigiaram de perto, com receio de imaginar os desdobramentos que teriam lugar caso houvesse alguma deficiência séria com seus olhos salpicados de verde e sempre agitados.

Quando o Sr. Frank me revelou aquilo, comecei a ficar com medo. Os olhos de cada um eram particularmente preciosos naquela vida em refúgio, já que, todos os dias, o prolongado tempo vago era preenchido com leituras, escritas e estudos. Agora que o problema me fora confiado, percebi que, ao ler e escrever, os olhos de Anne se semicerravam, esforçando-se para poder enxergar. O Sr. Frank me informou que ela também sentia dores de cabeça.

O que fazer?

Por fim, o assunto foi aberto a todos e se tornou matéria de discussão. O consenso era o de que Anne precisava de óculos, mas ninguém sabia ao certo. Havia estourado nossa primeira crise médica de gravidade.

Refleti sobre os olhos de Anne e fiz uma pequena pesquisa. Próximo ao escritório, a menos de dez minutos a pé, eu vira a placa de um oculista. Se saísse com a menina e não demorássemos — entrando, partindo e voltando ao esconderijo —, calculei que conseguiria devolvê-la ao abrigo dentro de uma hora. Então, após a prescrição do oculista, eu retornaria, inventaria alguma desculpa que explicasse por que a jovem não pudera voltar para buscar seus óculos e os levaria de volta ao esconderijo.

Era desafiador e arriscado guiar um judeu não cadastrado pelas ruas, mas não fazia sentido algum se concentrar no perigo. Eu estava certa de que poderia retirar Anne com segurança do esconderijo e escoltá-la de volta.

Numa visita de fim de tarde, ofereci minha sugestão ao Sr. e à Sra. Frank. Não tentei influenciá-los, apenas contei-lhes sobre meu plano e esperei pela resposta.

A reação de Anne foi bastante emotiva. O entorno de sua boca ficou branco de medo.

— Eu poderia levá-la agora mesmo — ofereci, imaginando que, sem tempo para sentirmos medo, talvez pudéssemos pôr fim àquilo antes de sermos acometidos pelo perigo.

Pude notar o Sr. e a Sra. Frank trocando olhares e conversando silenciosamente com os olhos, da maneira como somente marido e mulher conseguem fazer. O Sr. Frank brincava com seu queixo. O Sr. Van Daan e sua esposa, seguidos pelo Dr. Dussel, entraram na discussão, cujo tom era de gravidade. Afinal, nós estávamos debatendo um plano por demais perigoso. Anne olhava para cada um de seus pais. Ela admitiu que estava morrendo de medo daquela ideia e que não sabia se desmaiaria de temor apenas por considerar a possibilidade de estar, de fato, nas ruas.

— Mas eu irei se você quiser — acrescentou, erguendo olhos em direção a seu pai. — Farei o que você me disser para fazer.

O Sr. Frank me disse que eles discutiriam a questão e que me relataria depois o que haviam decidido.

— Tudo bem — respondi.

No dia seguinte, o Sr. Frank contou que eles haviam refletido sobre o assunto. Apesar da preocupação que tinham com os olhos de Anne, ele meneou a cabeça pesarosamente.

— É simplesmente perigoso demais. É melhor permanecermos juntos aqui dentro. — Em seguida, acrescentou com desgosto: — Essas coisas terão de aguardar até o fim da guerra. Veremos... — complementou, deixando o assunto no ar, delicadamente.

Contudo, a possibilidade de Anne se expor ao perigo das ruas não foi cogitada de novo. Sobretudo mais tarde, pois, durante outro grande raide contra a Alemanha, a artilharia antiaérea se mostrara pesada. Um dos aviões fora atingido e se espatifara ao lado da Muntplein, bem próximo ao esconderijo. Houve uma explosão terrível e era possível ver incêndios gigantes ardendo.

No Anexo, o pânico quase se espalhou por causa da queda do avião. Embora nossos amigos tentassem manter um semblante positivo durante minhas visitas, eles viviam constantemente com a sensação de que estavam prestes a serem bombardeados, carbonizados ou implodidos. Aquele impiedoso terror debilitava a todos. Eles haviam percebido o completo desamparo que os acometeria caso fossem alvejados. Não havia para onde ir, não havia escapatória. Com o terrível estrondo das explosões parecendo muito mais próximo do que de fato estava, a angústia atingiu um grau altíssimo, deixando-os exauridos e adoentados durante os dias que se seguiram. Não havia como eu fazer algo para aliviar aquele terror.

Não foram apenas aquelas bombas que os recordaram de sua completa vulnerabilidade; após uma série de outros assaltos imaginários às salas do escritório, um roubo de verdade finalmente ocorreu. Não havia muito a ser dito: os ladrões levaram sobretudo cupons de racionamento de açúcar, os quais, muito raros naqueles dias, ainda se encontravam disponíveis na empresa, que os usaria no processo de fabricação de geleia.

Os gatunos tomaram nossa caixa pequena e diversas quinquilharias. No entanto, o pior e mais perturbador para a sensação de bem-estar de nossos amigos era o fato de aqueles patifes terem violado exatamente a porta fortificada que se abria para a sala dianteira. Em busca de ganhos, os ladrões haviam avançado justamente pelos escritórios, talvez até o ponto em que a estante escondia a entrada do esconderijo.

O dial do rádio fora deixado mais uma vez na ilícita estação da BBC e, naquela ocasião, nenhum dos refugiados percebera qualquer indício de que invasores perambulavam bem no andar de baixo. Ninguém fazia esforço algum para permanecer em silêncio. As torneiras talvez estivessem abertas e pés possivelmente corriam pela escadaria rangente. Vozes gritantes vindas do andar de cima poderiam ter sido ouvidas. Ficara claro para nossos amigos que aquela segura fortaleza não era tão segura assim.

Durante essa terrível época, os ladrões poderiam facilmente ir até a polícia e relatar a existência de pessoas refugiadas. Os alemães pagavam bem por informações assim. Uma recompensa era oferecida por cada judeu encontrado em esconderijos.

O período era tão ruim que um ladrão estava a salvo, mas um judeu, não.

DE REPENTE, boas notícias nos trouxeram uma enorme explosão de esperança. Mussolini havia sucumbido, e nossos aliados britânicos e norte-americanos finalmente tinham desembarcado em solo europeu, começando a abrir caminho até nós a partir da Sicília.

Os amigos que tínhamos no esconderijo ficaram eufóricos.

O Sr. Frank e Anne eram os mais otimistas com relação ao fim iminente da guerra. O Dr. Dussel e a Sra. Van Daan também se mostravam assim, mas estavam cautelosos. A Sra. Frank, o Sr. van Daan, Margot e Peter permaneciam mais descrentes no que dizia respeito ao tempo necessário para os Aliados nos libertarem.

Quando o grande rádio da sala do Sr. Frank tivera de ser entregue aos alemães, o Sr. Koophuis encontrou em algum lugar um radinho em funcionamento para o esconderijo. Nossos amigos não precisavam mais marchar até o andar de baixo para ouvir a BBC e a Radio Orange. Nosso próprio aparelho, que Henk estivera trazendo aos poucos para o abrigo, ainda estava desmontado no sótão.

Antes de se mudarem, de alguma forma os Frank e os Van Daan haviam conseguido armazenar uma grande quantidade de sabão no esconderijo. Ela durara por mais de um ano, mas agora começava a se esgotar e a criar um novo problema para nossos amigos, sempre limpos e ordeiros.

Nas lojas, mesmo com os cupons de racionamento, era difícil encontrar sabão, inclusive o sintético, que parecia não fazer nada a não ser deixar uma película cinza sobre a água. Cada dia ficava mais difícil adquirir as coisas, parecia-se mais e mais com uma caça ao tesouro. Os estabelecimentos ficavam quase vazios com mais frequência do que nunca. E, se algo pudesse ser comprado, os clientes se aglomeravam.

Numa manhã particularmente estressante, já levando bastante carga na bicicleta e ainda tentando terminar as compras, eu me preparava para fazer uma curva quando uma motocicleta desatenta, carregando em seu *sidecar* dois soldados alemães, atropelou meu veículo. Eu me atirei antes que pudesse cair. Por dentro, senti algo ferver.

Eu não costumava perder a calma, mas as palavras jorraram furiosamente de minha boca. "Seus desprezíveis... abjetos", explodi, percebendo de imediato que holandeses haviam sido fuzilados por muito menos. No entanto, eu não me preocupava nem um pouco com as consequências, estando apenas farta daqueles opressores.

Escarranchada em minha bicicleta, fiquei gritando para os soldados. O motorista parou a moto logo à frente, se voltou e olhou para mim. O motor fazia tanto barulho enquanto eu berrava que, mais tarde, quando caí na real, passou pela minha cabeça que talvez eles não tivessem me entendido. Os dois soldados alemães se viraram, riram e se foram.

O bonde se aproximara no momento da colisão, então o condutor e os passageiros haviam visto todo o incidente. Ainda ardendo de raiva, montei mais uma vez em minha bicicleta e pedalei com lentidão para deixar o veículo seguir seu rumo. O condutor, porém, gesticulou como se tirasse seu chapéu, a fim de que eu passasse primeiro. Ele tinha compreendido o perigo da situação antes que eu, tomada de emoção, o tivesse. Em seguida, ele me cumprimentou.

Meu coração estava batendo tempestuosamente quando enfim percebi o que fizera.

Depois, naquela tarde, ao levar um pequeno pacote e um livro para o Dr. Dussel, narrei para o esconderijo minha história com a motocicleta alemã. Todos ficaram agitados com os perigos de meu confronto. Mais tarde, o Sr. Frank me disse que o embrulho que eu trouxera continha um livro antinazista altamente ilegal, e que os outros tinham ficado bastante preocupados ao saber que eu o carregara. A punição dada a quem possuísse aquele volume era a prisão ou a morte.

— Como você foi capaz de colocar Miep num perigo tão grande? — irrompeu Anne contra Dussel.

— Ninguém se atreveria a arrumar confusão com nossa Miep — respondeu o doutor, sarcasticamente.

Anne, porém, estava altamente indignada.

— Quando Miep está em perigo, todos nós também estamos — repreendeu.

CERTA VEZ, quando eu me encontrava no esconderijo, Anne começou a experimentar suas roupas, imaginando o que poderia usar quando voltasse ao colégio. Ela tagarelava sem parar e todos nós sorrimos diante de seus punhos e suas mãos, que se projetavam de agasalhos que não passavam do meio de seu antebraço. Esqueça os botões: seu corpo mudara tanto que era impossível sequer tentar prendê-los. Anne riu daquilo tudo para esconder sua frustração.

Ela por vezes era espontânea e ainda infantil, mas tinha adquirido um novo pudor e uma nova maturidade. Anne chegara menina e sairia mulher. Entre nós se desenvolvera um entendimento mútuo. Ocasionalmente, sem precisar de palavras, eu compreendia o que ela estava sentindo ou desejando, da maneira como uma mulher faz com outra. Nós cultiváramos aquele tipo de linguagem silenciosa enquanto eu, duas vezes por dia, dia após dia, semana após semana, esforçava-me para atender suas necessidades.

À medida que crescia, a menina continuava a procurar minha companhia e a dos outros visitantes do andar de baixo. Margot e Peter, no decorrer do ano, não haviam se aproximado de Henk e de mim. Anne sempre se sentia à vontade para me transmitir seus pensamentos. Margot e Peter não faziam qualquer exigência, não me contavam sobre suas necessidades e não falavam sobre si mesmos.

Como quando era mais nova, e talvez com maior intensidade, Anne ainda via Henk e eu como figuras românticas. Aquelas condições desagradáveis não haviam alterado sua natureza. Eu conseguia compreender como Henk parecia atraente para uma jovem sentimental — ele era alto, bonito, impositivo. Nunca parecia maltrapilho e emanava vitalidade. Todos reagiam a seu espírito zombeteiro e a sua reserva de informações confiáveis.

Quanto a mim, Anne parecia me estudar frequentemente. Eu conseguia ver sua admiração diante de minha independência e de minha confiança em face das coisas. Da mesma forma, ela parecia admirar minha feminilidade. Não importando o que eu usasse ou como prendesse os cabelos, ela vinha cheia de elogios e perguntas. Anne também experimentava novas maneiras de pentear sua cabeleira grossa, lisa e castanha (quase negra), e fazia experiências com suas roupas a fim de ganhar mais glamour ou de parecer mais velha.

Eu sentia uma afinidade especial com Anne, superando aquela fase crítica de sua vida e assolada em meio a um terrível período. O quanto as coisas bonitas não significavam para as jovens de 14 anos, que começavam a se considerar belas! Infelizmente, porém, coisas bonitas eram as mais difíceis de se encontrar. Acredito que, às vezes, Anne se sentia bonita e, outras vezes, feia.

Decidi que, durante minhas buscas, encontraria algo adulto e bonito para ela. Certo dia, deparei-me exatamente com o que procurava. Havia encontrado um par de sapatos vermelhos e de salto alto. Eles eram de segunda mão, mas se encontravam em bom estado. Hesitei diante do tamanho: seria por demais terrível se não servissem. No entanto, pensei em seguida: *Compre-os! Tente a sorte!*

Carregando-os atrás de minhas costas, eu levei os sapatos até o esconderijo, caminhei em direção a Anne e os coloquei a sua frente. Eu nunca tinha visto alguém tão feliz quanto ela naquele dia. Os sapatos foram calçados com rapidez e serviram perfeitamente.

Em seguida, Anne ficou quieta: nunca em sua vida a menina andara sobre saltos altos. Ela cambaleou um pouco, mas, mordendo o lábio superior, andou determinadamente pelo cômodo e retornou, repetindo, então, todo o processo. Ela apenas caminhava para frente e para trás, para cima e para baixo, cada vez com mais firmeza.

Durante o fim do verão e o outono de 1943, os alemães passaram a recolher holandeses não judeus que possuíssem idade entre 16 e 40 anos. Eles eram enviados à Alemanha para realizar, como fora denominado, "serviços de trabalho". Alguns recebiam convocações; outros simplesmente estavam na rua, a caminho de seus escritórios, quando um caminhão militar parava e um oficial da Polícia Verde descia com um rifle nas mãos, obrigando-lhes a entrar no veículo.

Aquilo acrescentava um novo elemento de tensão a nossa vida. Henk estava com 38 anos e era tão saudável e esbelto quanto qualquer um poderia ser naquela época.

Certa noite, após termos chegado exaustos de nossos escritórios, como no fim de todos os dias, Henk declarou que queria conversar comigo sobre algo muito importante. Eu me sentei sossegadamente e o escutei, enquanto começava a contar:

— Um dia, eu estava no escritório, lavando as mãos no lavabo. Um de meus colegas, um rapaz agradável e que conheço muito bem, entrou e me perguntou, após se assegurar de que não havia mais ninguém por perto, se eu não estaria disposto a me juntar ao grupo de resistência que fora organizado em nosso departamento. Ele pediu para que eu pensasse primeiro e disse que as atividades eram ilegais e bastante perigosas.

"Eu lhe fiz algumas perguntas sobre a natureza dos serviços e sobre os envolvidos. Ele me disse que, das 250 pessoas que trabalham em nosso departamento, provavelmente oito tinham sido convidadas. Em seguida, fez uma lista com vários daqueles que estavam comprometidos. Fiquei surpreso por ele confiar em mim daquele jeito, a ponto de me dar nomes. Imediatamente, eu respondi: 'Sim, estou dentro.'

Eu ouvia Henk sem desejar que ele percebesse o apertado nó que, durante seu relato, sugira em minha garganta.

Ele continuou:

— A primeira coisa que ele fez quando eu aceitei me juntar a suas atividades ilegais foi me levar a um médico que trabalha para o município de Amsterdã. Nós conversamos e o doutor anotou meu nome. Depois, disse-me que, se eu entrasse numa enrascada, ou se por alguma razão achasse necessário desaparecer, poderia ir até um hospital específico e mencionar tanto o seu nome quanto o meu. Em seguida, eu seria admitido e autorizado a ficar, até que as coisas se acalmassem ou que ficasse decidido que eu deveria seguir para um esconderijo.

Esperei que Henk me desse os detalhes de seu novo e perigoso trabalho, mas ele não o fez. Em vez disso, me contou:

— Sabe, Miep, estou lhe dizendo todas essas coisas porque agora, com o perigo das novas convocações, quero que você saiba o que está havendo, que eu estou envolvido nos trabalhos secretos da resistência, caso qualquer coisa aconteça comigo.

Como esposa, não consegui esconder o quão preocupada estava com o fato de que *aconteceria* algo com ele. Mas, como companheira de resistência, fiquei feliz por ele ter encontrado uma nova forma de se opor aos opressores.

Henk implorou para que eu não me preocupasse.

— Se em alguma noite eu não voltar para casa, espere pela mensagem que lhe enviarão.

Eu o encarei com um olhar que dizia: "Como eu poderia não me preocupar?"

— Preocupe-se apenas se receber a ligação de algum hospital. Esse será o único momento digno de preocupação — declarou ele.

Nós concordamos que seria melhor não dizer nada a nossos amigos do esconderijo sobre aquele perigoso trabalho secreto. Da mesma forma, naquele momento, Henk não queria me contar mais nada, então não lhe fiz mais perguntas. Contudo, uma estranha sensação me corroía, e eu me flagrei questionando-o.

— Henk, há quanto tempo você vem fazendo esse tipo de trabalho?

— Há cerca de seis meses — respondeu ele. — Eu não quis lhe contar pois não queria que ficasse preocupada.

Em Amsterdã, o rodeio de judeus perdurou por todo o verão. Durante determinado domingo, acho, bem ao final da estação, num de seus dias mais belos, os alemães organizaram uma grande *razia* no Bairro dos Rios, ao sul de Amsterdã. Todas as ruas foram bloqueadas. Caminhões e mais caminhões da polícia germânica circulavam, e neles eu podia notar, com meus próprios olhos, homens de uniforme verde sentados lado a lado, formando duas fileiras. Os soldados alçavam as pontes e vigiavam os cruzamentos para que ninguém conseguisse fugir.

Por toda a vizinhança silvos estridentes e penetrantes, podiam ser ouvidos seguidos pelo som de botas sobre degraus, da coronha dos rifles batendo nas portas, das campainhas insistentes e da grosseira e assustadora voz exigindo em alemão: "Abra! Rápido. Rápido!"

Henk e eu permanecemos em casa o dia inteiro. Durante esse período, judeus de aparência lamentosa, usando a estrela de davi amarela e carregando mochilas e pastas, eram empurrados em marcha pela rua, bem diante de nossa janela, formando grupos vagos rodeados pela Polícia Verde. O cenário era tão angustiante, tão terrível, que nós virávamos o rosto para não vê-lo.

Mais tarde, naquele dia, soou uma tímida batida em nossa porta. Eu caminhei até ela e a abri, e lá se encontrava uma vizinha do andar de cima, a qual eu conhecia apenas superficialmente. Tinha cerca de 40 anos, andava sempre muito elegante e trabalhava na Hirsch, uma das lojas de roupas femininas mais caras e finas da Leidseplein. Muitas vezes, eu admirara os modelos de sua vitrine, mas nunca havia sido capaz de arcar com os preços.

Aquela vizinha vivia com sua mãe idosa no apartamento acima do nosso. As duas eram judias.

Em seus braços, ela levava um gato felpudo e uma caixinha de areia. Com uma expressão suplicante nos olhos, pediu:

— Por favor, a senhora poderia ficar com meu gato e levá-lo para um abrigo de animais? — Seus olhos estavam secos e repletos de medo. — Ou... se a senhora quiser, pode ficar com ele.

Imediatamente, compreendi a situação. Percebi que ela estava sendo levada pelos alemães e que lhe fora dado muito pouco tempo para se aprontar. Eu estendi meus braços para pegar o gato.

— Vamos, pode dá-lo para mim.

Ela o colocou em meus braços. Eu pensei: *Eu nunca, nunca darei este gato para o abrigo de animais. Nunca.*

— Cuidarei dele até a hora em que você voltar. — disse-lhe, em seguida.

— O nome dele é Berry — contou-me. Em instantes, ela já havia desaparecido.

Olhei para a cara do gato. Ele era quase todo branco, com algumas regiões negras em seu dorso. O felino também me olhou. Eu o coloquei em meus braços e o levei para dentro de nosso apartamento.

O gato logo se sentiu em casa. *Que gatinho dócil*, pensei. Eu o adorei logo de cara.

Dali em diante, Berry era para nós como um filho. Todo dia, no corredor, ele esperava Henk retornar do trabalho. E todo dia, quando Henk retornava, ele surgia do nada e o mordia, muito suavemente, no queixo.

CAPÍTULO TREZE

Elli e eu reservávamos o trabalho de escritório — arquivamento e faturamento — para que, à noite, Margot e Anne nos ajudassem. Nós sempre deixávamos o que precisava ser feito nas salas de trás e, quando voltávamos ao trabalho, no dia seguinte, tudo estava perfeitamente pronto e à espera. Porém, Margot e Anne não deveriam ir até a sala da frente, pois era necessário que as cortinas de lá nunca estivessem fechadas.

As meninas gostavam de nos ajudar. Elas eram como pequenas fadas noturnas. Enquanto o local estava fechado e trancado, as duas desciam, faziam o arquivamento ou qualquer outro trabalho que havíamos deixado, e os colocavam de lado, sem que no dia seguinte houvesse qualquer sinal de que alguém estivera lá.

As salas traseiras também eram utilizadas de outras formas após o expediente e nos fins de semana, quando as coisas ficavam seguras. O Dr. Dussel começara a estudar espanhol e frequentemente procurava a privacidade da sala do Sr. Frank para estudar em paz. Para nossos amigos, qualquer tipo de privacidade se tornara uma comodidade preciosa.

Nos fins de semana, como havia um pequeno aquecedor de água no andar de baixo, numa cozinha que não era visível da rua, nosso lavatório se tornou um ótimo lugar para uma limpeza de verdade e com bastante água quente. Eu suspeitava de que nossos amigo, às vezes, desciam para mudar de ares, o que era muito necessário, ou apenas para ficarem a sós.

Ninguém estava muito feliz com a proximidade de um novo inverno, o segundo no esconderijo. Todos tinham certeza de que a guerra já teria acabado àquela altura. No entanto, ainda carregávamos grandes esperanças de que aquela estação levaria progressos decisivos aos nossos aliados.

À medida que o inverno se aproximava, a Sra. Frank começou a agir de maneira estranha. Quando eu deixava o esconderijo, ela me seguia pelo andar de baixo até onde pudesse ir — até a parte de trás da estante, para ser mais exata. Era como se me escoltasse até a saída, mas então, em vez de se despedir, ela simplesmente ficava lá, me olhando com uma expressão de carência nos olhos. Eu parava e esperava ela dizer o que queria, mas nenhuma palavra saía de sua boca enquanto ela apenas ficava lá, estranhamente.

Eu comecei a me sentir bastante desconfortável ao permanecer frente a frente com a Sra. Frank. Minha mente se perguntava: *O que será que ela quer de mim?* Demorou um pouco, mas finalmente percebi que ela queria a oportunidade de ter uma conversa confidencial comigo, quando ninguém mais estivesse por perto. Então, passei a reservar um tempo extra para ir com a Sra. Frank até o quarto que ela e seu marido dividiam com Margot. Nós nos sentávamos na beira de sua cama e eu a ouvia falar.

O que ela desejava, sem poder fazê-lo na frente dos outros, era me confidenciar que estava sobrecarregada pelo desespero. Embora os outros estivessem contando os dias para a chegada dos Aliados, caçoando do que fariam quando a guerra chegasse ao fim, a Sra. Frank confessou-me que se sentia profundamente envergonhada por achar que esse momento nunca chegaria.

Às vezes, ela fazia reclamações contra a Sra. Van Daan — algo que eu nunca ouvira alguém fazer no Anexo, contra ninguém. Se houvesse tensões e conflitos, eles nunca vinham à tona quando um de nós estivesse visitando o esconderijo. Ela precisava falar sobre algumas daquelas coisas desesperadamente.

A Sra. Frank dizia que a Sra. Van Daan se mostrava sempre impaciente com suas filhas, especialmente Anne, afirmando que, para ela, as meninas da família Frank eram livres demais. Parecia que a Sra. Van Daan sempre expressava suas opiniões acerca de Anne e Margot à mesa de jantar, dizendo coisas como: "Anne é tão vigorosa, franca. Ela tem liberdade demais." As críticas feitas às meninas chateavam muito a Sra. Frank.

Com uma voz sombria, a Sra. Frank exprimia os pensamentos amedrontados que secretamente cultivava.

— Miep, eu não vejo o fim se aproximando — dizia.

Certa vez, afirmou:

— Miep, lembre-se disto: a Alemanha não sairá desta guerra da mesma forma como entrou.

Eu escutava com um ouvido solidário tudo aquilo que ela precisava dizer. Então, quando não podia ficar mais, por haver tarefas ou alguma outra coisa por fazer, eu interrompia a conversa. Em seguida, prometia que conversaríamos novamente durante a próxima visita.

Eu a deixava sentada naquele quarto com uma expressão sombria e depressiva.

No inverno de 1943, parecia que todos os judeus de Amsterdã haviam desaparecido. Certamente, quase todos os que moravam na parte sul não eram mais vistos. Se não haviam sido deportados, eles haviam se escondido ou, de alguma forma, fugido. Eu receava pensar no que acontecera com aquelas pessoas. Muitos rumores desagradáveis circulavam. Como não havia ninguém nos antigos apartamentos judeus de nossa vizinhança, os homens da Puls vinham e retiravam das casas os bens e a mobília. Rapidamente, uma nova família se mudava. Não tínhamos conhecimento de quem eram aquelas pessoas ou de onde tinham vindo. Nós não perguntávamos. Sabíamos que eram adeptos da NSB que estavam no topo das listas de prioridade para a compra de novos apartamentos.

Agora, praticamente a única forma de se ver um judeu era quando eles apareciam flutuando de cabeça para baixo num canal. Às vezes, eles eram atirados lá pelas mesmas pessoas que os haviam escondido, pois uma das piores situações para nós, ajudantes, era alguém morrer no abrigo. O que fazer com o corpo? Aquele era um dilema terrível, pois os judeus não podiam ser enterrados apropriadamente.

O segundo pior medo para as pessoas escondidas e para aqueles que os abrigavam era o de não saber o que fazer caso alguém ficasse doente. Nós enfrentamos esse problema no inverno, quando, certa noite, Henk e eu voltamos para casa e encontramos Karel van der Hart se contorcendo de dor, com suas mãos agarradas à cabeça. Henk e eu olhamos um para o outro em desespero. Independente do que acontecesse, sabíamos que não era possível levá-lo a um médico ou a um hospital, pois seus documentos não estavam em ordem. Nós estávamos sozinhos.

As dores de Karel eram tão fortes que, de início, não consegui descobrir em que local do rosto a dor se originava. Por fim, fui capaz de localizá-la em sua testa. Segundo ele, a dor era "ofuscante, como uma faca enfiada na cabeça".

De alguma forma, Henk e eu os levamos para o sofá e o deitamos. Eu não tinha ideia do que fazer.

Enquanto ele gemia e se contorcia, coloquei um pouco de água para ferver. Em seguida, peguei uma toalha de rosto em forma de minete e me sentei ao lado de Karel, mergulhando o pano na água quente. Com uma das mãos, eu o confortava, enquanto, com a outra, aplicava o calor sobre sua testa.

Eu não sabia se estava fazendo a coisa certa, mas continuei a fazer aquilo. Henk permanecia sobre a soleira da porta com uma expressão angustiada no rosto. A dor não cessava e a noite prosseguia lentamente. Aquele procedimento parecia não adiantar. Pensamentos terríveis passaram pela minha cabeça. Contudo, continuei a fazer compressas de calor, oferecendo todo conforto que podia àquele garoto arrasado.

Não sendo uma pessoa que desistisse facilmente, eu não tinha a intenção de parar, mesmo quando os primeiros ruídos da rua começaram a ser ouvidos por detrás das cortinas de escurecimento, anunciando que a manhã havia chegado. De repente, Karel deu um grito particularmente agonizante, quase um balido, e de suas duas narinas escorreu pus.

A secreção fluía como um rio, parando logo em seguida. Karel começou a piscar os olhos e engoliu em seco. Então, ele se ergueu sobre um braço e me encarou com uma repentina expressão de alívio.

— Está melhorando, Miep — disse-me. — A dor está indo embora.

Até hoje não sei o que havia de errado com Karel. Nós tivemos muita sorte de o problema ter desaparecido daquela forma.

O INVERNO ESTAVA especialmente frio e tempestuoso. Era sempre uma luta encarar a chuva cortante, as ruas escorregadias e as buscas mais longas por comida, com a escassez piorando a cada dia. Eu não conseguia abrandar minha vigilância durante essas buscas. Onze pessoas precisavam comer. Por ser um cordão de salvamento, eu me via como uma espécie de caçadora, sempre a serviço de minha ninhada constantemente faminta. Aos poucos, porém, também me tornava um abutre impiedoso, virando-me até com restos. Eu não podia me dar o luxo de ficar doente. Eu não podia me dar o luxo de tirar uma folga.

Então, nós fomos dominados pelo nosso pior medo, o das doenças. Primeiro, o Sr. Koophuis, com seu terrível estômago hemorrágico, teve de se hospitalizar novamente. Em seguida, torci meu tornozelo tentando circular sob o frio aterrador, sendo finalmente acometida por uma gripe. Com medo de que pudesse passá-la aos outros, eu me obriguei a permanecer em casa, de cama.

Em meu quarto escuro, pegando no sono e acordando, tendo em minha cama pilhas de cobertores, e com calafrios e tremores me atingindo em ondas, pensei nos meus amigos do esconderijo. A preocupação que sentia era como uma grande pedra em meu peito. *O que será deles?*, pensava dia e noite. *O que acontecerá?*

Eu sabia que o dinheiro dos Van Daan estava se esgotando, que o Sr. Koophuis vendera secretamente alguns de seus bens e que tentaria vender ainda mais no mercado negro, incluindo os casacos de pele da

Sra. Van Daan e algumas peças de sua joalheria. Minha suspeita era a de que um ano e meio de isolamento e de ociosidade forçada estava começando a afetar os nervos de todos.

Eu via Margot e Peter desaparecerem ainda mais no distanciamento. Podia perceber também, quando eu entrava e todos assumiam uma expressão acolhedora, as faíscas dos conflitos em aberto chiando pelo ar. Anne estava cada vez mais recolhida, escrevendo em seu diário ou no sótão, sozinha e rabugenta.

Prostrada, os demônios da ansiedade me deixavam ainda mais doente. Eu não conseguia suportar a ociosidade por muito tempo, e, embora não estivesse completamente bem, levantei-me e retomei minhas atividades ao primeiro sinal de recuperação.

Em seguida, toda a família de Elli foi forçada a se isolar em casa por causa da difteria. A contagiosidade da difteria é tão terrível que Elli não pôde trabalhar por mais de um mês.

Em meio a todas as doenças, uma atmosfera sombria se instalara no esconderijo. À medida que se aproximava o período de festas, tentei pensar no que poderia deixá-los um pouco mais animados. Comecei a guardar qualquer guloseima que encontrasse, já que, em minha cabeça, nada nos alegrava mais que doces. Eu saía em busca de porções de manteiga e de farinha, cuidando para que ninguém soubesse que eu planejava assar um bolo de verdade.

Estava fora de questão tentar repetir a grande festa de São Nicolau que organizáramos no ano anterior. No entanto, Anne tinha outras ideias. Eu descobri que, no dia seguinte ao de São Nicolau, ela deixara de lado sua letargia e, em colaboração com seu pai, dera início a um projeto secreto. Juntos, o Sr. Frank e Anne compuseram versos rimados para todos, ofertando-os inesperadamente numa grande cesta de festa repleta de sapatos. Cada sapato pertencia a uma pessoa diferente, e cada um continha um poema original, zombador e, muitas vezes, bastante bobo.

Logo após o dia de São Nicolau, Anne foi acamada pela pior tosse e pela pior gripe que víramos até então. As tosses eram um grande problema durante o dia, pois precisavam ser abafadas. Atenuadas, elas e os espirros atravessaram o quarto de Anne até que ela ficasse boa de novo. Quando fazia minhas visitas, eu sempre a examinava.

No Natal, Anne orgulhosamente me presenteou com pequenos doces cremosos que fizera para saciar meu famoso apetite por guloseimas. Ela também havia guardado secretamente suas rações, a fim de preparar, para mim, aqueles doces suaves, que derretiam na boca. Anne fez com que eu os experimentasse de imediato, querendo ver minha expressão. Ela riu, com seus olhos cintilando, enquanto eu lambia os dedos.

Anne me vencera no jogo que eu mesma criara, o das surpresas. Isso só me deixava mais determinada a preparar, em troca, o bolo mais bonito possível para ela e para os outros. Minhas porções de manteiga e de açúcar se acumulavam. Na ocupada Amsterdã, os últimos dias do ano se aproximavam negros, curtos e sombrios. Os bombardeios dos Aliados se intensificavam cada vez mais e, à noite, os zumbidos das aeronaves atingiam nossos ouvidos sem cessar.

Koophuis, Elli, Kraler, Henk e eu planejamos nossa surpresa para a noite da sexta-feira anterior à véspera de ano-novo, quando todos nós permaneceríamos após a partida dos funcionários e presentearíamos nossos amigos com tudo aquilo que reuníramos para eles.

O expediente teve fim e Henk chegou de seu escritório. Antes de entrar, ele esperou nos arredores, até que o último empregado montasse em sua bicicleta e fosse embora. Cada um de nós carregou os presentes escada acima. Para nossa reunião, Henk encontrara, no mercado negro, um pouco de cerveja. Todos haviam levado algumas guloseimas e eu preparara meu bolo de especiarias especial, o favorito de Anne.

A visão daquele cortejo foi como um elixir de contentamento. À nossa frente, oito bocas começaram a salivar diante do bolo. A Sra. Frank colocou um pouco de água para ferver, a fim de preparar um café substituto. A cerveja foi servida enquanto nos reuníamos ao redor da mesa. Anne notou a mensagem que eu esculpira na parte de cima do bolo e chamou a atenção de todos para ela. Com cerveja e café, cada um de nós parou para brindar a mensagem: Paz, 1944!

Certa noite, Henk não voltou do trabalho. Como sempre, eu me arrastara até em casa, acendendo o fogo e colocando a comida para cozinhar. Em seguida, esperei pelos tradicionais ruídos da chegada de Henk: a porta se abrindo, a bicicleta sendo empurrada até o corredor, Berry se levantando num salto para mordê-lo no queixo...

Meu marido não chegou, então retirei o jantar do fogo e esperei. Mesmo Berry, que geralmente passava o dia perambulado pelos jardins até a hora de Henk chegar, estava aguardando. Eu arrumei uma coisa ou outra e esperei um pouco mais, ficando mais nervosa a cada minuto. Henk era muito confiável. Eu havia me acostumado seus padrões previsíveis, como o de voltar para casa no mesmo horário, todo dia.

Nos últimos meses, pouco a pouco, Henk tinha me contado mais sobre suas atividades com a resistência. Ele me dissera que sua organização primeiramente investigava aqueles que necessitavam de ajuda. Estes, com frequência, eram homens que não quiseram se submeter ao trabalho forçado na Alemanha e que, em vez disso, tinham se refugiado, não podendo mais sustentar suas famílias ou a si mesmos.

Aqueles eram homens e mulheres que estavam em perigo e que precisavam desaparecer para escapar da pressão. Eram pessoas como nós. E nós poderíamos estar na mesma situação que eles. O trabalho de Henk na resistência era visitar aqueles indivíduos ilícitos utilizando senhas e listas especiais. Ele examinava suas carências e, através da organização, os abastecia com o que mais precisassem — cartões de racionamento, dinheiro... Por prestar serviços sociais para o município de Amsterdã, Henk tinha um disfarce perfeito no assistente que visitava os necessitados.

Naquela noite, enquanto esperava por Henk, eu estava sendo derrotada por meus nervos. Não sabia o que fazer, para onde olhar, com quem conversar. Henk simplesmente afirmara que eu seria informada caso ele fosse detido. Sempre, em caso de captura, quanto menos você soubesse, melhor.

À medida que a noite se arrastava, eu permaneci em pânico. Não havia nada que eu pudesse fazer para suprimir os terríveis pensamentos que surgiam em minha cabeça: o de que Henk fora preso, o de que ele tinha se machucado...

Eu não aguentava mais. Então, peguei meu casaco e saí pela noite gelada. De um telefone público próximo, liguei para o cunhado de Henk, que, por causa de uma empresa de importação, tinha alguns contatos na polícia de Amsterdã.

Ele atendeu rapidamente.

— Henk não voltou para casa — despejei.

Para minha surpresa, ele deu uma risada.

— É mesmo? — respondeu. — Ele está sentado bem aqui, tomando um drinque comigo. É meu aniversário.

Fiquei aliviada. Depois, me senti ridícula.

— Você quer falar com ele? — perguntou ele.

— Não, deixe-o aproveitar. Por favor, diga-lhe para que fique e não conte que era eu quem estava ligando.

Eu voltei e cobri a comida, para que estivesse servida quando ele finalmente chegasse em casa.

Em todos os lugares havia notas de advertência pregadas em letreiros e coladas nas paredes. Sempre com as bordas negras e organizadas por nome, idade e ocupação, aquelas mensagens expunham as execuções dos membros combatentes da resistência. As ameaças contra aqueles que ajudavam judeus estavam ficando mais duras.

Nossos amigos adoravam histórias sobre a vida fora do esconderijo, principalmente sobre o movimento de resistência. Henk, um ótimo contador de histórias, contava a todos tudo que podia relatar com segurança sobre a resistência e sobre qualquer ato de sabotagem realizado contra nossos opressores. Ele colocava o gato de Peter sobre o colo e mantinha Anne, em especial, atenta a cada uma de suas palavras. Os olhos da menina brilhavam de satisfação.

Naturalmente, Henk não contou a nossos amigos que ele próprio participava dos atos de resistência que eram narrados. Ele não queria preocupá-los. Da mesma forma, ele nunca lhes contou sobre o refúgio de Karel em nossa casa. Nós os poupávamos das informações que lhes trariam medo e angústia.

Em fevereiro, adoeci novamente, com gripe e bronquite. Todos nós parecíamos nos revezar nas enfermidades. Henk tentou realizar visitas mais longas para compensar minha ausência. Nossos amigos precisavam cada vez mais de nossa presença.

Embora ninguém reclamasse, eu sabia que estavam se esgotando os mantimentos básicos que os Frank e os Van Daan haviam trazido consigo. Àquela altura, qualquer alimento que eu conseguisse achar se encontrava parcialmente podre. Ainda assim, era necessário comprá-los. Nós sofríamos constantemente de problemas estomacais causados pela comida de má qualidade. Estava se tornando impossível encontrar gordura, principalmente manteiga. O Sr. Van Daan estava sempre morrendo de vontade de fumar, ora fazendo-o com tabaco substituto, ora fazendo-o sem utilizar coisa alguma, o que o deixava particularmente tenso. Não havia nada que Herman van Daan gostasse mais do que um cigarro.

Quando *os Aliados começariam sua invasão?*, pensávamos todos. Circulara durante meses a informação de que eles planejavam uma enorme incursão, um ataque maciço para nos libertar de uma vez por todas. Nós os esperávamos diariamente.

Em fevereiro de 1944, eu completei 35 anos. Mais importante porém, era o aniversário de Margot, no dia seguinte. Ela chegava aos 18, necessitando de atenção especial. Cada um de nós fez uma busca para encontrar presentes que pudéssemos dar a ela. Nós nunca nos esquecíamos de uma data de nascimento.

No esconderijo, no dia de meu aniversário, a Sra. Van Daan me convocou inesperadamente para uma conversa particular, pedindo para que fosse até o corredor ao lado da escada. Eu me preparei para receber alguma notícia ruim, mas, em vez disso, ela fixou seus olhos nos meus.

— Miep, Herman e eu temos tentado encontrar uma forma de expressar o inexprimível. Porém, não existem palavras. Este é apenas um símbolo de nossa admiração e de nossa amizade... Tome... — Ela colocou um pequeno pacote em minhas mãos. — Abra-o!

— Mas não precisava... — comecei a dizer, quando então a Sra. Van Daan me cutucou com seu polegar.

— Abra-o!

Eu o abri. Do lado de dentro havia um anel composto por uma pedra de ônix negra abrilhantada e por um diamante resplandecente, localizado ao centro. Era uma linda antiguidade. Imediatamente, porém, eu quis protestar, pensando em quantos cigarros e salsichas aquele belo objeto não poderia valer, no mercado negro, aos Van Daan, que agora esvaziavam todas as suas posses, vendendo tudo que pudessem através do Sr. Koophuis.

Uma mão firme e invisível comprimiu meus lábios, fazendo com que eu permanecesse em silêncio. Em vez de ser prática, fixei meu olhar nos olhos negros da Sra Van Daan e prometi:

— Eu o usarei sempre... por nossa amizade.

Então, coloquei o anel em meu indicador. Coube perfeitamente. A Sra. Van Daan pôs uma de suas mãos em meu ombro por um instante e o apertou. Em seguida, cada uma seguiu seu rumo.

No fim de fevereiro, outro assalto ao escritório deixou os nervos de todos à flor da pele. Dessa vez, as salas foram reviradas e a porta dianteira ficara aberta, oscilando sob a brisa. Um terrível medo daquele ladrão tomou conta de cada um. Teria ele ouvido as pessoas no esconderijo? Seria ele o mesmo assaltante de antes? Será que relataria à polícia o que havia descoberto, recebendo, então, uma recompensa?

No esconderijo, as pessoas não gostavam de Frits van Matto, o homem responsável por supervisionar o ambiente de trabalho. Embora nunca o tivessem visto, eles, de alguma forma, ficavam desconfiados e sempre nos perguntavam sobre suas atividades. Da mesma maneira, todos estavam nervosos com relação às várias pessoas desesperadas que agora perambulavam pelas ruas de Amsterdã. Muitas haviam se tornado assaltantes.

O mês de março finalmente chegou, sinalizando o fim próximo do frio e dos dias escuros. Com mais motivos que nunca, nós nos preparávamos para receber a primavera. A escassez de carvão era percebida em todos os lugares e, às vezes, a eletricidade caía por curtos períodos.

Henk descobriu que aqueles que forneciam os cupons de racionamento ilegais aos nossos amigos refugiados tinham sido capturados. De repente, o cordão de salvamento fora rompido. Não tínhamos como evitar: precisávamos contar a eles. Por meio de suas outras atividades clandestinas, Henk conseguiu obter mais cinco cartões. Esse número porém seria muito pouco para alimentar oito pessoas. Henk prometeu que tentaria arrumar soluções melhores. Aqueles que estavam no esconderijo reagiram bem à notícia, mas ficaram, naturalmente, amedrontados.

Certa vez, ao meio-dia, enquanto eu mourejava sobre uma pilha de faturas em minha mesa, soaram os sinos da Westertoren. Eu podia ouvir os trabalhadores abaixo batendo a porta com força, a fim de saírem para o intervalo de almoço. Em seguida, tudo ficou em silêncio. Henk viria almoçar comigo, então, continuei trabalhando, esperando que ele chegasse.

Finalmente, ouvi meus passos e ergui os olhos, encontrando meu marido muito perturbado. Ele disse que precisava falar comigo sobre algo importante. O som de sua voz indicava perigo.

Nós saímos e caminhamos às margens do canal. O gelo derretia em blocos grandes. Henk começou a falar imediatamente:

— Dois "cavalheiros" da Omnia foram até nossa casa esta manhã, quando eu estava prestes a sair.

Omnia era a empresa alemã administrada pelos nazistas holandeses. Ela tinha como responsabilidade liquidar as propriedades e as empresas de judeus, ou, então, descobrir por que elas ainda não haviam passado por esse processo.

— Eu convidei aqueles dois homens de aparência desagradável para entrar. Não havia outra opção. Quando eles entraram, levantei minha voz para acolhê-los, esperando que Karel a ouvisse e se afastasse. Enquanto examinavam os objetos da sala de estar, ambos explicaram o motivo da visita. Parecia que, muitos anos antes, o filho da Sra. Samson estivera envolvido em algumas operações do setor têxtil, utilizando o endereço de sua mãe como escritório administrativo. O objetivo deles era descobrir, com a minha ajuda, o que acontecera com ele e com sua empresa.

"Eu lhes disse que, até onde sabia, ele se casara e se mudara para outra parte do sul de Amsterdã, com a esposa, e que não tinha ideia se ele ainda estava lá ou se fora preso. Não sabia mais nada a seu respeito. O que, como você sabe, é verdade.

"Então, eles começaram a vasculhar a casa, abrindo gavetas e examinando documentos e armários pertencentes a Sra. Samson. A todo momento, minha cabeça era consumida pelo medo de que Karel estivesse por perto. As buscas eram desleixadas e rudes. Em meio às posses da Sra. Samson, eles encontraram alguns documentos que lhes interessavam, enfiando-os em seus bolsos.

"Em seguida, os dois começaram a me questionar sobre mim mesmo. Quando havia me casado? Como conseguira me apossar daquele apartamento e daquela mobília? Eu raciocinei rápido. Naturalmente, não podia dizer a eles que, quando a Sra. Samson seguiu para seu esconderijo, nós mantivemos intocado seu pequeno quarto/sala de estar.

Eu e ele tínhamos registrado o apartamento em nosso nome, para que ninguém pudesse chegar e levar os "bens judaicos". Dessa forma, eles estariam a salvos quando a Sra. Samson retornasse, depois da guerra.

Nós, inclusive, disséramos ao nosso senhorio — que era um membro do NSB — que havíamos transferido alguns bens judaicos para o aposento dela. Naquela época, ele não demonstrara qualquer interesse, mas minha cabeça se agitou à medida que Henk falava. Perguntei a mim mesma se o senhorio não entrara em contato com a Omnia para nos delatar. Era ilegal manter bens judaicos sem autorização, mas, ao menos, nós estávamos protegidos pelo fato de não termos escondido nada de nosso locador, mesmo que não tenha sido verdade aquilo que lhe disséramos. Nós nunca havíamos mexido nas posses da Sra. Samson ou olhado qualquer documento particular encontrado pela casa.

Henk continuou:

— Eu comecei a inventar uma história que explicava como nós conseguíramos a mobília, mas eles não estavam interessados em escutá-la. "Estes móveis não lhe pertencem", anunciaram. Eu comecei a argumentar, e eles quase não me ouviram. Em seguida, responderam: "Tudo bem, nós aceitamos que a sala de estar possa ser sua, mas o quarto certamente não é. Você não tem como explicar que aquela mobília lhe pertence." "Sim, ela é minha", repeti. Eles menearam a cabeça e me disseram: "Nós retornaremos amanhã, às 13 horas. Se não nos contar a verdade, nós o enviaremos para o campo de prisioneiros de Vught.

"Em seguida, eles partiram.

"Imediatamente, Karel entrou na sala de estar. Perguntei-lhe se ele sabia o que acabara de acontecer. Ele disse que sim, e que havia escutado minha voz e a dos funcionários, tendo se transferido de um quarto ao outro até chegar ao corredor e ao quintal. Em seguida, pela cozinha, ele retornara ao corredor e ao banheiro. "Eu estava um cômodo a frente de vocês o tempo todo", ele afirmou com orgulho. Mas, Miep, estou determinado a não deixar que eles levem a mobília do quarto — acrescentou Henk com teimosia.

— Escute, Henk — declarei rispidamente —, depois da guerra, nós poderemos comprar uma nova decoração para o quarto. No entanto, se o levarem, eu não poderei comprar outro marido. Quando eles retornarem amanhã, às 13 horas, você tem de admitir que aquela mobília não é nossa e deixar que eles a confisquem. Em seguida, nós almoçaremos. Se tivermos de dormir no chão, dormiremos no chão.

Em silêncio, Henk concordou em fazer o que eu pedira, e no dia seguinte, no horário marcado, esperou que aqueles homens voltassem. No escritório, eu também estava ansiosa, aguardando para descobrir o que tinha acontecido, sem saber se eles o haviam levado. Finalmente, porém, Henk telefonou e disse que ninguém viera.

Dias e mais dias se passaram sem que alguém retornasse. Pouco tempo depois, Henk avistou um deles num bonde. O homem o ignorou, e Henk também passou por ele sem parar. Logo após, ele se deparou mais uma vez com o mesmo sujeito, também naquele veículo. Novamente, nada foi dito. Então, nós ficamos esperando, imaginando se um dia aqueles homens regressariam.

Certa noite, quando parecia que nada mais iria acontecer, Henk e eu entramos em casa e encontramos Karel bastante agitado, com suas bochechas rosadas e seus olhos brilhando.

Tão logo entramos, ele nos disse:

— Fui a uma corrida de cavalos hoje, no hipódromo fora de Amsterdã.

Nós já desconfiávamos de que ele realizava pequenos passeios pela vizinhança, mas ficamos chocados com a informação. Então, deixamos que ele continuasse a falar.

— Uma *razia* estava acontecendo na pista.

— Você ficou bem?

Ele respondeu:

— Sim, deu tudo certo. Eles apenas perguntaram onde eu morava.

— E que endereço você lhes deu?

— Este aqui.

Em seguida, uma onda de sangue inundou o meu rosto. Henk perguntou:

— Como você pôde fazer isso? Agora eles virão atrás de você!

Ao ouvir a declaração de Henk, uma expressão de repentino entendimento tomou conta do rosto de Karel. Era como se ele não tivesse pensado naquilo antes.

Solenemente, Henk afirmou:

— Você precisa ir embora. Nenhum de nós estará seguro aqui depois disso.

Karel compreendeu e foi para o quarto, a fim de preparar sua mala. Era muito perigoso para o garoto nos contar aonde tencionava ir. Ele simplesmente deixou o apartamento.

CAPÍTULO CATORZE

DEPOIS DE OS FUNCIONÁRIOS da Omnia não terem voltado ao apartamento que habitávamos e de a polícia não ter visitado nosso endereço
em busca de Karel van der Hart, nós decidimos que ele ficaria seguro se
retornasse e se escondesse conosco. Ao prestarmos nossa visita ao refúgio
da Sra. Samson, em Hilversum, descobrimos que Karel estava residindo
lá também. Então, ele nos perguntou se poderia regressar a Amsterdã.
Nós lhe dissemos que já havíamos pensado sobre aquilo e que ele deveria se refugiar novamente na Hunzestraat.

Voltando de trem para Amsterdã, nós questionávamos um ao outro
em voz alta: "Será mesmo que Karel ficará seguro conosco?" Não sabíamos a reposta para essa pergunta. Pessoas refugiadas eram capturadas
diariamente. Havia batidas policiais e traições. O preço pela entrega de
um judeu ou de qualquer fugitivo crescia a todo momento. Logo depois
disso, Karel retornou a Amsterdã e se escondeu junto a nós mais uma
vez. Nós demos prosseguimento à nossa rotina: jogos de xadrez com
apenas um jogador, jantares para três...

Henk e eu estávamos em casa no dia seguinte ao domingo de Pás-
coa. Aquele deveria ser um dia de folga para todos, e nenhum de nós se
apressara para sair de nossa cama quente. Ainda era muito cedo quando
ouvimos o ruído insistente da campainha.

Fui me apressei para atender a porta. Lá estava Jo Koophuis, num
estado bastante agitado, querendo nos contar que Otto Frank telefona-
ra do esconderijo. Outro arrombamento ocorrera e a situação parecia
bastante perigosa.

Henk e eu corremos para o Prinsengracht e nos embrenhamos numa terrível bagunça. Um enorme buraco fora aberto na porta. O local estava caótico. Eu avancei até a estante, assobiei para que a desengatassem, abri-a e me apressei escada acima, com Henk bem atrás de mim. Será que eles estavam bem? Meu coração batia com força enquanto eu corria.

No alto da segunda escadaria, eu gritei e adentrei um cenário de terrível desordem. Eu nunca vira uma bagunça como aquela que fora feita pelos nossos amigos. Ao nos avistar, Anne correu e jogou seus braços em volta de meu pescoço. Ela estava aos prantos. Os outros se reuniram ao nosso redor — era quase como se eles só pudessem se tranquilizar através de um toque, de algum contato conosco. Cada um deles tremia.

Todos contaram ao mesmo tempo como tinham ouvido ruídos e descido até o escritório para investigá-lo, escutando, então, mais barulhos e imaginando que havia gente no edifício. Em seguida, eles passaram toda a noite tentando não se mover e com medo de estarem prestes a ser capturados. Todos tinham plena certeza de que a polícia estivera vagueando pelos arredores do prédio, na iminência de entrar no esconderijo.

Imediatamente, Henk foi ao andar de baixo para consertar a porta. Eu permaneci com nossos amigos, ouvindo-os e confortando-os. Balançando a cabeça, o Sr. Van Daan repetia:

— Eu fumei todo o meu tabaco. O que terei para fumar mais tarde?

— Venham, vamos colocar as coisas em ordem — sugeri, e, juntos, começamos a arrumar.

Quando, enfim, havíamos restaurado a organização do local, Henk retornou do piso inferior. Com um tom de voz que se mostrava mais severo do que qualquer outro que já o ouvira utilizar, ele implorou para que nossos amigos nunca, nunca mais retornassem ao andar de baixo, principalmente quando escutassem algum ruído. "Aconteça o que acontecer, permaneçam atrás da estante. Se ouvirem algo, nunca saiam. Fiquem em silêncio, aguardem... Nunca saiam."

Sem querer assustá-los, mas para esclarecer seu propósito, Henk recordou-lhes de que, por terem ficado desleixados, negligentes e desatentos ao impiedoso perigo que os circundava, refugiados estavam sendo capturados a todo momento.

O Sr. Frank admitiu que sim, que era necessário que eles permanecessem no andar de cima, independente do que acontecesse. Ele reconheceu também que todos tinham agido sem refletir corretamente, garantindo a Henk que aquilo não aconteceria de novo.

No dia seguinte, Anne me lembrou do quão feliz eu havia ficado no dia de meu casamento, quando a cerimônia terminara e eu finalmente me tornara holandesa.

— Quero ser holandesa também — revelou ela.

— Quando tudo isto terminar — prometi —, você poderá ser o que quiser.

RODEADOS COMO estávamos pela escassez, o irromper da primavera era muito importante para nós. No esconderijo, Anne me levava até a janela acortinada, cujo tecido agora estava por demais encardido. Em seguida, apontava para cada broto verde no grande castanheiro atrás do Anexo.

Flamejando com seus ricos gomos, aquela era uma árvore muito elegante. Anne estudava o progresso dos brotos todos os dias, explicando-me como estavam maiores e quão rápido amadureciam.

Certa manhã, com um pouco menos de pressa do que o normal, comecei a cuidar das minhas tarefas de sempre. Embora ainda frio, o ar estava aprazível, e nuvens grossas e ociosas ondeavam pelo céu. Então, fui até a loja do verdureiro, no Leliegracht.

Ao lado de muitos outros clientes, aguardei, tentando espiar do lado de dentro para ver as mercadorias. Por fim, minha vez chegou. Em vez de encontrar o homem que me dava quantidades a mais de hortaliças, deparei-me com sua esposa, que parecia atormentada. Perguntei-lhe:

— O que houve?

— Meu marido foi preso. Eles o levaram — sussurrou ela.

Meu coração disparou. Quando uma pessoa era detida, empregava-se meios para fazer com que ela revelasse o que sabia sobre os outros.

— Ele escondia judeus — Continuou a mulher. — Dois. Não sei o que farão com ele.

Com rapidez, comprei menos do que precisava e saí.

Pensei naquele simpático homem que sempre me dera quantidades extras e que, na verdade, entregara pesados sacos de batata no Prinsengracht. Ele devia saber que eu alimentava pessoas refugiadas, mas nunca comentara sobre isso. O que fariam com ele? O que ele poderia dizer quando lhe fizessem coisas terríveis, a fim de fazê-lo confessar tudo o que sabia sobre os outros? Será que contaria sobre mim?

Sua prisão era uma grande catástrofe. Por causa de sua gentileza, eu havia sido capaz de continuar alimentando todos os oito que estavam no esconderijo. O que fazer agora? Para onde ir? Caminhei nervosamente até Rozengracht, rumo a outra lojinha, localizada num porão.

Uma velha senhora administrava aquele pequeno estabelecimento de subsolo, e comecei a frequentá-lo todos os dias. Carregando um pressentimento acerca daquela mulher, elaborei um plano em minha cabeça. A cada dia eu conversava um pouco mais com ela. Lentamente, ela passou a se animar quando me via, começando a falar sobre si mesma e sobre os problemas que tinha com os filhos. Eu a ouvia, certificando-me de demonstrar bastante compaixão. Ela começou a se sentir mais segura a meu lado e a me contar ainda mais sobre suas tribulações.

Agora que sabia que ela gostava de mim, comecei a pedir um pouco mais de hortaliças a cada visita. Ela me dava o que lhe fora pedido, ao mesmo tempo em que abria seu coração. De vez em quando, eu retornava à loja do Leliegracht e comprava só um pouquinho, para que não parecesse estranho eu não comprar mais qualquer coisa por lá.

A todo momento, agora, nós contávamos os dias de tempo bom, sabendo que nossos aliados precisariam deles para realizar seu esperado desembarque. Em maio, contabilizamos muitos dias assim, mas, apesar disso, eles não chegaram.

No esconderijo, as conversas sempre giravam em torno da iminente aterragem. Um fervente entusiasmo se intensificara em nossos amigos. Era como se tudo fosse ficar bem quando a incursão dos Aliados tocasse a Europa continental, onde quer que isso ocorresse. Com Henk e entre si, nossos amigos sempre discutiam sobre onde o desembarque teria lugar.

Eu desejava que aquilo acontecesse logo, pois a escassez estava atingindo um nível tão sério que, pela primeira vez, eu me indagava por quanto tempo ainda conseguiria alimentar a todos. Em certos dias, eu ia de uma loja a outra e, depois, ao mercado negro, sem ainda conseguir o suficiente.

Então, o desembarque ocorreu. Ele começara na Normandia. No dia 6 de junho, de manhã cedo, as notícias foram transmitidas pela BBC. Henk e eu estávamos sem nosso rádio e sem qualquer informação, mas, no momento em que iniciei meu trajeto até o escritório, pude perceber um murmúrio no ar semelhante ao da eletricidade. A animação das pessoas era a maior em anos. No momento em que completei minhas pedaladas até Prinsengracht, eu também cintilava com as novidades.

O Sr. Koophuis me agarrou pelos braços e os apertou. "Sim, é verdade." Quando subi até o esconderijo, em seguida, tive a impressão de que uma corrente elétrica percorria o local. Todos estavam grudados no rádio, esperando por mais e mais informações. Eisenhower, o general norte-americano, se pronunciaria mais tarde.

Cada um de nós, agora, tentava adivinhar quantos dias seriam necessários para chegar da Normandia até a costa da Holanda.

Henk correu para o andar de cima no horário de almoço, com as bochechas rosadas de entusiasmo. Nós nos reunimos ao redor do rádio, esperando que o general dos Estados Unidos se pronunciasse. Pela primeira vez, todos ouvimos a monótona voz norte-americana de Eisenhower. Ele chamou aquele dia de "Dia D" e, enquanto secávamos as lágrimas de nossos olhos, nos garantiu que a vitória completa sobre os alemães ocorreria ainda naquele ano, em 1944.

OS ALFINETES NO mapa afixado pelo Sr. Frank na parede se aproximavam da Holanda diariamente. Anne completou 15 anos em junho. Como de algum modo sempre fazíamos em nossos aniversários, nós, mais uma vez, subimos com algumas guloseimas para fazer daquele um dia especial. Embora estivesse mudando e crescendo, Anne ainda era a pessoa mais nova e vivaz entre nós.

Ela utilizava com rapidez qualquer papel que conseguia separar para seu uso. Sabia que Anne precisava deles como caderno de exercícios e como diário. Para seu aniversário, Elli e eu reunimos um pequeno número de cadernos escolares em branco, e procurei alguns doces no mercado negro para saciar o apetite que Anne tinha por eles.

Pouco antes do aniversário, Peter, que quase nunca falava, me tirou para uma conversa particular e, colocando algumas moedas numa de minhas mãos, perguntou-me se eu não poderia encontrar algumas flores bonitas para Anne. Fiquei surpresa com aquele pedido. Enquanto estava à minha frente, eu vi o quão robusto ele era e o quão cacheados se mostravam seus cabelos castanhos. *Bom menino*, pensei, impressionada com seu novo lado carinhoso.

— É segredo, Miep — acrescentou ele.

— Claro — respondi. Nada mais foi dito.

Tudo que consegui achar foram algumas peônias chinesas. Em seguida, entreguei-lhe as flores. Manchas vermelhas surgiram em suas bochechas. De imediato, Peter e as peônias desapareceram em seu quarto, abaixo da escadaria.

Certo dia, em julho, um dos vendedores itinerantes da Travies and Company apareceu com um engradado enorme e repleto de morangos sujos, frescos e maduros. "Um presente para os funcionários de seu escritório", explicou.

Os sábados eram dias de meio período no Prinsengracht. Enquanto eu trabalhava, minha boca salivava com a lembrança dos morangos maduros. Finalmente, ao meio-dia, os funcionários do andar de baixo trancaram as portas e partiram. Apenas os mais íntimos continuaram: Victor Kraler, Jo Koophuis, Elli e eu. Alguém foi ao esconderijo para avisar a nossos amigos que os empregados tinham saído e que agora eles poderiam circular livremente.

Faz parte de minha natureza ser mandona, então, quando passou pela minha cabeça a ideia de transformar os morangos em geleia ali mesmo, assumi o controle imediatamente. Logo eu tinha à disposição todos os ajudantes de que precisava. Aqueles que estavam no escritório permaneceram e nossos amigos refugiados se aventuraram pela cozinha dos fundos, no andar de baixo, a qual não era visível da rua. Cada um deles me perguntava: "Miep, diga o que posso fazer para ajudar."

Rapidamente, foi trazida a água e passaram a ser retirados os caules e a sujeira dos morangos, que então eram lavados. Nossa operação acontecia tanto no andar de baixo quanto no andar de cima, e minha equipe de preparação de geleias circulava entre as duas cozinhas. O ânimo de todos se elevara para a ocasião; o aroma forte e doce da fruta em cozimento impregnou o local por inteiro. Percebi que todos se deslocavam à vontade e conversavam normalmente, rindo e brincando uns com os outros. Parecia que a vida, enfim, voltara ao normal e que éramos todos livres para ir e vir da forma que bem entendêssemos.

Eu era uma produtora de geleias experiente, então o grupo seguiu minhas instruções. Mas, ninguém me levava muito a sério quando eu repreendia quem comesse as frutas em vez de colocá-las na água. Anne tinha a boca tão cheia delas que mal conseguia falar. Peter e a Sra. Van Daan também. Por fim, quem se tornou a piada fui eu, quando percebi que, embora os censurasse, também a minha boca se estava cheia de morangos frescos e suculentos.

O ar encontrava-se tão repleto de doçura que até os gatos — Mouschi e Moffie — se aninharam juntos, desfrutando da tarde alegre e acolhedora.

Num dia belo e quente daquele mês de julho, terminei meu trabalho mais cedo. O escritório estava muito quieto, quase modorrento. Decidi, então, fazer uma visita inesperada ao esconderijo. Tinha pensado em simplesmente subir e falar com quem quisesse conversar. As visitas faziam o tempo passar mais rápido para aqueles que estavam escondidos, e eles sempre as apreciavam.

Eu escalei os degraus íngremes e, passando pelo quarto do Sr. e da Sra. Frank, vi Anne sozinha, perto da janela acortinada.

Entrei. O cômodo estava escuro e levou um instante para que meus olhos se adaptassem a ele, pois no andar de baixo o escritório apresentava muito mais claridade. Anne se sentava à velha mesa de cozinha, localizada ao lado da janela. Espreitando de sua cadeira, ela conseguia ver, sem ser vista, o grande castanheiro e os jardins.

Eu percebi que Anne escrevia atentamente e que não me ouvira. Próxima a ela, eu estava prestes a me virar para sair quando a menina ergueu os olhos, surpresa, e me viu ali, de pé. Nos vários encontros que tivéramos durante todos esses anos, eu vira Anne mudar de humores como um camaleão, mas sempre de maneira amigável. Comigo, ela nunca fora nada além de efusiva, admirativa e amável. Naquele momento, porém, notei em seu rosto uma expressão que nunca tinha visto antes. Era um semblante de obscura concentração, como se ela sofresse de uma dor de cabeça palpitante. Aquela expressão me atravessou, e eu fiquei sem palavras. Repentinamente, ao escrever àquela mesa, Anne se tornara outra pessoa. Eu não consegui dizer nada. Meus olhos ficaram travados diante de seu olhar taciturno.

A Sra. Frank devia ter escutado minha entrada e notei sua passada suave às minhas costas. Quando finalmente se pronunciou, o som de sua voz me fez perceber que ela compreendera a situação. Falando em alemão, o que só acontecia quando determinada situação se mostrava complicada, seu tom era irônico, mas ainda gentil.

— Sim, Miep. Como você sabe, nós temos uma filha que escreve.

Naquele momento, Anne se levantou. Em seguida, fechou o caderno em que escrevia e, mantendo a mesma expressão no rosto, disse com uma voz sombria que eu também nunca ouvira antes:

— Sim, e escrevo sobre você também.

Ela continuou a me encarar e imaginei que deveria falar algo. Mas, com toda a secura que pude enunciar, apenas consegui dizer:

— Isso é ótimo.

Em seguida, eu me virei e fui embora, perturbada com o humor sombrio de Anne. Eu sabia que cada vez mais sua vida girava em torno daquele diário. Era como se eu tivesse interrompido um momento confidencial de dois amigos muito, muito íntimos. Então, desci até o escritório e permaneci aflita o resto do dia, pensando: *Aquela lá em cima não era Anne. Ela ficou muito incomodada com minha interrupção. Aquela era outra pessoa.*

No RÁDIO, A VOZ de Hitler se tornara ainda mais histérica e frequentemente suas palavras não faziam muito sentido. Estava claro para nós que seu objetivo era inspirar um novo furor nas tropas que estavam em retirada. Ele bradava sobre as recentes armas milagrosas que eram produzidas em suas fábricas e que, em breve, infligiriam ataques esmagadores nos exércitos dos Aliados, que avançavam. Agora exaltada, sua voz se transformara na de um fanático desesperado, e não na de um líder de exércitos e de homens.

No entanto, apesar da proximidade dos Aliados, a vida em Amsterdã piorou. Às vezes, no escritório, eu me sentava à mesa e ficava batendo com a extremidade do lápis no parapeito da janela, olhando para o canal abaixo. Embora houvesse trabalho à minha frente, eu não conseguia me concentrar, e ficava pensando nas pessoas do andar de cima, ao mesmo tempo tão silenciosos e tão próximos. Eu me sentia muito fraca para prosseguir com aquilo, refletindo: *Meu Deus, o que ainda não estou fa-*

zendo e posso fazer? Existe alguma loja que ainda não procurei? O que acontecerá em seguida?

O pior de tudo, quando me sentia particularmente fraca, era não ter ninguém com quem partilhar minhas inseguranças. Naturalmente, eu não podia falar sobre elas com o Sr. e a Sra. Frank, que me eram mais próximos, ou com o Sr. Koophuis, com quem eu mais conversava no escritório. Eu sequer podia falar com Henk, que estava realizando seus próprios trabalhos clandestinos. Eu não era capaz de sobrecarregá-lo ainda mais.

Se enfrentasse um dia especialmente ruim, eu chegava em casa exausta. Às vezes, podia perceber que também Henk se encontrava completamente extenuado. Nenhum dos dois fazia qualquer reclamação. Em vez disso, eu preparava o melhor jantar que conseguia. Henk, Karel e eu nos sentávamos e comíamos, e muitas vezes Karel ficava tagarelando, sedento por companhia após outro dia de completo isolamento. Henk e eu o ouvíamos em silêncio.

Ocasionalmente, apesar do toque de recolher, nós dois íamos até a casa de nossos amigos do outro lado da rua. Juntos, escutávamos as notícias holandesas transmitidas de Londres.

Nós ouvíamos aquela voz familiar dizendo: "Boa-noite. Esta é a Radio Orange, de Londres. Antes, porém, algumas mensagens." Em seguida, ela proferia declarações, como: "O pássaro azul caminha pelo telhado", "O pneu da bicicleta está vazio" ou "O carro está viajando pelo lado errado da pista."

Todos escutávamos aquelas palavras sem lógica sabendo que eram códigos destinados aos combatentes clandestinos e que significavam algo importante para eles.

A Radio Orange nos deu notícias de nossa Brigada Princesa Irene, que estivera lutando ao lado dos canadenses desde o Dia D. Depois, nós recebemos orgulhosamente informações sobre os 250 holandeses que voavam com a RAF.

Mais para o fim de julho, tomamos conhecimento de outra tentativa de assassinato realizada contra a vida de Hitler. Durante muitas horas, houvera até mesmo dúvidas se ele continuava, de fato, vivo, mas a estação alemã o colocou imediatamente na transmissão para provar que ele estava vivo, sim.

Então, a Radio Orange afirmou, alguns dias depois, que o 12º Grupo de Exércitos dos EUA, comandado pelo general Bradley, acabara com a frente alemã. Passados poucos dias, chegou a notícia de que o 3º Exército, sob a orientação do general Patton, se apossara de Avranches. Parecia que a Frente Ocidental tinha sucumbido completamente e que a resistência germânica estava próxima ao colapso.

Notícias como aquelas eram como remédios poderosos para mim.

À noite, deitada em minha cama, eu podia ouvir os bombardeiros ingleses voando para a Alemanha, assim como as explosões antiaéreas. De dia, à distância, nós escutávamos os bombardeiros norte-americanos seguindo a mesma direção. Ao notá-los, eu começava a sentir minhas forças retornando. A Radio Orange nos informava, à noite, qual lugar aqueles aviões haviam atacado — Hamburgo, Berlim, Stuttgart, Essen — e por quais estragos tinham sido responsáveis.

Tudo o que me restava era esperar que o colapso da Alemanha e o fim daquela terrível guerra não demorassem. Todos nós sabíamos que isso aconteceria em breve.

Parte Três

OS DIAS MAIS SOMBRIOS

CAPÍTULO QUINZE

A MANHÃ DO dia 4 de agosto de 1944 era apenas mais uma manhã de sexta-feira comum. Bem cedo, a primeira coisa que fiz foi ir até o esconderijo para pegar a lista de compras. Solitários após a longa noite trancafiados juntos, meus amigos estavam sedentos por uma boa visita. Anne, como sempre, tinha muitas perguntas a fazer e me incitou a falar um pouco. Prometi-lhe que voltaria para uma conversa de verdade à tarde, quando retornasse com os alimentos. Nosso bate-papo, porém, teria de esperar até então. Em seguida, voltei ao escritório e dei início a minhas atividades.

Elli Vossen e Jo Koophuis trabalhavam diante de mim. Em algum momento entre 11 horas e meio-dia, ergui os olhos. Sobre a soleira da porta estava um homem em roupas civis. Eu não ouvira a campainha. Ele segurava um revólver e o apontava em nossa direção. Em seguida, entrou.

— Fiquem parados — disse em holandês. — Não se mexam.

Então, ele caminhou até a sala dos fundos, onde o Sr. Kraler trabalhava, e nos deixou sozinhos. Ficamos petrificados.

— Miep, acho que chegou a hora — disse-me Jo Koophuis.

Elli começou a vacilar e a tremer. Enquanto isso, o olhar do Sr. Koophuis se lançou para o lado de fora. Ninguém, a não ser aquele indivíduo com a arma, parecia estar por perto.

Com rapidez, assim que o homem armado deixou nosso escritório, tirei da bolsa os cartões de racionamento ilegais, o dinheiro e o almoço de Henk. Então, permaneci à espera. Já chegara a hora em que Henk viria para almoçar e pouquíssimo tempo depois ouvi o som familiar de seus passos. Antes que ele pudesse entrar, me levantei, corri em direção à porta, a abri, peguei-o por um dos braços e disse:

— Henk, algo de errado está acontecendo por aqui.

Eu enfiei tudo em suas mãos e dei-lhe um pequeno empurrão. Henk me compreendeu imediatamente e desapareceu.

Então, com a respiração presa, retornei à minha mesa, onde o homem armado pedira para que eu ficasse.

Após a saída de Henk, o Sr. Koophuis percebeu que Elli estava transtornada e chorando. Então, colocou a mão no bolso e retirou sua carteira, entregando-a a ela e dizendo:

— Pegue isto e vá até a farmácia que fica em Leliegracht. O proprietário é meu amigo. Ele deixará que você utilize o telefone. Ligue para minha esposa, conte a ela o que aconteceu e, em seguida, desapareça.

Elli olhou para mim atemorizada, e eu fiz um movimento de cabeça concordando com o Sr. Koophuis. Ela, então, pegou a carteira e se precipitou para a rua.

O Sr. Koophuis fixou seu olhar no meu.

— Miep, você também pode ir.

— Eu não consigo — respondi. Era verdade. Eu não conseguia.

Por cerca de 45 minutos, ele e eu permanecemos sentados, conforme nos fora ordenado. Então, atravessando a porta de nossa sala, outro homem chamou Koophuis para o lado de dentro, e os dois seguiram em direção ao escritório do Sr. Kraler. Eu continuei sentada onde estava, sem saber o que se passava em todos os outros lugares do edifício e com muito medo de imaginar o que estaria acontecendo.

Então, escutei uma porta se abrindo. A entrada do depósito também se encontrava livre. Koophuis saiu e deixou a porta aberta, para que eu pudesse enxergar através do almoxarifado entre a sala de Kraler e a sala dianteira. Naquele momento, um alemão seguiu Koophuis.

— Leve as chaves para a jovem. — Eu o ouvi dizer em sua língua.

A seguir, o homem retornou à sala de Kraler.

Koophuis veio em minha direção, entregou-me as chaves.

— Miep, procure ficar fora disto.

Eu balancei a cabeça.

Os olhos de Jo Koophuis abrasaram os meus.

— Não. Procure ficar fora disto. Cabe a você salvar tudo o que puder ser salvo por aqui. Está em suas mãos.

Então, antes que eu pudesse fazer qualquer outra coisa além de absorver suas palavras, ele apertou uma de minhas mãos e retornou à sala de Kraler, fechando a porta atrás de si.

Durante aquele intervalo, duas coisas passaram pela minha cabeça. Em primeiro lugar, havia algo de familiar naquele sotaque alemão; além disso, me impressionara eles pensarem que eu não sabia qualquer coisa sobre as pessoas escondidas.

Após alguns minutos, o holandês que primeiro entrara no escritório, carregando sua arma, retornou à sala onde eu estava. Ignorando-me, ele se sentou à mesa de Elli, que ficava diante da minha, e fez uma ligação. Eu o ouvi pedindo que lhe enviassem um carro.

Ele deixara aberta a porta que dava para o corredor. Com nitidez, escutei o alemão falando, ouvindo, então, a voz de Kraler e, depois, mais uma vez, a do alemão. De repente, ficou claro o que me parecera familiar em sua voz. Aquele homem falava alemão com um marcado sotaque vienense, exatamente como todos os meus familiares, aqueles que eu deixara tantos anos atrás.

Ele retornou à minha sala. Seu tom de voz, porém, se alterava, e pude perceber que ele não mais me via como inocente. Obviamente, descobrira que eu também fazia parte do segredo. Ele se aproximou e ficou na minha cola, dizendo com uma voz áspera: "Agora, é a sua vez." Em seguida, estendeu uma de suas mãos e pegou as chaves que Koophuis me dera.

Eu me levantei, encarando-o. Estávamos tão próximos que me foi possível sentir sua respiração quente. Olhei-o diretamente nos olhos.

— Você é vienense. Eu também sou de Viena — falei, em alemão.

O homem hesitou, paralisado. Pude perceber que eu o surpreendera; ele não esperava por aquilo. De repente, sua aparência ficara estupefata, quase como se estivesse confuso. Ele explodiu.

— Seus documentos. Carteira de identidade.

Eu peguei minha cédula, que dizia: "Nascida em Viena. Casada com um holandês." Ele a estudou. Em seguida, percebeu a presença do homem que, sentado à minha frente, fazia a ligação, e gritou para ele no meio de seu telefonema:

— Saia daqui!

O sujeito desligou e se esgueirou como um cachorrinho. Então, o austríaco caminhou até a porta que dava para o corredor e a fechou, confinando-nos juntos.

Num furor, ele atirou a carteira de identidade em minha cabeça e se aproximou de mim quase curvado, como se arqueado pela raiva.

— Você não tem vergonha de ajudar o lixo judaico? — resmungou para mim.

Em seguida, ele começou a me amaldiçoar, gritando palavras horríveis e dizendo que eu era uma traidora, que eu receberia uma terrível punição. Enquanto aquele homem continuava a praguejar contra mim, permaneci de pé da maneira mais ereta possível, sem demonstrar qualquer reação a suas palavras. Quanto mais ele gritava, mais nervoso ficava. Então, o vienense começou a marchar de uma parede a outra. De repente, girou sobre seus calcanhares.

— O que farei com você?

Naquele momento, comecei a sentir que ganhava um pouco mais de controle sobre a situação. Tive a impressão de que adquirira um pouco mais de altura. Ele me estudou. Pude ouvi-lo pensar: *Aqui, frente a frente, estão duas pessoas do mesmo país, da mesma cidade. Uma persegue judeus, a outra os protege.* Ele se aquietou um pouco e seu rosto se tornou mais humano. Continuando a me examinar.

— Por compaixão pessoal... por mim, pessoalmente, você pode ficar — disse ele, finalmente! — Mas que Deus lhe ajude se fugir. Nós, então, levaremos seu marido.

Pensei que aquilo não seria sensato, mas não consegui evitar a explosão:

— Você mantenha suas mãos longe de meu marido. Isto é coisa minha. Ele não sabe de nada.

O homem zombou de mim e deixou sua cabeça cair para trás.

— Não seja tola. Seu marido está envolvido nisso também.

Ele foi até a porta, a abriu e se virou.

— Voltarei para me certificar de que você ainda está aqui — disse ele.

Para mim mesma, falei: "Você pode fazer o que quiser, até mesmo beber veneno. Eu, porém, não sairei daqui."

Então, ele repetiu:

— Voltarei para lhe fiscalizar. Um passo mal dado e você também irá para a prisão.

Ele se voltou e me encerrou na sala, sozinha.

Eu não sabia para onde aquele homem fora. Não sabia o que acontecia no resto da casa. Meu estado mental era terrível. Senti como se estivesse caindo num buraco sem fundo. O que poderia fazer? Sentei-me mais uma vez, em choque.

Então, ao longo do corredor, além da sala particular do Sr. Kraler e da nossa, pela velha escadaria de madeira, pude ouvir os pés de nossos amigos. Pelo som de seus passos, era possível dizer que eles desciam como cães açoitados.

Eu simplesmente fiquei ali, sentada e petrificada. Havia me esquecido completamente do tempo. Em determinado momento, dois funcionários vieram do escritório, no andar de baixo, e disseram que sentiam muito, que não faziam ideia. Em seguida, Van Matto chegou e falou alguma coisa, quando então vi que o austríaco lhe entregara as chaves que tomara de mim. Não consigo imaginar para onde o tempo fora. Mais cedo, no momento em que os nazistas chegaram, eram 11 horas ou meio-dia. No momento em que ouvi os passos na escadaria interna, o relógio devia marcar 13h30. Logo depois, de repente, Elli estava de volta e Henk chegara, quando percebi que eram 17 horas e que o dia havia passado.

Imediatamente, Henk pediu a Frits van Matto:

— Assim que seus assistentes se forem, tranque a porta e venha ao nosso encontro.

Quando ele retornou, Henk disse a Elli, Van Matto e eu:

— Agora, nós subiremos para avaliar a situação.

Van Matto carregava as chaves que lhe foram entregues. Nós todos seguimos até a estante e a afastamos do acesso ao esconderijo. A entrada estava trancada, mas intacta. Felizmente, eu trazia comigo uma cópia da chave, a qual peguei. Então, abrimos a porta e entramos no abrigo.

Do acesso, percebi imediatamente que o local fora revistado. Gavetas estavam abertas e objetos se encontravam por todo o chão. Em todos os lugares havia itens derrubados. Meus olhos assimilaram um cenário de terrível pilhagem.

Em seguida, caminhei até o quarto do Sr. e da Sra. Frank. No chão, em meio ao caos de papéis e livros, meu olhar encontrou o diariozinho de capa dura, xadrez vermelho-alaranjado que Anne ganhara de seu pai ao completar 13 anos. Indiquei-o a Elli. Obedecendo a meu gesto, ela se abaixou e o pegou para mim, colocando-o em minhas mãos. Lembrei-me do quão feliz Anne ficara ao ganhar aquele livrinho, onde poderia escrever seus pensamentos. Eu sabia como era precioso para ela aquele diário. Meus olhos vasculharam os escombros por mais escritos da menina, então encontrei os velhos livros de contabilidade e muitos outros papéis de escrita que Elli e eu déramos a ela quando se esgotaram as páginas de seu diário axadrezado. Elli ainda estava bastante amedrontada e me olhava em busca de orientação. Eu lhe disse:

— Ajude-me a recolher todos os escritos de Anne.

Rapidamente, nós juntamos punhados de folhas contendo a caligrafia garranchenta da menina. Meu coração batia com receio de que o austríaco retornasse e nos pegasse no meio dos "bens judaicos" agora capturados. Henk reunira livros em seus braços, incluindo aqueles da biblioteca e os de língua espanhola, pertencentes ao Dr. Dussel. Com o olhar, ele pedia para que eu me apressasse. Van Matto se encontrava, desconfortável, ao lado da soleira da porta. Meus braços e os de Elli estavam cheios de papéis. Henk começou a descer a escada. Rapidamente,

Van Matto se apressou às suas costas. Elli também os acompanhou, parecendo muito jovem e temerosa. Eu fui a última e trazia a chave em minhas mãos.

Prestes a sair, passei pelo banheiro. Meus olhos avistaram, pendurado no mancebo, o suave xale bege com rosas coloridas e outras pequenas figuras utilizado por Anne enquanto se penteava. Embora meus braços estivessem repletos de papéis, estendi uma das mãos e peguei a peça com os dedos. Até hoje não sei o por que fiz isso.

Evitando derrubar alguma coisa, eu me inclinei para trancar a porta que conduzia ao esconderijo e voltei ao escritório.

Lá, Elli e eu permanecemos frente a frente, ambas apinhadas de folhas de papel.

— Você é a mais velha, é seu dever decidir o que fazer — disse ela.

Eu abri a última gaveta de minha mesa e comecei a empilhar o diário, os velhos livros de contabilidade e os papéis.

— Sim, eu guardarei tudo — afirmei. Então, tomei as folhas que ela segurava e continuei a encher o compartimento. — Guardarei tudo em segurança para Anne, até ela voltar.

Em seguida, fechei a gaveta, mas não a tranquei.

EM CASA, HENK E EU parecíamos dois espancados. À mesa de jantar, nos sentamos um em frente ao outro, enquanto Karel tagarelava como de costume. Não dissemos nada sobre o ocorrido até ficarmos a sós. Então, Henk me contou o que fizera depois de ter chegado até a porta e de eu ter alertado-o despachando-o com o dinheiro e os cupons ilegais de racionamento.

— Levando o dinheiro, os cupons de racionamento e meu almoço, segui direto para meu escritório. Normalmente, a caminhada do esconderijo até lá leva sete minutos, mas cheguei em quatro, embora me reprimisse para não correr. Não desejava fazer qualquer coisa que me tornasse suspeito caso eles viessem atrás de mim.

"No escritório, eu tirei os itens que podiam me incriminar do bolso e os escondi entre alguns papéis de meu arquivo. Minha cabeça estava acelerada. Sabia que não deveria fazer nada além de esperar, mas eu e todas as fibras do meu corpo desejávamos fazer alguma coisa. Permanecer lá me era impossível, então, decidi visitar o irmão de Koophuis, que é o supervisor de uma fábrica de relógios localizada bem ao lado do escritório onde trabalho.

"Eu o encontrei e lhe relatei a situação. Ele também ficou aturdido, e nós olhamos um para o outro sem saber o que fazer. Por fim, sugeri que talvez devêssemos voltar até o Prinsengracht e ficar do outro lado do canal, no recanto, a fim de tentarmos ver o que estava acontecendo. Concordamos que essa talvez fosse a melhor opção.

"Rapidamente, caminhamos até o Prinsengracht e permanecemos do outro lado do canal, vendo o esconderijo diagonalmente. Mais ou menos no momento em que chegamos lá, um camburão verde-escuro da polícia alemã estacionou diante do número 263. Ninguém estava por perto e a sirene do veículo não fora ligada.

"O camburão parou quase encostado no edifício, bem em cima da calçada. Obliquoamente, ainda podíamos ver as portas do prédio. De repente, a entrada se abriu e vi nossos amigos aglomerados, indo diretamente para o camburão, cada um carregando alguma coisa. Como estava do outro lado do canal, mal consegui ver o rosto deles. Mas, pude perceber que Koophuis e Kraler os acompanhavam e que dois homens sem uniforme escoltavam o grupo. Eles colocaram os prisioneiros na traseira do veículo, caminharam até a parte da frente e entraram. Eu não sabia ao certo se você estava junto.

"Quando todos os prisioneiros se encontravam do lado de dentro, um oficial da Polícia Verde bateu a porta do veículo e, imediatamente, seguiu pelo Prinsengracht na direção oposta àquela em que estávamos. Na sequência, o camburão cruzou a ponte, deu meia-volta e desceu o canal pelo nosso lado. Antes que pudéssemos fazer qualquer coisa para ficarmos menos visíveis, o veículo veio em nossa direção e passou a menos de meio metro de nós. Como sua porta estava fechada, não consegui espiar do lado de dentro. Então, virei meu rosto.

"Então, sem sabermos quem ainda se encontrava no escritório, nem o que estava acontecendo e o quão perigosa era a situação, cada um voltou para seu trabalho e permaneceu por lá até o fim do dia, quando não seria estranho retornar ao Prinsengracht."

Henk e eu trocamos olhares. Ambos sabíamos o que aconteceria em seguida, mas nenhum de nós teve coragem de mencioná-lo. Por fim, Henk soltou lentamente a respiração.

— Irei amanhã de manhã.

No dia seguinte, ele foi até a Sra. Dussel para contar-lhe sobre a prisão.

— Ela aceitou tudo muito bem — contou-me depois — e ficou bastante surpresa por seu marido ter ficado durante esse tempo todo bem no centro de Amsterdã. Ela afirmou que sempre imaginara seu refúgio no campo e que ele não era o tipo de homem que apreciava muito o interior.

No DIA SEGUINTE, ainda em choque, fui trabalhar como de costume. Eu era a mais antiga funcionária agora e tomei a frente das atividades. Como estava com o Sr. Frank desde 1933, conhecia a empresa por completo.

Naquele dia, vários representantes da firma retornaram de suas viagens e precisaram ser informados do que acontecera. Como o Sr. Frank era extremamente popular, eles ficaram abatidos com a notícia.

Um daqueles profissionais se aproximou de mim.

— Eu poderia lhe falar em particular, Sra. Gies? — perguntou ele.

Consenti e o acompanhei até uma das salas vazias.

— Sra. Gies, tive uma ideia. Todos sabemos que a guerra está chegando ao fim. Os alemães querem voltar para casa. Eles estão cansados. Ao saírem, desejarão levar consigo algumas coisas, incluindo o máximo de dinheiro holandês que conseguirem reunir. E se a senhora recorresse ao nazista austríaco de Viena? Ele não a prendeu e talvez lhe dê ouvidos. E se a senhora o procurasse e perguntasse que quantia seria necessária para reaver aqueles que foram presos ontem? Apenas a senhora pode fazer isso.

Eu o escutei. Enquanto olhava para seu rosto, lembrei-me que aquele homem fazia parte do NSB. Ainda assim, era amigável. Recordei que, antes de seguir para o esconderijo, o Sr. Frank estivera ciente de sua filiação ao Partido Nazista Holandês, pois ele utilizava um broche do grupo sob a lapela. Lembro do Sr. Frank comentando: "Naquele homem você pode confiar. Sei que não é nazista de coração. Deve ter se juntado ao NSB porque andava com um bando de jovens que o fizeram. Solteiro e carente de uma vida social, foi por isso que ele também se filiou."

Ao recordar o Sr. Frank dando créditos àquele sujeito, eu também ouvi meu coração.

— Sim, eu irei — respondi.

Em seguida, ele continuou a explicar seu plano.

— O Sr. Frank era muito popular, então acho que posso iniciar uma coleta entre as pessoas que gostavam dele, a fim de juntar um bocado de dinheiro para oferecer ao austríaco.

Imediatamente, peguei o telefone e liguei para o nazista no quartel-general da Gestapo, localizado na Euterpestraat, no sul de Amsterdã. Quando ouvi sua voz pelo aparelho, identifiquei-me e perguntei em alemão se poderia vê-lo.

— É algo de extrema importância — concluí.

— *Ja* — respondeu o homem, dizendo para que eu fosse lá na segunda-feira de manhã, às 9 horas.

No dia marcado, caminhei até o quartel-general da Gestapo. A suástica vermelha e preta tremulava no alto do mastro. Alemães uniformizados se encontravam por toda parte. Era bastante difundido o fato de que as pessoas que entravam naquele edifício nem sempre saíam. Adentrei o prédio e perguntei para os soldados em guarda onde se localizava o escritório daquele austríaco.

Fui informada do local e segui para lá diretamente. De tamanho médio, a sala estava repleta de mesas, todas ocupadas por trabalhadores que digitavam com empenho. A do austríaco ficava no canto. Quando entrei, ele estava sentado atrás dela e me encarava. Seu nome era Karl Silberbauer.

Aproximei-me de sua mesa e me pus de costas para os datilógrafos. Eu ficara desconcertada com o fato de ele não estar sozinho, então tudo o que fiz foi permanecer lá, olhando-o brevemente nos olhos. Qualquer palavra dita poderia ser ouvida pela sala inteira. Por isso, apenas fiquei de pé, sem falar coisa alguma. Simplesmente esfreguei meu polegar contra seus dois dedos vizinhos, o indicador e o dedo médio, para fazer um sinal de dinheiro.

Ao me ver gesticulando, ele respondeu:

— Hoje, não há nada que eu possa fazer. Volte amanhã de manhã, às nove em ponto.

Em seguida, dispensando-me sumariamente, ele baixou o olhar em direção à mesa.

Na manhã seguinte, bem cedo, eu retornei. Ninguém se encontrava na sala, exceto Silberbauer. Fui direto ao ponto.

— Quanto o senhor quer para libertar as pessoas que foram presas naquele dia?

— Sinto muito — respondeu ele. — Não há nada que eu possa fazer para ajudá-la. Foram ordens vindas de cima. Não posso negociar com a liberdade que gostaria.

Não sei o que tomou conta de mim, mas falei:

— Não acredito no senhor.

Ele não se aborreceu, apenas deu de ombros e balançou a cabeça para mim.

— Suba e fale com meu chefe.

Em seguida, deu-me o número da sala e continuou a menear a cabeça.

Determinada a não deixar meus joelhos tremerem, me forcei a subir os degraus que levavam à sala que me fora indicada. Bati na porta. Ninguém respondeu, então a abri.

Assim que a empurrei, vi uma mesa redonda repleta de nazistas de alto escalão. Seus quepes estavam sobre ela e havia um rádio em seu centro. O aparelho reproduzia uma transmissão inglesa. De imediato, reconheci a BBC.

Os olhos de todos se cravaram em mim. Percebi que, acidentalmente, testemunhara-os cometendo um crime de traição, pelo qual a punição era a morte. Eu sabia que eles fariam comigo o que bem entendessem, então nada tinha a perder.

— Quem é o responsável? — perguntei.

Um deles se levantou e, olhando-me com uma expressão ameaçadora, caminhou em minha direção. Então, com o lábio contraído, empurrou-me pelo ombro com a mão espalmada.

— *Schweinehund* — resmungou, impelindo-me porta afora. Em seguida, me encarou como se eu fosse um amontoado de lixo, se voltou e bateu a porta na minha cara.

Meu coração ribombava. Receando que alguém me detivesse a qualquer momento, avancei até o andar de baixo e retornei à sala de Silberbauer, que, arqueando para mim uma das sobrancelhas, se encontrava de pé à minha espera. Balancei a cabeça.

— Eu lhe avisei, não? — disse ele, encarando-me. — Agora, vá embora — ordenou.

Dentro de mim, uma pequena voz perguntava: *O que mais?* Eu sabia que o austríaco parecia uma pedra. O fim da linha realmente se aproximara.

Medindo meus passos, caminhei rumo a porta do edifício. A Gestapo estava por todos os corredores, como moscas em uniformes extravagantes. Novamente, aquele pensamento ressoou em meu cérebro: *As pessoas que entram neste edifício nem sempre saem.* Colocando um pé à frente do outro, eu esperava que alguém me parasse.

De volta às ruas, fiquei impressionada com a facilidade que fora passar pela porta.

No escritório, as pessoas pediam para ver o diário de Anne. Minha resposta era sempre: "Não, isso não está certo. Embora sejam os escritos de uma criança, eles pertencem a ela, e são seus segredos. Só os entregarei em mãos, e apenas assim."

Não saía de minha cabeça o fato de que outras folhas de Anne continuavam espalhadas pelo chão do esconderijo. Eu tinha medo de voltar até lá, pois Silberbauer já viera me fiscalizar diversas vezes. Ele simplesmente enfiava a cabeça do lado de dentro e declarava: "Estou apenas me certificando de que você não se foi." Eu não dizia nada como resposta. Ele fizera o que queria: verificar se eu não tinha ido a parte alguma. Então, o homem ia embora.

Eu tinha medo de retornar ao outro lado da estante. Era muito difícil para mim ver aqueles aposentos vazios. Nada me encorajava a voltar ao andar de cima.

Eu sabia, porém, que, após três ou quatro dias, os funcionários da Puls viriam recolher os bens judaicos do esconderijo, embarcando-os para a Alemanha. Então, pedi a Van Matto:

— Acompanhe os homens da Puls quando eles chegarem. Suba e finja que está ajudando-os a colocar as coisas em ordem. Recolha todos os papéis iguais a este e traga-os para mim.

No dia seguinte, a Puls veio. Um grande caminhão estacionou diante de nossa porta. Não consegui vê-los amontoando, um após o outro, aqueles objetos familiares. Em vez disso, permaneci atrás da janela, ainda sem acreditar no que estava acontecendo e tentando fazer de conta que nossos amigos ainda cuidavam de seus afazeres diários no andar de cima, tão próximos.

Van Matto fez o que lhe pedi e, quando eles partiram, entregou-me outra pilha de escritos de Anne. Mais uma vez, não li nada, reunindo apenas as folhas num monte organizado e colocando-as junto às páginas que já se encontravam na gaveta inferior de minha mesa.

Logo após o caminhão da Puls ter se afastado, o escritório ficou bastante calmo. Passei o olhar pela sala e encontrei, caminhando a passos largos em minha direção, o gato negro de Peter, Mouschi. Ele veio direto a mim e se esfregou em meu tornozelo. Devia ter fugido durante a prisão e se escondido, até agora, em algum lugar.

— Venha, Mouschi — falei com determinação. — Venha até a cozinha, onde você terá leite para beber. Agora, você ficará aqui, no escritório, com Moffie e eu.

CAPÍTULO DEZESSEIS

SABENDO QUE AGORA estávamos em perigo, nós dissemos a Karel que ele não estava mais seguro se refugiando em nossa casa. Ele precisaria sair. Rapidamente, Karel juntou seus pertences e se foi, dizendo que voltaria para Hilversum e perguntando se poderia retornar quando as coisas ficassem novamente mais calmas. Nós prometemos que lhe informaríamos quando tudo se acalmasse e afirmamos que, então, ele poderia retornar.

Sem Jo Koophuis, o Sr. Kraler e o Sr. Frank, não havia mais ninguém além de mim que pudesse gerenciar a empresa. Por eu não ter sido presa e por haver uma cristã no comando, os funcionários da Puls não tocaram em nada que havia no escritório, assim como nos custosos moinhos de tempero localizados no andar de baixo. Subitamente, compreendi por que Koophuis quisera que eu me afastasse da captura. Independente do quanto eu desejasse ser presa e levada com meus amigos, percebi que precisava salvar o negócio. Como o conhecia de trás para frente, assumi o comando. Não tive problemas para mantê-lo em ordem, a não ser pelo fato de que, para que eu continuasse a pagar os funcionários, os cheques necessitavam de assinatura.

Procurei o banco que nossa empresa utilizava e perguntei pelo diretor, que me recebeu em sua sala. Ele era um jovem bonito e, como afirmou, casado. Eu lhe contei sobre o esconderijo e sobre as prisões, dizendo-lhe que gostaria de manter o funcionamento da firma no lugar do Sr. Frank, mas que não possuía assinatura válida para preencher os cheques que pagariam seus funcionários e suas contas.

— Sua assinatura servirá — declarou ele, após me escutar. — Apenas assine o que precisa ser assinado e eu autorizarei os pagamentos. Nós lhe daremos o quanto for preciso.

Então, apesar de o pior ter acontecido, a vida seguia seu rumo no Prinsengracht, os pedidos de condimentos e de pectina para o processo de fabricação de geleias continuaram chegando e não paramos de atendê-los.

O PAI DE ELLI, Hans Vossen, faleceu. O sofrimento causado pelo câncer fora grande. Eu recebi a notícia quase com alívio.

Henk prosseguia com seus trabalhos clandestinos, embora também estivesse em perigo. Vários holandeses como ele se escondiam em suas próprias casas e em outros lugares, pois cada vez mais os alemães recrutavam homens para trabalhar. Muitas pessoas necessitavam de ajuda.

Certa noite, logo após a prisão de nossos amigos, Henk chegou em casa e me contou que, naquele mesmo dia, passara por uma perigosa situação com um de seus "clientes" ilegais, o que o deixou extremamente nervoso.

— Como muitas na vizinhança, aquelas pessoas que eu visitava deixavam a entrada do térreo aberta. Então, não toquei a campainha do andar debaixo e segui direto para o primeiro pavimento, um lance acima. Eu geralmente bato na porta e pronuncio a senha, mas, antes de o fazer, escutei a voz de um homem falando alemão e prestei atenção nela. Eu sabia que aquelas pessoas me aguardavam, mas também sabia que não deveria haver homem algum no apartamento; ele estava escondido no interior, auxiliando um fazendeiro. Tive bastante cuidado.

"Continuei a ouvir um homem e uma mulher conversando em alemão. Passou pela minha cabeça que aquilo poderia ser o rádio ou, então, uma série de outras situações inocentes. Mas, eu não podia correr riscos, e saí. Em seguida, retornei ao escritório e relatei o que acontecera ao contato responsável por minhas tarefas especiais.

Logo depois, o supervisor de Henk concluiu que ele corria perigo. Sua utilidade chegara ao fim. Nós concordamos. Os nazistas estavam em nosso encalço. Henk se tornara mais um fardo que uma vantagem para as pessoas que ajudava.

O supervisor eliminou os casos ilegais de seu livro de controle.

No dia 25 de agosto, a França foi libertada após quatro longos anos de ocupação. Os Aliados se apressavam. Bruxelas recuperou sua liberdade em 3 de setembro. No dia seguinte, foi a vez da Antuérpia.

Nós sabíamos que éramos os próximos.

Naquele 3 de setembro, a BBC anunciou que os britânicos haviam adentrado o sul da Holanda, através da cidade de Breda. Um otimismo desenfreado varreu Amsterdá de ponta a ponta, quase como uma espécie de histeria. No dia 5 de setembro, que posteriormente veio a ser chamado de *Dolle Dinsdag*, ou Terça-feira Louca, partes do exército germânico começaram a recuar.

Aqueles alemães não eram os soldados jovens, arrogantes, saudáveis e elegantemente uniformizados que marcharam Amsterdá adentro em maio de 1940. Eles estavam desgrenhados e maltrapilhos como nós, carregando consigo qualquer dinheiro e qualquer bem de valor que fossem capazes de recolher.

Ao lado deles, de trem, bicicleta ou qualquer outro meio possível, também rumo à Alemanha ou ao leste da Holanda, estavam os traidores holandeses que tinham colaborado com os nazistas durante aqueles longos anos.

Ninguém sabia ao certo o que estava acontecendo, em especial os próprios soldados alemães.

A bandeira vermelha, branca e azul da Holanda foi estendida e limpa nos esconderijos, sendo hasteada com sua faixa laranja. Pelas ruas, as pessoas formavam grupos proibidos. Algumas improvisaram pequenas bandeiras da Inglaterra com papel, as quais eram portadas pelas crianças, prontas para acenar ao primeiro sinal de nossos libertadores.

Aquele dia, porém, passou. Assim como o próximo e os seguintes. E nada aconteceu. Lentamente, a presença alemã mais uma vez se tornou óbvia, como se aqueles que partiram estivessem retornando. Constatou-se que não era verdadeiro o anúncio da chegada dos britânicos ao sul da Holanda. A euforia do dia 5 de setembro se aquietou um pouco, mas ninguém tinha dúvidas de que nossa libertação era apenas uma questão de dias.

Continuamos, então, a cuidar de nossos afazeres sob aquele estado de incerteza. Finalmente, no dia 17 de setembro, a rainha Guilhermina falou aos trabalhadores ferroviários holandeses e pediu-lhes que iniciassem uma greve, na esperança de paralisar o transporte militar alemão. Seu discurso foi bastante comovente e, com uma inspiração complementar, ela implorou para que eles fossem prudentes, para que tomassem cuidado com as represálias. Seu alerta era significativo. Naquele momento, a punição para quem entrasse em greve era a morte.

Outra Terça-feira Louca ocorreu, com mais confusões em toda parte. Naquele mesmo dia, ouvimos na BBC que os britânicos e os norte-americanos desembarcaram uma grande quantidade de homens e suprimentos em Arnhem, e que Eisenhower em pessoa se encontrava a oeste do Reno, bem na fronteira alemã. Os trabalhadores da ferrovia iniciaram a greve. No dia seguinte, o transporte parou.

Rapidamente, os grevistas seguiram para esconderijos. Os alemães estavam roxos de raiva diante do estado das coisas. O país inteiro prendeu a respiração enquanto esperávamos pela chegada de nossos libertadores.

Certa manhã, em meio a esses acontecimentos, eu precisava encontrar a resposta a uma pergunta e telefonei ao irmão do Sr. Koophuis, que me fornecia orientações comerciais. Eu lhe questionei sobre alguma coisinha boba e ele respondeu:

— Você deveria perguntar isso a meu irmão.

Fiquei assustada com seu sarcasmo.

— Como eu poderia perguntar isso a ele? O Sr. Koophuis está no campo de concentração de Amersfoort.

— Não, ele está indo até você. Vá até o lado de fora. — foi a resposta que ele me deu.

Essa é uma piada terrivelmente cruel, pensei. Mas, ele reafirmou o que havia dito:

— Não, vá até o lado de fora, Miep. É verdade.

Deixei o telefone cair de minhas mãos e corri para a rua. Elli pensou que eu havia ficado louca e se apressou atrás de mim, chamando-me de maneira preocupada.

Com o coração martelando, passei os olhos pela rua, e lá vinha o Sr. Koophuis. Acenando com os braços, ele se encontrava na ponte entre o Bloemgracht e o Prinsengracht.

Elli e eu corremos em sua direção. Sem que aquilo fosse do meu feitio, eu, assim como Elli, gritava seu nome. Eu o alcancei e nós nos abraçamos com força. Nós ríamos e chorávamos ao mesmo tempo.

Juntos, falando todos simultaneamente, retornamos ao número 263.

Eu não conseguia parar de olhá-lo. Para um homem que acabara de sair de um campo de prisioneiros alemão, ele parecia melhor do que nunca. Magro, sim, mas com as bochechas coradas e com um brilho nos olhos que eu jamais vira antes.

Comentei sobre sua ótima aparência. Ele riu.

— A alimentação no campo era terrível — contou. — Apenas cenouras e beterrabas cruas; às vezes, uma sopa aguada. E... você não vai acreditar nisso... pela primeira vez, em anos, minhas úlceras sumiram. Toda aquela comida crua curou minhas úlceras.

A boa sensação de seu retorno tomou conta de mim como uma leve onda de alívio.

— E os outros, após a prisão... — perguntei rapidamente.

Ele meneou a cabeça.

— No início, nós ficamos todos juntos. Mas, eu e Kraler logo fomos separados. Não tive qualquer notícia deles depois disso.

Seu retorno seguro e sadio me trouxe grande esperança com relação aos demais. Jo Koophuis ganhara a liberdade por causa de sua saúde. A Cruz Vermelha o ajudara a voltar para casa tão rápido.

Nós continuamos a esperar pela chegada de nossos libertadores. Os dias passavam lentamente enquanto aguardávamos. À medida que o mês de setembro se aproximava de seu término, o tempo ficou horrível. Nada mudara para nós; os alemães não se deslocaram. Na verdade, eles estavam mais cruéis e vingativos do que nunca. Aos poucos, bem aos poucos, nossa esperança pela chegada do fim começou a desvanecer.

QUERENDO NOS PUNIR pela greve dos trens, os alemães interromperam o transporte ferroviário civil. Valendo-se de seus funcionários, eles utilizavam os vagões para conduzir as próprias cargas, mas, quando chegava o momento de transportar alimentos e carvão para a população, sua atitude traduzia: "Que eles morram de fome e de frio!" Rapidamente, o envio de comida e de combustível cessou. Da zona rural holandesa, apenas pequenas quantidades chegavam a Amsterdã e Roterdã, conduzidas pelos rios por meio de barcas. Tornou-se cada vez mais difícil conseguir comida. Ir de loja em loja, juntar itens para um simples jantar, agora me tomava horas.

Para nosso espanto, os britânicos se renderam em Arnhem pouco antes do fim de setembro. Todo o júbilo e a esperança que sentíramos se dissiparam. Nossos aliados pareciam não fazer mais qualquer progresso. Os alemães estavam obstinados e vivíamos em meio a um terrível desespero. Para piorar, outro inverno se aproximava. Extraordinariamente frio, o tempo já se mostrava rigoroso e odioso, trazendo consigo chuvas cortantes. Ninguém mais tinha forças para se preparar para o inverno particularmente desagradável que se anunciava.

Prometendo poderosas armas secretas, a voz de Hitler ainda vibrava na estação de rádio permitida pela lei. Então, Aachen sucumbiu diante dos Aliados. Aquela era a primeira cidade alemã a ser vencida, a cidade onde Edith Frank esperara com as meninas enquanto seu marido se estabelecia em Amsterdã. Ela se encontrava tão próxima, e ao mesmo tempo tão distante...

Milhares e milhares de cristãos holandeses foram enviados para a Alemanha em vagões fechados, assim como ocorrera com os judeus do país. Por isso, muitos homens adultos procuraram se esconder, e naquele momento praticamente só eram vistos pelas ruas mulheres, crianças e senhores com mais de 40 anos. Foi pura sorte Henk não ter sido pego. De alguma forma, sua ventura persistiu. Rumores diziam que Hitler recrutava, para seu exército, meninos a partir de 15 anos e homens com idades que chegavam aos 60.

A situação piorou rapidamente em novembro, quando os rios e os canais congelaram e impediram que as barcas levassem comida para a cidade. Os preços no mercado negro dobraram, triplicaram e se multiplicaram de novo. Durante algumas semanas, deixei minha bicicleta em casa ao sair para o trabalho. Carregá-la era então muito perigoso. Ao ver uma bicicleta funcionando, um alemão simplesmente a tomava e se afastava, deixando a pessoa a pé. Eu não podia colocar em risco minha bicicleta. Nós precisávamos dela para outras coisas.

Após a volta do Sr. Koophuis, ele e eu começamos a caminhar juntos todos os dias até o escritório, retornando à noite. Cada trecho levava mais de uma hora. A maior parte dos dias permanecia cinzenta, garoenta e desolada. Por trabalhar para o município e possuir uma concessão respeitada pela Polícia Verde, Henk ainda se arriscava e pedalava até seu escritório. Logo, porém, ele parou de levar sua bicicleta e passou a deixá-la em casa, por causa da escassez de câmaras de ar e por querer guardá-las para outras funções. Agora, Henk também ia a pé para o trabalho.

Não havia carvão para aquecer nossas casas, não havia gás com o qual cozinhar, não havia bondes e, de vez em quando, não havia eletricidade. Os alemães só forneciam energia elétrica e outros itens indispensáveis aos hospitais e a si mesmos.

Como o transporte não estava disponível, as pessoas tinham de ir até o campo para procurar comida. Elas se valiam de tudo o que conseguiam encontrar: carrinhos de mão, carrinhos de bebê, bicicletas com guidões de madeira, carroças manuais, qualquer coisa. Nós estivéramos subsistindo com pouquíssima comida antes, e naquele momento toda a população começou a viver à míngua, sempre a um passo da inanição, completamente fraca e quase desfalecida pela falta de alimento.

Eu também comecei a frequentar o campo, e ia cada vez mais longe. Certo dia, o fiz acompanhada da esposa de um dos vendedores. Nós partimos antes do amanhecer e decidimos que seguiríamos o máximo possível para o norte, retornando a Amsterdã antes do toque de recolher das 20 horas. Como ambas ainda tínhamos bicicletas em funcionamento, com autênticos pneus de borracha, optamos por correr o risco e utilizá-las.

Fomos para bem longe e começamos a passar de fazenda em fazenda. Estávamos literalmente implorando, oferecendo dinheiro e itens que havíamos disponibilizado para venda, como lençóis. Então, conseguimos recolher certas coisas: algumas batatas, beterrabas e cenouras.

Sabendo que percorrêramos muitos, muitos quilômetros para o norte, começamos a pedalar de volta o mais rápido que conseguíamos. Ao longo do percurso, passamos por dois homens que empurravam um carrinho de mão e sentimos pena deles porque andávamos muito mais rápido, deixando-os rapidamente para trás. O tempo se mostrava brando dessa vez, sem chuva, e ambas estávamos a uma boa velocidade. Comentamos que, no ritmo lento que precisavam impor para empurrar o carrinho, aqueles homens nunca seriam capazes de retornar a Amsterdã antes do toque de recolher.

Estava ficando tarde e pedalávamos o mais rápido possível. De repente, o pneu da minha amiga se esvaziou. Não havia nada que pudéssemos fazer além de descer e empurrar as bicicletas. Imaginando que nunca conseguiríamos chegar em Amsterdã às 20 horas, decidimos que seria melhor se fôssemos até a aldeia mais próxima e encontrássemos um lugar para passar a noite, retomando o caminho para a cidade de manhã.

Perguntamos às pessoas se, por favor, poderíamos dormir em seus celeiros, explicando que não seria possível chegar à capital antes do toque de recolher. Nenhuma delas parecia querer estranhos em sua propriedade e todas nos recusaram. Estávamos transtornadas sem saber o que fazer.

De repente, os dois homens que víramos empurrando o carrinho apareceram. Eles nos alcançaram e nós lhes contamos o que havia ocorrido. Após terem nos escutado, um deles disse:

— Eis o que vocês deveriam fazer. Peguem suas bicicletas e as coloquem no carrinho. Vocês caminharão conosco e se passarão por nossas esposas.

Nós olhamos para eles com desconfiança.

— Nós trabalhamos para os correios — prosseguiu o homem — e temos uma licença especial que nos autoriza a permanecer nas ruas até depois das 20 horas.

Ainda nervosas, minha amiga e eu olhamos uma para a outra.

— Eu não quero perturbá-las — continuou ele —, mas passaremos por uma estação de controle alemã em breve.

Rapidamente, sem pensar duas vezes, colocamos as bicicletas no carrinho e inclinamos nossos próprios ombros contra ele, a fim de ajudar a empurrá-lo.

Como previsto, chegamos a um posto de inspeção alemão. Os homens disseram para nós duas permanecermos junto ao carrinho. "Nós entraremos", e foi isso o que aconteceu. Estávamos com muito medo, pois os alemães poderiam fazer o que quisessem, inclusive tomar toda a comida que encontráramos. Os homens ficaram do lado de dentro por bastante tempo, deixando-nos bastante nervosas. Finalmente, porém, eles retornaram sorrindo e disseram:

— Está tudo bem. Podemos continuar.

Àquela altura, é claro, nós empurrávamos ainda com mais força. Sequer haviam sido pedidos nossos documentos. Dentro do carrinho estavam as beterrabas e as cenouras que aqueles homens tinham encontrado. Finalmente, chegamos ao porto de Amsterdã, o Het IJ. Já se passava da meia-noite. Tínhamos acabado de perder a balsa e a outra só sairia quando o relógio marcasse 1 hora. Felizmente, a noite estava calma. Nós aguardamos. Nosso cansaço era tão grande que mal conseguíamos ficar de pé.

Por fim, a balsa chegou. Cruzamos o porto e caminhamos pelas ruas silenciosas até alcançarmos a ponte Berlage. Lá, ambas nos despedimos de nossos "maridos".

Em seguida, empurramos as bicicletas e carregamos a comida. Minha amiga vivia logo nos arredores. Correndo bastante perigo, não respiramos até que fecharmos a porta de sua casa, levando os alimentos, as bicicletas e nossos corpos exaustos até o lado de dentro. Eu dormi por lá e acordei ao amanhecer. Então, na luz cinzenta e garoenta da aurora, pedalei o resto do caminho que me levava para casa.

Henk e eu tínhamos o suficiente para permanecermos vivos por muitas outras semanas.

No INÍCIO DO INVERNO, as pessoas estavam emagrecendo a ponto de parecerem esqueletos. Todos, incluindo nós, andavam completamente esfalfados e maltrapilhos. As crianças usavam sapatos com a biqueira cortada ou fabricados a partir de peças de papelão ou de couro, os quais eram amarrados aos pés com um barbante.

Por toda parte, as árvores belas e altas dos boulevares eram derrubadas. Aquelas plantas que amávamos tanto vinham sendo usadas como combustível. Os carros passaram a se mover a base de gás de cozinha, carregado no teto dos veículos em compartimentos abalroados ou em engenhocas que mais se assemelhavam a fornos redondos, com chaminés pendendo da parte traseira dos automóveis. A maioria das bicicletas ainda operáveis possuía rodas de madeira.

Durante as escuras noites de inverno, improvisamos uma lamparina colocando um pedaço de fio de algodão para flutuar sobre uma pequena quantidade de óleo, vertida num copo d'água. O fio ardia em um minuto, emitindo chamas amarelas. Aquela minúscula fonte de luz se espalhava pelo copo enquanto rajadas de vento adentravam a sala.

Como, na falta de qualquer tipo de sabão, as pessoas haviam começado a ferver suas roupas sujas, tudo possuía um cheiro acre e adocicado. Alguns dos habitantes mais pobres passaram a apresentar feridas vermelhas por todo o corpo, causadas por sarnas advindas da ausência de sabão. Da mesma forma, havia pouquíssima água quente. Já que nenhum transporte se encontrava disponível agora, Karel não foi capaz de retornar a Amsterdá para se esconder novamente conosco. Nós não sabíamos se estávamos em segurança, mas dissemos que ele poderia voltar, se quisesse. No entanto, não havia trens.

Mesmo sem eletricidade e com sua reserva de carvão esgotada, nossa empresa, de alguma forma, conseguia permanecer em operação. Mesmo com muitas reduções, nós desfrutávamos do suficiente para continuarmos na ativa e ainda conseguíamos obter condimentos substitutos para a fabricação das salsichas. Muitas firmas tinham fechado as portas. Em suas entradas, encontravam-se placas que diziam: FECHADO DEVIDO A ESCASSEZ DE CARVÃO. Eu frequentemente me perguntava se aquelas eram de fato empresas que pararam de operar ou se eram esconderijos com pessoas à espera de que as placas afastassem as patrulhas alemãs.

Naqueles tempos, tínhamos a impressão de que a maioria de nossos clientes era composta por açougueiros. Para preparar nossos recheios de salsicha ilegítimos, utilizávamos adendos feitos com cascas de noz moída compradas a granel, assim como garrafas de aromas sintéticos vindas de uma indústria química em Naarden. Ao serem misturados, esses dois elementos tinham a aparência e o cheiro do produto verdadeiro. Naturalmente, eles não tinham qualquer gosto, mas o odor e a consistência lembravam os de um recheio que poderia se misturar à carne moída para se produzir salsichas.

Deus sabe com o quê aqueles açougueiros conseguiam fabricá-las, pois pouquíssima carne estava disponível. Nós nunca fizemos qualquer pergunta — era melhor não saber.

Um de nossos clientes mais leais era um homem de origem alemã que trabalhava como chef e que, apesar de sua nacionalidade, possuía um bom caráter. Durante a ocupação, ele fora forçado a cozinhar para os soldados germânicos. Na época em que começou a nos procurar, suas negociações ficavam sob os cuidados do Sr. Kraler. Agora, quando vinha, o Sr. Koophuis o tirava para longas conversas. Ele pagava sempre em dinheiro e disse a Koophuis que, se algum de nós ficasse impossibilitado de conseguir alimentos, deveria procurá-lo, pois iria nos ajudar. O único contratempo era ele trabalhar numa cidade chamada Kampen, bem ao leste da Holanda.

Então, chegou o momento em que deixamos de ter comida. O Sr. Koophuis me instou a procurar aquele homem para tentar conseguir algum alimento, e eu fiz isso ao lado da mesma mulher com quem viajara antes, a esposa de um de nossos vendedores. Ela não possuía mais uma bicicleta em boas condições de uso, então tomamos uma emprestada dos nossos amigos que viviam do outro lado da rua.

Novamente, partimos sob a luz cinzenta e sombria da aurora. O percurso até Kampen era bastante longo e pedalamos durante todo o dia. Pelo caminho, vimos muitos de nossos compatriotas visitando uma fazenda após a outra, tentando conseguir comida de todas as formas possíveis. O dia estava nublado, frio. As ruas, repletas de neve semicongelada e de terríveis sulcos. Algumas pessoas empurravam bicicletas quebradas ou carrinhos de bebê. Cada um havia se coberto com todas as peças de roupa que possuía.

Chegamos a Kampen e à caserna onde aquele cozinheiro trabalhava. Em segredo, ele nos colocou para dentro da cozinha. Por acaso, estávamos no dia do meu aniversário, 15 de fevereiro de 1945. O homem disse:

— Sentem-se. Vocês podem comer o quanto quiserem.

Já há bastante tempo com fome, eu ansiava especialmente por gordura e por proteína, as quais tinham desaparecido completamente de minha dieta.

— Pelo seu aniversário — complementou o cozinheiro, que começou a colocar comidas ricas à nossa frente: costeletas de porco, manteiga cremosa... Nós devoramos aquela refeição maravilhosa sem parar.

O plano era ele nos dar mais comida para levarmos até Amsterdã. Então, passaríamos a noite com um amigo de minha companheira, que era pastor e vivia numa cidade vizinha.

Nenhuma de nós conseguiu parar de comer, então, naturalmente, caímos no exagero. Como não estávamos mais acostumadas a ingerir comida de verdade, ambas começamos a nos sentir muito, muito mal. Uma dor de estômago funesta me acometeu e não fui capaz de me mexer e sair da caserna.

O cozinheiro começou a se assustar, sem saber o que fazer conosco. A única coisa que lhe ocorreu foi nos colocar dentro de uma cela desocupada. Com um constante medo de ser visto, ele me sustentou parcialmente até a prisão e disse que voltaria para nos buscar às 5 horas. Em seguida, fechou a porta.

Lá dentro, não havia nada além de um balde vazio — nenhum cobertor, nada. O balde não permaneceu sem conteúdo por muito tempo. Eu passei a noite inteira adoentada, com febre alta, calafrios e cólicas agonizantes. Achei que aquele fosse meu fim.

A noite passou, e às 5 horas o cozinheiro estava de volta para nos retirar de lá, sustentando-me parcialmente até a bicicleta. Durante todo o tormento que vivi, eu não me esquecera da comida que deveria levar para Amsterdã e a trouxe comigo. De alguma forma, encontrei forças e, com uma grande quantidade de comida escondida sob as roupas, pedalei ao lado de minha amiga, cujo estado era muito melhor que o meu.

De imediato, chegamos a uma ponte patrulhada pelos soldados alemães. Em lugares assim, eles, em geral, paravam todos antes de permitir a travessia da ponte. Os homens, com frequência, passavam por revistas físicas e tinham seus documentos solicitados; as mulheres, por sua vez, normalmente só precisavam entregar seus papéis, sendo submetidas a inspeções visuais.

A carne e o resto da comida que eu carregava faziam um bojo sob a minha roupa e irrompiam de nossas sacolas. Estávamos morrendo de medo de ter de entregar tudo aos alemães. Como não havia mais nada a ser feito, pedalamos bravamente até a ponte, em direção aos soldados em vigia.

Enquanto descíamos das bicicletas e observávamos, percebemos que os soldados traziam um semblante sonolento. Em vez de pedir nossos documentos, eles simplesmente indicaram que podíamos passar. Não acreditamos na sorte que tivemos.

Continuando a pedalar, fomos ao encontro da esposa do pastor, que viu o quão adoentada eu estava e me colocou direto na cama. Eu não teria como ir mais longe. No dia seguinte, após ter me submetido a seus cuidados, já estava boa o suficiente para retornar a Amsterdã. Nós partimos às 5 horas.

No momento em que chegamos à capital, tínhamos, mais uma vez, perdido o toque de recolher, alcançando a ponte que cruzava o Amstel tarde da noite. Para nossa surpresa, lá se encontrava a Polícia Verde com um novo posto de inspeção. Ao avistarmos seus uniformes esverdeados, ficamos repletas de medo — não apenas pela comida que carregávamos, mas também por nossa segurança.

Novamente, tínhamos a sorte ao nosso lado: a vistoria estava focada em busca de armas. Com sua precisão germânica, se procurassem por armamentos, os policiais não se importavam com outros itens clandestinos, como comida. Eles nos inspecionaram em busca de armas, não encontraram nenhuma e nos deixaram passar.

Desaparecida há vários dias, eu sabia que Henk estaria cheio de pensamentos terríveis acerca de meu paradeiro. Porém, também eu tinha consciência de que nem ele nem eu diríamos qualquer coisa sobre medo. Aquelas eram as atribulações pelas quais passávamos todos os dias. O perigo e a aventura estavam sempre conosco. Não havia como sobreviver sem correr riscos. Você simplesmente os corria.

EM PLENO INVERNO, os alemães reduziram nossas rações para quinhentas calorias diárias. Embora a BBC afirmasse que 85 divisões de Eisenhower se aproximavam do Reno, aquilo não significava nada para nós. Cada dia gélido era um obstáculo a ser vencido. Conseguir calor suficiente para não congelar e as calorias mínimas para subsistir: era apenas nisso que pensávamos.

A mãe de Henk faleceu em dezembro. Ela teve sorte de morrer num hospital. Nem todos os holandeses eram tão afortunados. Diariamente, por toda Amsterdã, as pessoas pereciam de fome. Às vezes, elas apenas se sentavam à beira da rua e morriam. Em outras, se encontravam tão fracas que sucumbiam à difteria, à febre tifoide ou a um simples resfriado. Casas de caridade foram criadas na vizinhança e, diariamente, no frio, os habitantes se alinhavam para conseguir baldes com algo quente que pudesse encher seus estômagos.

Dia após dia, as pessoas vasculhavam os velhos depósitos de carvão em busca de pedaços de hulha. Dormentes eram desenterrados para que suas madeiras fossem retiradas. Se possuísse uma escada de lenho no jardim ou na parede externa de casa, você poderia acordar de manhã e não encontrá-la mais. Toda residência vazia tinha saqueada a madeira de suas janelas, das escadarias, das mobílias... de qualquer coisa.

Cada um de nós quebrava a cabeça diariamente para descobrir formas de arrumar comida. Henk elaborou um plano para ele e para mim. Por anos, antes da ocupação, seu pai pescara em valas que ficavam em terrenos agrícolas vizinhos à aldeiazinha de Waverveen, a 11 ou 12 quilômetros de Amsterdã. Como todos os outros pescadores, meu sogro possuía um local de pesca favorito: durante aquele tempo, ele sempre pegara peixes na propriedade de um fazendeiro específico, desenvolvendo com ele uma relação amistosa.

O plano de Henk era travar contato com aquele fazendeiro. Para isso, seria necessário contar uma mentira. Nenhum de nós gostava de mentir, principalmente para alguém como ele, um cristão devoto. No entanto, precisaríamos fazê-lo. Henk visitou o agricultor, disse que seu pai estava doente e afirmou que precisava de leite para fortalecê-lo. Será que ele ou eu, sua esposa, não podíamos visitá-lo para pegar um pouco da bebida?

Primeiro, Henk ganhou uma verdadeira refeição do campo, da qual desesperadamente precisava. Em seguida, impressionado pela sinceridade do visitante — o que fazia com que ele se sentisse muito culpado por dentro, já que seu pai estava bastante saudável —, o fazendeiro lhe disse para vir todos os dias, pois lhe ofereceria duas garrafas de leite pelo preço de sempre.

Então, a cada manhã, um de nós — Henk num dia; no outro, eu — levantava às 4h30 e, independente das condições do tempo, viajava uma hora até o interior, rumo à casa daquele fazendeiro. Quando o visitei pela primeira vez, tive de me apresentar para que ele me conhecesse. Todo dia, quando eu chegava na fazenda, havia uma longa fila de moradores de Amsterdã esperando por leite. Eu seguia para o final da fileira, mas o fazendeiro me via e me chamava à parte, dizendo para que eu fosse até ele.

Quando os outros resmungavam, o fazendeiro declarava: "Não, ela precisa vir primeiro; seu sogro está doente." Eu me sentia péssima, pois pensava que aqueles que aguardavam enfileirados realmente deveriam ter doentes em casa.

Então, com esse sentimento de culpa por dentro, eu tomava a frente da fila e recebia duas preciosas garrafas de leite. Em seguida, no escuro, pedalava mais uma hora de volta à minha casa. Sempre com medo de ser parada e de ter minha bicicleta apreendida, eu usava todas as minhas forças para pedalar rapidamente, mas não de uma forma que levantasse suspeitas em quem se encontrasse pelo caminho. O vento gelado feria meu rosto. Às vezes, flocos de neve tornavam impossível enxergar qualquer coisa. O colarinho do meu sobretudo nunca permanecia suficientemente próximo às minhas orelhas. As garrafas de leite, porém, repousavam com segurança numa sacola colocada na frente da bicicleta.

Agora, pilhas de lixo permaneciam sem recolhimento — congeladas, felizmente; caso contrário, teriam começado a feder. Pessoas esfomeadas vasculhavam os refugos em busca de sobras, mesmo antes da alvorada.

FINALMENTE, MARÇO chegou, seguido do mês de abril; o inverno, no entanto, continuava a se alastrar. Alguns dias eram um pouco mais quentes e, às vezes, o sol brilhava com brevidade antes de o tempo fechar novamente. Por toda parte, enquanto o solo derretia, um cheiro fétido se elevava, vindo dos bulbos de tulipa cozinhando enjoativa e incessantemente, das polpudas beterrabas sacarinas, das roupas mal lavadas penduradas nos varais ou dos corpos que, durante muito tempo, permaneceram envolvidos em roupas esfarrapadas.

Todas as conversas giravam em torno de comida, e a obsessão por alimentos afetava a cabeça de cada um de nós. Em algumas noites, Henk e eu nos reuníamos com nossos amigos. Como não possuíamos rádio, nossos companheiros da Rijnstraat prometeram que viriam nos contar quando a guerra terminasse. Então, em vez de sairmos e ouvirmos o rádio deles, nós, com frequência, pegávamos livros de receita e passávamos a noite copiando aquelas que prepararíamos após a guerra. Às vezes, alguém lia algo de Rabelais, descrevendo cenas com refeições e bebidas.

Minha imaginação sempre se voltava para o chocolate. Chocolate quente e espumoso, como cetim. As glândulas abaixo da minha língua padeciam de vontade.

O PRESIDENTE ROOSEVELT faleceu em 12 de abril, e Viena, local de meu nascimento, sucumbiu diante dos russos no dia 13. Montgomery cruzara o Reno e se aproximava de Bremen e Hamburgo. As notícias afirmavam que, à nossa volta, toda a Europa estava arruinada, com os alemães saindo derrotados de todas as frentes. Como um grande semicírculo traçado ao redor da Holanda, a liberdade chegara.

Ainda assim, nós aguardávamos diariamente, enquanto centenas de bons holandeses morriam esfomeados. Todos estavam enfraquecidos, com as mentes distraídas, nebulosas, incapazes de absorver ou de se apegar a qualquer outra coisa além da próxima refeição. Cada dia não passava de mais um dia em Prinsengracht e, ao lado de Koophuis, a longa caminhada de retorno ao Bairro dos Rios era pontuada por sensações de desmaio e por ondas de náuseas. Em casa, Henk e Berry, nosso gato, sempre esperavam por mim, ou eu por eles. Como fazer com que duas batatas rendessem uma refeição para dois adultos e um felino?

Mussolini foi capturado em Como, na fronteira suíça, e morto em seguida. Ele e sua amante foram pendurados pelos pés num posto de gasolina em Milão. Logo depois, no dia primeiro de maio, a rádio alemã interrompeu a sétima Sinfonia de Bruckner. Tambores rufaram: uma voz germânica emocionada anunciou que Hitler morrera no cumprimento do dever e que seu sucessor seria alguém chamado Dönitz. A súplica que eu tantas vezes fizera com os punhos no ar se tornara realidade.

De certo modo, aquilo não era suficiente.

O aquecimento da temperatura e o alongamento dos dias abrandaram dois dos problemas que nos aniquilavam: a falta de calor e a falta de luz. Porém, a questão da comida se mostrava mais crítica. Minha cabeça agora jamais ficava vazia. A busca diária por comida sugava todas as minhas forças e toda a minha concentração. Fazer isso e cuidar do escritório era muito difícil. Dia após dia, como todo mundo fazia onde quer que estivesse, eu lutava para não sucumbir por completo.

Maio chegou acompanhado de uma bela temperatura. Dessa vez, o céu estava azul e faixas de verde eram vistas apesar da devastação que tomava conta de Amsterdã.

No quarto dia daquele mês, uma sexta-feira, após mais um expediente comum no escritório, voltei para casa. Berry estava sentado na cozinha ao lado de sua tigela, esperando por sua dose de leite. Comecei a preparar uma refeição composta por algumas cenouras e várias batatas pequenas. Cozinhando com lascas de madeira, a fervura da água parecia levar uma eternidade. Minha mente divagava quando uma rajada de ar avançou pelo cômodo e trouxe Henk consigo. Ele envolveu minhas duas mãos nas suas e olhou-me nos olhos:

— Miep, tenho boas notícias para lhe contar — disse ele. — Os alemães se renderam. A guerra acabou!

Aquelas palavras eram tão eletrizantes que deixaram meus joelhos enfraquecidos. *Será que isso é realmente verdade?*, pensei, voltando o olhar para os olhos límpidos de Henk. *Deve ser*, percebi. Eu sempre podia confiar nele.

Nós nos sentamos para comer tomados por tanta alegria que deixamos de sentir a fome que torturava nossas barrigas. O gosto da comida era o mais maravilhoso que eu já experimentara. *O que aconteceria em seguida?*, perguntávamos um ao outro. Os alemães ainda se encontravam entre nós e, provavelmente, estavam furiosos por terem perdido a guerra.

— Não devemos nos descuidar agora — alertou-me Henk. Um descuido poderia custar uma vida, e que desperdício isso não seria agora que a guerra estava ganha! Sobre nossos amigos nos campos de concentração, onde quer que estivessem, nós nos questionávamos: também eles ganhariam a liberdade?

Oito da noite, o horário estabelecido para o toque de recolher, chegou. De repente, batidas altas surgiram no vidro da janela da frente. Henk e eu fomos ver o que era e encontramos nosso amigo da Rijnstraat, que prometera nos contar quando o fim chegasse. Ele batia na vidraça e acenava com os braços.

— Acabou. Acabou.

Nós o deixamos entrar e lhe contamos que já sabíamos.

— Venham — chamou ele. — Com ou sem toque de recolher, as pessoas tomaram as ruas. Estamos livres!

As vias estavam apinhadas de gente. As pessoas traziam consigo papéis, madeira, roupas velhas, qualquer coisa que queimasse. Então, fomos até a Rijnstraat. Fogueiras enormes ardiam e jovens dançavam ao redor do fogo. Idosos caminhavam para cima e para baixo, rindo e se abraçando. Por toda parte, a atmosfera se mostrava eufórica, adorável. Os alemães não eram vistos em lugar algum.

Quando iniciamos a volta para casa, eu sabia que mal conseguiríamos dormir naquela noite. O céu começava a escurecer. Percebi o quão belo ele ficava sob o crepúsculo. Em seguida, logo acima das cumeeiras, vi uma revoada de pombos deslizando pelo ar e voando em círculos. Ocorreu-me que fazia muito tempo desde a última vez em que eu vira qualquer pássaro em Amsterdã. Há quanto tempo os pardais haviam partido? Há quanto tempo não o fizeram os cisnes, os patos? *É claro*, pensei, *as aves poderiam fugir com facilidade — da mesma forma, não haveria comida para elas.*

Sob o domínio dos alemães, fora declarado ilegal a manutenção de pombos. Pessoas provavelmente os esconderam durante toda a ocupação. Agora, com aquelas notícias, eles haviam sido libertados, e pareciam confetes lançados contra o céu.

Os pombos novamente circulavam acima dos telhados de Amsterdã. Eles estavam livres, e nós também.

CAPÍTULO DEZESSETE

Fora de Amsterdã, no aeroporto Schiphol, pacotes de comida começaram a cair do céu: pequenas latas de margarina, manteiga de verdade, bolachas, salsichas, bacon, chocolate, queijo e pó de ovo. Aviões sobrevoavam rente a nossas cabeças e, pela primeira vez, aquele zumbido não fez com que nossas gargantas se fechassem. As pessoas corriam para os telhados e acenavam qualquer coisa que conseguissem pegar: bandeiras, lençóis...

Na manhã de sábado, enquanto eu ia para o escritório, todos pareciam estar nas ruas. Apesar das notícias e da festividade, tudo ainda era bastante perigoso. A raiva tomara conta dos alemães. Ouvi dizer que, na praça Dam, em frente ao velho hotel Krasnapolsky, os soldados germânicos se enfureceram e começaram a atirar na multidão, matando um número considerável de pessoas. Porém, nada interrompia as celebrações. As pessoas continuavam a acender fogueiras e a dançar.

Após o trabalho, voltei para casa e disse a Henk:

— Venha, Henk. Vamos nos juntar às celebrações.

Então, puxei-o pelos braços.

Ele meneou a cabeça.

— Não — respondeu. — Ficarei por aqui. Não estou com vontade de me juntar à alegria das ruas. Muita coisa aconteceu com meu país nesses cinco anos — continuou. — Muitas pessoas foram levadas. Quem sabe quantas jamais retornarão? Sim, estou feliz por ter acabado, mas quero ficar quieto em casa.

Em seguida, levantei as cortinas de escurecimento. Pela primeira vez em cinco anos, podíamos olhar para fora e ver a lua.

Ouvimos dizer que os soldados alemães se reuniam em diversas regiões da Holanda, partindo logo depois. De repente, eles haviam desaparecido. Mais aviões dos Aliados despontavam, jogando novos pacotes de comida. Por toda parte, havia a sensação de que um milagre acontecera. Nós esperávamos o anúncio da distribuição dos alimentos lançados.

No sétimo dia de maio, tivemos uma folga. Pela rua, gritos declaravam que os canadenses estavam chegando. Eu atirei meu avental sobre uma cadeira e, mais uma vez, corri com todos os habitantes da vizinhança para esperar os libertadores na Rijnstraat. As pessoas diziam que eles vinham "imediatamente", mas após aguardarmos por muito tempo, ninguém chegou.

Finalmente, depois de três horas de espera, vimos quatro pequenos tanques canadenses sobre a ponte Berlage, cruzando o Amstel. Após uma pequena parada, eles adentraram a cidade. Os soldados usavam boinas e seus uniformes eram compostos por pequenas jaquetas marrom-claras e por calças que se ajustavam nos tornozelos.

A principal força do exército canadense chegou no dia 8 de maio. Sua estadia durou o dia inteiro. Os oficiais vieram em várias colunas, mas Henk e eu tínhamos ido trabalhar e não pudemos assistir ao cortejo. Nossos amigos afirmaram que os soldados estavam muitíssimo encardidos, mas que, ainda assim, as jovens beijavam seus rostos sujos. Os canadenses acenavam e distribuíam os primeiros cigarros verdadeiros que víamos em anos.

Eles marcharam em direção ao sul de Amsterdá e continuaram a fazê-lo até a praça Dam e o Palácio Real. A rainha Guilhermina já havia retornado à sua amada Holanda, agora assolada e quase faminta. Nossa soberana — aquela mulher baixa e corpulenta que Churchill chamara de "o homem mais corajoso da Inglaterra" — estava com 64 anos. Como nosso país, ela havia sobrevivido.

As CELEBRAÇÕES continuaram por dias. Os hinos nacionais do Canadá e da Holanda soavam repetidamente. Melodias e danças tomavam as ruas, qualquer coisa que fizesse música era utilizada: um realejo encontrado em algum lugar, acordeões velhos... As pessoas imediatamente plantaram sementes de tagetes, para que a cor laranja, que fora proibida pelos alemães e que representava nossa Casa Real, pudesse germinar.

Aqueles que estavam escondidos saíram às ruas. Judeus deixavam seus refúgios e esfregavam os olhos desacostumados à luz solar, com seus rostos amarelos, emaciados e desconfiados.

Sinos de igreja soavam por toda parte. Flâmulas tremulavam.

Os libertadores trouxeram novas notas bancárias holandesas, impressas na Inglaterra. Toda a moeda estava extremamente inflacionada, e não havia nada nas lojas que pudesse ser comprado.

Acordar e encarar um novo dia sem experimentar qualquer sensação de perigo era maravilhoso. De imediato, Henk, eu e todos os outros passamos a esperar para ver quem retornaria para casa.

Relatos chocantes e inimagináveis circulavam acerca da libertação dos campos de concentração alemães. Imagens eram publicadas nos primeiros jornais livres, assim como informações de testemunhas oculares. Durante a ocupação, ouvíramos rumores sobre intoxicações por gases, assassinatos, brutalidades e condições de vida miseráveis naqueles campos, mas nenhum de nós imaginava tamanhas atrocidades. Os fatos ultrapassaram até nossas suposições mais pessimistas. Eu não conseguia ler os relatos e virava o rosto diante das fotos. Não podia deixar que meus pensamentos se voltassem para aquelas notícias. Eu precisava fazer o possível para permanecer otimista com relação a nossos amigos. Teria sido insuportável pensar de outra maneira.

Consertos urgentes tiveram início rapidamente, com tábuas passando a cobrir janelas vazias e pontes e trilhos sendo reparados para permitir que os trens circulassem mais uma vez. Tudo era necessário, mas ninguém possuía coisa alguma.

Henk foi encarregado de ir até a estação central, a fim de acolher aqueles que voltavam e de auxiliá-los a encontrar ajuda — ajuda com dinheiro, cartões de racionamento, habitação... Ele ia até lá todos os dias e se sentava a uma mesa. As pessoas retornavam a bordo de caminhões militares e, quando alguns itinerários voltaram a funcionar, de trens.

Os judeus e todos os outros que passaram anos trabalhando como escravos dos nazistas haviam esperado para retornar a uma Holanda livre. Agora, eles começavam a regressar, com rostos tão murchos que era impossível determinar suas idades.

Cada um dos semitas que vinha dos campos trazia números azuis tatuados nos braços. Crianças que não sabiam mais o próprio nome e a data de seu nascimento eram incapazes de reconhecer suas famílias, pois tinham sido separadas delas há muito tempo.

Alguns daqueles que vagueavam novamente por nosso Bairro dos Rios encontravam outras pessoas morando em seus apartamentos. Outros, conseguiam recuperar a própria casa porque um membro do NSB a abandonara. Aos poucos, pequenos fluxos de judeus retornavam à nossa vizinhança. Listas com os nomes daqueles que sobreviveram aos campos de concentração eram divulgadas diariamente.

Ouvi dizer que, a partir daquele momento os judeus em regresso, que outrora se confundiam com demais pessoas, pareciam diferentes, após tudo que haviam sofrido. Isso, contudo, era algo que as pessoas mal percebiam, pois, depois de tantos tormentos, ninguém demonstrava muito interesse no sofrimento de terceiros.

Todo dia, na estação central, Henk se sentava à sua mesa e atendia as pessoas. A cada uma delas, perguntava: "Você possui alguma informação sobre Otto Frank?" Ou então: "Você viu Otto Frank, sua esposa, Edith Frank, ou qualquer vestígio de suas filhas, Margot Frank e Anne Frank?"

No entanto, as cabeças sempre meneavam em negação. Uma após a outra, nenhuma delas trazia qualquer notícia de nossos amigos.

Alguns dias após a libertação, eu estava trabalhando no escritório quando, de repente, a eletricidade voltou. *Clique,* simples assim, e tínhamos eletricidade de volta.

Imediatamente, descobrimos que Victor Kraler estava vivo e que, na verdade, ele escapara das mãos dos alemães, indo se esconder em sua própria casa durante os últimos dias do Inverno da Fome, sob os cuidados de sua esposa. Ao retornar para o escritório, ele nos contou sobre a fuga.

— Grande parte das pessoas no campo de Amersfoort, para onde fôramos enviados, era composta de prisioneiros políticos diversos, negociantes do mercado negro e cristãos que tinham escondido judeus. Fui transferido de lá para vários campos de trabalho forçado, entre os quais o último se localizava bem perto da fronteira alemã. Em determinada manhã, no inverno, convocaram o campo para uma chamada. Então, um grupo inteiro de holandeses foi levado em marcha para fora.

"Eu disse a mim mesmo: 'vou retardar o passo', e, ao fazê-lo, fiquei ao lado de alguns velhos soldados alemães. Cansados e idosos, aqueles homens já não mais aguentavam a guerra. Pensei: *Falarei com eles em alemão e descobrirei para onde estamos indo.* Após questioná-los, recebi dos soldados a resposta: 'Nós caminharemos até a Alemanha. Estamos transferindo o campo todo para lá.'

"Pensei: *Antes que eu possa fazer algo, estarei na Alemanha de Hitler. Jamais serei capaz de sair do país.* Então, comecei a desapressar o passo novamente.

"De repente, do nada, surgiram aviões Spitfire, que começaram a mergulhar e a bombardear a região. As sentinelas gritavam: 'Deitem-se! Para o chão!' Estávamos ao lado de um milharal. Eu pulei para a plantação enquanto o ataque continuava, com os aviões de caça metralhando todo o terreno.

"Finalmente, as aeronaves se afastaram e as sentinelas bradaram: 'De pé! Marchem! Em posição!' Eu, porém, permaneci onde estava, escondido entre as espigas, segurando a respiração. Acreditem ou não, eles partiram em marcha e me deixaram sozinho no milharal.

"Depois de aguardar por um tempo, rastejei na direção oposta, em meio a plantação. Por fim, sentindo-me seguro, levantei e saí do campo. Iniciando uma caminhada, logo cheguei a uma pequena aldeia do interior. Comecei a ficar muito nervoso, pois ainda usava meu uniforme de prisão.

"Nos limites da aldeia, ficava uma loja de bicicletas. Entrei, pensando que seria melhor correr o risco. Havia um holandês no estabelecimento. Eu lhe disse que acabara de escapar de um campo de prisioneiros e perguntei: 'Posso pegar uma bicicleta? Quero ir para casa.'

"O homem me examinou e, em seguida, foi até os fundos da loja, retirando de lá uma bicicleta negra, velha e robusta. 'Aqui está', disse, empurrando-a em minha direção. 'Vá para casa. Depois da guerra, você pode devolvê-la a mim.'

"Eu pedalei de volta e minha mulher me escondeu durante o Inverno da Fome até agora.

Em algumas semanas, mercadorias começaram a aparecer na vitrine das lojas — casacos de inverno, vestidos bonitos... —, mas apenas na vitrine. Nada estava à venda nos estabelecimentos. Uma placa na vidraça dizia: Apenas para mostruário. Outras lojas expunham embalagens de papelão que imitavam garrafas de leite, de queijo e embalagens de boas manteigas holandesas.

Ouvi dizer que os Aliados estavam organizando grupos de crianças do nosso país, a fim de que passassem férias na Grã-Bretanha e cuidassem da saúde. Elas se encontravam numa agonia tão grande que era preciso algo de extraordinário para fortalecê-las novamente.

Da mesma forma que eu, uma menina faminta com uma etiqueta ao redor do pescoço, fora enviada de Viena até a Holanda em 1920, em

1945 aquelas crianças holandesas eram colocadas em navios e mandadas à Inglaterra pelo Mar do Norte, para que pudessem se nutrir.

Dia após dia, Henk ia até a estação central e distribuía *cupons* aos holandeses em regresso. A maioria deles não tinha mais nada, e haviam sido separados ou se perdido de suas famílias. Diariamente, Henk perguntava: "Você conhece Otto Frank? Você, por acaso, viu a família Frank: Otto, Edith, Margot e Anne?" E, diariamente, uma cabeça após a outra oscilava, trazendo como resposta: "Não", ou então: "Não, eu nunca vi ou ouvi falar dessas pessoas."

Sem se deixar intimidar, Henk questionava as pessoas seguintes: "Você conhece os Frank?" Sempre esperando que mais uma cabeça arruinada meneasse, ele finalmente escutou uma réplica sonora à sua pergunta: "Senhor, eu vi Otto Frank, e ele está voltando!"

Naquele dia, 3 de junho de 1945, Henk correu para casa a fim de me dar a notícia. Ele avançou pela sala de estar e me agarrou.

— Miep, Otto Frank está voltando!

Meu coração ficou exaltado. No fundo, eu sempre soube que ele retornaria, assim como todos os outros.

Naquele exato momento, meus olhos avistaram alguém passando diante de nossa janela. Minha garganta se fechou e eu corri para a rua.

Lá estava o Sr. Frank, em pessoa, caminhando em direção a nossa porta.

Olhamos um para o outro. Não havia palavras a serem ditas. Ele estava magro, mas sempre o fora. Consigo, trazia uma trouxa pequena. Meus olhos ficaram inundados e meu coração se derretia. De repente, tive medo de saber mais. Eu não queria descobrir o que acontecera. Sabia que não deveria perguntar.

Após ficarmos emudecidos, olhando um para o outro, Frank, enfim, disse alguma coisa:

— Miep — começou calmamente. — Miep, Edith não voltará.

Aquilo penetrou minha garganta. Tentei esconder minha reação diante do desastre.

— Entre — insisti.

Ele continuou.

— Porém, tenho grandes esperanças com relação a Margot e Anne.

— Sim, grandes esperanças — repeti, para encorajá-lo. — Entre.

O Sr. Frank permaneceu onde estava.

— Miep, eu vim até aqui porque, das pessoas que ainda permaneceram, você e Henk me são as mais próximas.

Eu retirei a trouxa de sua mão.

— Venha e fique aqui conosco. Eu, lhe darei um pouco de comida agora. Você terá um quarto em nossa casa durante o tempo que quiser.

Ele entrou. Eu lhe arrumei uma cama e utilizei tudo o que tínhamos para preparar uma ótima refeição. Nós comemos. O Sr. Frank nos contou que acabara indo para Auschwitz. Aquela foi a última vez em que vira Edith, Margot e Anne. Os homens foram separados das mulheres imediatamente. Em janeiro, quando os russos libertaram o campo, ele fora levado numa longa jornada até Odessa. Em seguida, seguiu de navio para Marselha e, por fim, até a Holanda, viajando de trem e de caminhão.

Otto Frank nos contou essas poucas coisas com sua voz suave. Ele falava muito pouco, mas entre nós não havia necessidade de palavras.

O Sr. Frank se estabeleceu comigo e com Henk. De imediato, regressou ao escritório e retomou sua posição como chefe dos negócios. Eu sabia que ele se sentia aliviado por ter algo para fazer diariamente. Ao mesmo tempo, começou a explorar as redes de informações sobre os judeus enviados aos campos — as agências de refugiados, as listagens diárias, as cruciais notícias transmitidas boca a boca —, fazendo de tudo para descobrir novidades sobre Margot e Anne.

Quando Auschwitz foi libertado, Otto Frank procurara imediatamente o campo das mulheres, a fim de que algo sobre sua família lhe fosse revelado. Em meio ao caos e à desolação dos campos, ele tomara conhecimento de que Edith falecera pouco antes da soltura.

O Sr. Frank também descobrira com certeza que, ao lado da Sra. Van Daan, Margot e Anne tinham sido transferidas para outro lugar. Chamado de Bergen-Belsen, o campo ficava bem longe de Auschwitz. No entanto, sua busca parara por aí, e ele agora tentava retomá-la.

Como ocorrera com relação a outros homens, o Sr. Frank perdera Albert Dussel de vista. Após sua transferência para Auschwitz, ele não fazia ideia do que acontecera com o doutor. Com os próprios olhos, vira também o Sr. Van Daan a caminho da câmara de gás. Além disso, recebeu, na enfermaria de Auschwitz, a visita de Peter van Daan. O Sr. Frank sabia que, logo antes da libertação do campo, os alemães em retirada haviam levado grupos de prisioneiros consigo. Peter fazia parte de um deles.

Otto Frank implorara para que o menino tentasse ingressar na enfermaria, mas Peter não conseguiu ou não desejou. Na última vez em que foi visto, estava acompanhando, pela nevada zona rural, os alemães que fugiam. Posteriormente, não houve mais qualquer notícia sobre ele.

O Sr. Frank se encontrava extremamente esperançoso com relação às meninas, pois Bergen-Belsen não era um campo de extermínio. Não havia câmaras de gás lá. Aquele era um campo de trabalho — repleto de fome e doenças, mas sem qualquer instrumento de aniquilação. Como foram enviadas para o local depois da maioria dos outros prisioneiros, Margot e Anne estavam relativamente saudáveis. Eu também nutria esperanças quanto a elas. No meu íntimo, como uma rocha, eu confiava na sobrevivência das meninas e em seu retorno seguro a Amsterdã.

Pedindo notícias, o Sr. Frank havia escrito para diversos holandeses que, segundo descobrira, estiveram em Bergen-Belsen. No boca a boca, as pessoas se reencontravam diariamente. Todo dia, ele esperava que chegassem respostas para suas cartas e que fossem liberadas e divulgadas novas listas de sobreviventes. Sempre que alguém batia em nossas portas ou que passos eram ouvidos sobre os degraus, nossos corações titubeavam. Talvez Margot e Anne tivessem encontrado o caminho de volta e finalmente conseguiríamos vê-las com nossos próprios olhos. O 16º aniversário de Anne, no dia 12 de junho, se aproximava. *Quem sabe?* Esperávamos... Mas, seu aniversário passou e nós continuamos sem informações.

A Sra. Samson retornou à Hunzestraat e reocupou seu cômodo. Sua neta morrera de difteria no esconderijo, mas seu netinho permanecia vivo. Até então, ela não recebera notícias de sua filha e seu genro, que desapareceram naquele dia, na estação central. Da mesma forma, não chegara a seu conhecimento qualquer informação sobre seu marido, que supostamente estava na Inglaterra. Também ela se encontrava num limbo de espera, desejando notícias.

Nosso verdureiro retornou do campo com os pés congelados. Eu o vi novamente em sua loja e nós nos cumprimentamos como se fôssemos amigos há muito separados.

Ainda assim, os estabelecimentos se encontravam praticamente vazios e vivíamos à base de rações. As reconstruções e reparações estavam em andamento. Nossa empresa de temperos vendia, em sua maioria, produtos *ersatzes*, mas os negócios se arrastavam e mantinham a firma em operação.

Certa manhã, o Sr. Frank e eu nos encontrávamos sozinhos no escritório, abrindo correspondências. Ele estava de pé atrás de mim, enquanto eu permanecia sentada à minha mesa. Em seguida, notei vagamente um envelope sendo rasgado, seguido por um momento de silêncio. Algo fez com que eu afastasse o olhar de minhas cartas, quando então a voz de Otto Frank, apática, sucumbiu por completo.

— Miep.

Meus olhos se ergueram na direção dele, procurando seu olhar.

- Miep. — Suas duas mãos apertavam um pedaço de papel. — Recebi esta carta de uma enfermeira de Rotterdã. Margot e Anne não retornarão, Miep.

Nós permanecemos lá, fulminados, com os corações ardendo a fundo e o olhar fixado nos olhos um do outro. Em seguida, o Sr. Frank caminhou em direção a seu cômodo.

— Estarei em minha sala — informou ele, com a voz devastada.

Eu escutei suas passadas pelo aposento e pelo corredor, seguidas pela porta que se fechava.

Completamente arrasada, sentei-me à mesa. Eu era capaz de aceitar tudo o que acontecera antes. Gostando ou não, precisava fazê-lo. Aquilo, porém, era impossível. Aquela era a única coisa que eu sabia que não iria acontecer.

Escutei as pessoas chegando ao escritório. Escutei uma porta se abrindo e uma voz tagarelando. Em seguida, cumprimentos de bom-dia e xícaras de café. Estiquei os braços até a gaveta ao lado de minha mesa e retirei de lá os papéis que, há quase um ano, estavam à espera de Anne. Ninguém, incluindo eu, os tocara. Agora, Anne não voltaria para resgatar seu diário.

Peguei todas as folhas e coloquei sobre elas o pequeno diário xadrez vermelho-alaranjado, carregando tudo até a sala do Sr. Frank.

Sentado à mesa, ele tinha os olhos sombrios pelo choque. Eu lhe ofereci o diário e os papéis.

— Aqui está o legado que Anne, sua filha, lhe deixou.

Pude perceber que o diário foi imediatamente reconhecido. O Sr. Frank o dera à sua filha três anos antes, em seu aniversário de 13 anos, logo antes de partirem para o esconderijo. Ele o tocou com a ponta dos dedos. Comprimindo tudo em suas mãos, deixei a sala e fechei a porta suavemente.

Logo em seguida, o telefone de minha mesa tocou. Era a voz do Sr. Frank.

— Miep, por favor, assegure-se de que ninguém virá me interromper — pediu.

— Já fiz isso — respondi.

CAPÍTULO DEZOITO

Assim que de fato o Sr. Frank se estabeleceu conosco, ele me disse:

— Miep, daqui para frente você deve me chamar de Otto. Agora somos uma família.

Eu concordei em chamá-lo assim. Porém, não querendo fornecer um mau exemplo para os outros no trabalho, afirmei:

— Em casa eu lhe chamarei de Otto, mas, no escritório, insisto em lhe chamar de Sr. Frank.

— Não há necessidade — retrucou ele.

— Eu insisto.

Em seguida, por causa de pequenas diferenças que surgiram entre a Sra. Samson e nós, morar lá passou a ficar desconfortável. Achamos que seria melhor nos mudarmos. A irmã de Henk, Fenna, morava em nossa rua, mais à frente, e ofereceu cômodos para nós e para o Sr. Frank. Juntos, então, fizemos a mudança.

O Sr. Frank ficou nos fundos, num pequeno cômodo com lavatório. Henk e eu ocupamos o quarto de Fenna, enquanto ela dormia na sala de estar. Tínhamos sorte de estarmos organizados daquela maneira, pois eram muito, muito escassos os alojamentos em Amsterdã. Obviamente, Berry também veio.

As lojas continuavam vazias e era impossível encontrar qualquer coisa além dos artigos básicos. Após tantos anos sem nada, nós praticamente nos acostumáramos a isso. Henk fumara pouco durante todo o último ano de guerra. Eventualmente era possível encontrar o canadense Sweet Caporals no mercado negro, mas outras vezes, não. Quando havia cigarros, Henk fumava.

Fiz o máximo para tornar nossa casa aconchegante, cozinhando refeições para todos nós sempre que conseguia reunir comida. Era impossível preparar pratos interessantes, pois tudo que tínhamos eram os ingredientes básicos, sem qualquer variedade. Mas, eu havia desenvolvido o dom de fazer muito com pouco, mantendo cada um razoavelmente alimentado e nossa casa agradável e aconchegante.

Nós estávamos fracos, esgotados e apáticos. Eu perdera minha reserva de energia, no entanto, felizmente, não havia mais necessidade de muita força e vigor. Entre nós, ninguém se mostrava inclinado a conversas, porém nossas memórias em comum nos mantinham unidos.

Aos poucos, as ferrovias, pontes e os diques eram reconstruídos. Otto me contou que, antes de sua família ter partido para o esconderijo, ele conseguira entregar para amigos uma parte da mobília que Edith tinha na Merwedeplein. Descobrindo que suas posses sobreviveram à guerra, ele agora as traria para junto de nós.

O dia combinado chegou e vi o grande relógio de pêndulo que viera de Frankfurt em 1933 — o relógio que precisava receber corda de poucas em poucas semanas e que tiquetaqueava como o mais suave dos batimentos cardíacos. Da mesma forma, vi, sendo carregada pelo cômodo, a escrivaninha pequena e antiga, folheada em mogno.

— Edith ficaria feliz ao saber que você está usando todas essas coisas. — informou-me Otto Frank.

Em seguida, ele me mostrou o desenho a carvão que anos antes tanto me comovera, representando aquela gata doce e grande que amamentava seus gatinhos. Frank me deu tudo de presente.

Aquele desenho em particular evocou com clareza os dias de sábado em que nos reuníamos na Merwedeplein. Dias de discussões políticas apaixonadas, de bolos saborosos e café; de Anne — tímida, doce e tão pequena — saindo com a encantadora Margot para cumprimentar os adultos e comer uma fatia de bolo. Anne vinha com sua gata, Moortje, nos braços e o bichinho pendia quase até o chão, com um peso praticamente impossível de ser suportado por uma garotinha.

Com rapidez, afastei aqueles pensamentos. Eu não queria lembrar do que acontecera antes.

Um dia, duas bicicletas foram enviadas ao Sr. Frank por amigos que ele tinha na Inglaterra.

— Miep... — disse-me enquanto empurrava, em minha direção, uma bicicleta inglesa elegante, reluzente e nova. — Uma para mim, outra para você.

Eu aceitei. Nunca em minha vida tivera uma bicicleta novinha em folha. Em nossa vizinhança, ninguém possuía nada novo. Imagino que eles tenham olhado aquelas bicicletas com inveja.

Outra encomenda para o Sr. Frank chegou. Ela trazia etiquetas norte-americanas elaboradas e fora enviada por amigos que passaram a guerra lá, em segurança. Otto abriu o pacote com cuidado e nós dois contemplamos o conteúdo que se espalhou pela mesa.

Havia latas, cigarros fabricados nos Estados Unidos e várias embalagens menores. Frank sugeriu que eu as abrisse para espiar o que comportavam. A primeira exalou um aroma de cacau direto em meu rosto. Era irresistível. Eu senti sua textura, tão delicada e pulverosa, e contemplei sua cor, de um marrom muito escuro.

Ao ver e cheirar o cacau, comecei a chorar.

— Fique com ele. Prepare-o — disse Otto.

Eu não conseguia interromper as lágrimas. Para mim, era impossível acreditar que estava vendo cacau de verdade novamente.

A LISTA FINAL COM os sobreviventes judeus foi divulgada pela Cruz Vermelha. De todos os que foram deportados pelos alemães, pouquíssimos retornaram para a Holanda — nem mesmo uma a cada vinte pessoas. Daqueles que tinham se escondido, pelo menos um terço permanecia vivo. Cada um dos sobreviventes perdera praticamente tudo o que possuía.

O inquilino do Sr. Frank, aquele homem no qual Henk e eu surpreendêramos, fora deportado para os campos, mas havia sobrevivido e retornado. O senhor idoso que pedira para que guardássemos seu belo exemplar de Shakespeare não regressara. Então, seu livro continuou em nossas prateleiras, caso ele um dia voltasse. Da mesma forma, minha vizinha do andar de cima — a mulher que pedira para que cuidássemos de seu gato, Berry — não apareceu novamente. Portanto, Berry continuou morando conosco.

Aos poucos, gradualmente, nós descobrimos que Albert Dussel morrera no campo de Neuengamme; que Petronella van Daan falecera em Buchenwald ou em Theresienstadt, no dia em que o local foi libertado; que Peter van Daan não morrera na marcha da morte que saíra de Auschwitz, conseguindo sobreviver de alguma forma e sendo alocado em Mauthausen, apenas para morrer lá no mesmo dia em que os prisioneiros foram libertados pelas mãos dos norte-americanos.

Pelas informações que reuníramos a partir de testemunhas sobreviventes, tomamos conhecimento de que, em Auschwitz, Margot e Anne foram separadas de sua mãe, Edith Frank, que passara as últimas semanas de sua vida lá, sozinha. Transferidas para Bergen-Belsen, no início as meninas se encontravam relativamente saudáveis, mas foram acometidas pelo tifo nos primeiros meses de 1945. Em fevereiro ou março, Margot sucumbira. Em seguida, apenas algumas semanas antes da libertação do campo, Anne, completamente sozinha, não resistiu à doença.

Embora as últimas listas de sobreviventes fossem divulgadas, ainda havia muitos desalojados. Além disso, como as fronteiras não eram mais as mesmas, não havia como saber ao certo qual o destino de vários daqueles que não regressaram. Para alguns, era possível não perder as esperanças.

Em nenhum momento após a guerra fomos contactados por Karel van der Hart. Porém, ouvimos em algum lugar que ele partira para os Estados Unidos.

Todas as noites, depois que Henk, Otto e eu havíamos retornado do trabalho e preparado nossa refeição noturna, Frank começava a traduzir para o alemão trechos do diário de Anne, a fim de enviá-los à sua mãe, que morava em Basel. Ele anexava as traduções às cartas que mandava para ela. Ocasionalmente, o Sr. Frank saía de seu quarto segurando o diário e balançando a cabeça. Dizia ele: "Miep, você deveria ouvir essa descrição que Anne fez! Quem poderia imaginar o quão vívida era sua imaginação durante aquele tempo todo?"

Porém, quando ele me pedia para ouvir o que ela escrevera, eu tinha de negar. Eu não conseguia escutar aquilo. Era tudo muito perturbador para mim.

Por causa da personalidade antipática de Frits van Matto, Jo Koophuis e Otto Frank gentilmente o empurraram para fora dos negócios. Eles não o demitiram, mas o convenceram de que em outro lugar ele poderia ter um futuro melhor. Novos almoxarifes foram contratados.

O ano de 1946 chegou e nós continuávamos pobres. Ainda não havia nada disponível.

No dia 15 de maio daquele ano, Elli Vossen se casou e deixou o Prinsengracht. Para o seu lugar, um jovem foi contratado. Vinda de uma família grande, com seis irmãs e um irmão, Elli sempre sonhara em ter muitos descendentes. Ela engravidou de imediato, extremamente feliz por realizar um sonho que carregara a vida toda.

Eu agora já havia completado metade de minha terceira década e meus anos de fertilidade se afastavam com rapidez. O sonho que tinha de ser mãe fora modificado consideravelmente por tudo o que ocorrera na Holanda. Eu ficava feliz por não termos um filho que precisasse encarar aqueles terríveis anos de guerra. Após os conflitos, Henk e eu não falamos sobre gravidez.

Da mesma forma, eu tinha grandes dificuldades para acreditar na existência de Deus. Quando garotinha, em Viena, meus pais eram católicos praticantes. Eles me levaram à igreja algumas vezes, mas eu não gostava. Muito pequena — tinha talvez 3, 4, 5 anos —, eu não entendia ao certo o que acontecia na cerimônia, mas me sentia afetada pela escuridão da igreja grandiosa, por seu tamanho imponente e pelo frio que sentia do lado de dentro. Minha aversão a ela me fez implorar para não ter mais de frequentá-la. Meus pais não insistiram para que eu fosse, então jamais retornei.

Quando cheguei em Leiden, minha família adotiva também nunca me obrigou a ir à igreja, então, enquanto crescia, não segui qualquer religião. No entanto, nunca cheguei a duvidar da existência de Deus. Isto é, até a guerra. Quando de seu término, minha noção de Deus fora envenenada, restando apenas um buraco vazio.

Henk permanecera cético antes e durante os conflitos, e continuou assim após o fim da guerra.

Eu, porém, ansiava por ler sobre o assunto e iniciei pelo Velho Testamento. Em seguida, tomei o Novo, partindo, com grande interesse, para a leitura de estudos sobre as mais diversas religiões: judaísmo, catolicismo, protestantismo — tudo o que caía em minhas mãos.

Nunca falei com ninguém sobre minhas leituras. Só o que fazia era ler sem parar. Tudo era rico e interessante e meu desejo por mais perdurava. Aqueles anos sombrios haviam derrubado meus sustentáculos mais profundos e eu estava à procura de algo que os substituísse.

EMBORA UMA LENTA reconstrução e reparação acontecessem, nós, holandeses, continuamos a carregar um ódio forte e profundo por causa dos tormentos que precisáramos suportar nas mãos de nossos selvagens opressores alemães. Durante cinco duros anos, ficáramos sem contato com o mundo exterior. Fôramos complemente humilhados, subjugados; a vida de pessoas boas e inocentes foi interrompida e destruída. Não sentíamos qualquer inclinação para o perdão.

Em 1946, a rainha Guilhermina convocou nossas primeiras eleições nacionais. Anton Mussert, líder do NSB holandês, foi executado em Haia por um pelotão de fuzilamento, e Arthur Seyss-Inquart, o *Reichskommisar* nazista dos Países Baixos, morreu enforcado em Nuremberg, após ser julgado. As pessoas discutiam por toda parte o que era "certo" e o que era "errado" em tempos de guerra. Muitos traidores foram punidos. De alguma forma, porém, vingança e justiça traziam pouca satisfação.

Em dezembro de 1946, decidimos nos mudar para outro apartamento de nosso bairro. Havíamos permanecido tempo demais com a irmã de Henk na Hunzestraat. Ele e eu tínhamos um amigo, o Sr. Van Caspel, que recentemente perdera a esposa. Com um grande apartamento para ocupar ao lado de sua filha pequena, uma menina de 9 anos que ingressara no internato, ele nos convidou para partilharmos de seus cômodos.

Henk e eu discutimos a situação com Otto. Ele disse que, se não houvesse problema, gostaria de se mudar conosco para o apartamento. Naturalmente, nós dissemos que ele seria muito bem recebido, mas sabíamos que, com a quantidade de amigos e contatos que possuía, ele provavelmente poderia encontrar alojamentos melhores do que o que tínhamos achado.

— Prefiro ficar com vocês, Miep — explicou. — Assim, quando quiser, posso conversar sobre minha família.

Para falar a verdade, o Sr. Frank raramente comentava sobre a família, mas eu sabia o que ele queria dizer. Ele poderia falar sobre sua família caso desejasse. Se isso não acontecesse, em silêncio nós todos partilhávamos da mesma dor e das mesmas lembranças.

Então, no início do ano de 1947, Otto, Henk e eu nos mudamos juntos para o número 65 da Jekerstraat. Henk começara a apresentar, diariamente, dores de cabeça penetrantes. Não acostumado a reclamar sobre si mesmo, ele dizia pouco acerca do problema, fazendo o máximo possível para cuidar de suas tarefas cotidianas.

Todo sábado à noite, Henk, eu, a Sra. Dussel e vários outros amigos nos reuníamos para jogar canastra. O Sr. Frank nunca participava dos jogos, mas começara a receber alguns amigos no domingo, para um café. Todos eram judeus e haviam enfrentado incontáveis sofrimentos. Chegando juntos à tarde, eles perguntavam entre si: "Quem de sua família sobrou?", "Sua esposa está de volta?" ou "E seus filhos? Seus pais?" Todos trocavam informações sobre os locais onde estiveram — Auschwitz, Sobibor —, sobre a realidade dos transportes, sobre datas. Nunca, porém, sobre o que lhes acontecera pessoalmente. Eu podia perceber como era difícil conversar sobre muitas coisas. Contudo, quando eles estavam juntos, isso não era necessário.

Numa daquelas reuniões de domingo, Frank mencionou que possuía um diário escrito por sua filha, Anne. Um dos homens que lá estavam lhe perguntou se não poderia lê-lo. O Sr. Frank ficou relutante, mas entregou ao homem trechos que traduzira para enviar a sua mãe em Basel, aqueles excertos que, há mais de um ano, tentara sem sucesso fazer com que eu lesse.

Após lê-los, o homem perguntou a Frank se poderia ver o diário completo, pois estava bastante impressionado com os fragmentos e tinha grande curiosidade de ler mais. Novamente muito relutante, o Sr. Frank lhe deu mais material.

Em seguida, o homem pediu permissão a Frank para mostrar o diário a um renomado historiador que era seu amigo. Frank foi contra, mas, após ser tão adulado, aceitou finalmente.

Depois de o ter lido, o historiador escreveu um artigo sobre o diário de Anne no jornal holandês *Het Parool*, que, após começar como um periódico clandestino durante a guerra, estava agora prosperando. Ele liderou uma campanha para fazer com que o Sr. Frank permitisse a publicação do diário da menina, mas o pai de Anne se opôs com veemência à ideia e perseverou em sua recusa. Por fim, o historiador e seu amigo persuadiram Otto. Eles disseram que era dever de Frank partilhar com os outros a história de Anne e que seu diário era um documento de guerra de grande importância, pois representava uma voz única, vinda de uma jovem refugiada.

Tanta persuasão levou o Sr. Frank a acreditar que era seu dever deixar de lado sua própria noção de invasão de privacidade. Embora ainda muito relutante, ele finalmente permitiu que fosse impresso, pela Contact Publishers de Amsterdã, um volume pequeno e editado. O livro foi lançado com o título *Het Achterhuis*. Repetidas vezes, após sua publicação, Otto pedia para que eu lesse os textos de Anne, mas eu continuava a recusar. Simplesmente me era impossível fazer aquilo.

A impressão do *Het Achterhuis*, nome dado por Anne ao esconderijo, foi elogiada em alguns bairros, mas houve indiferença por parte de muitos habitantes que passaram por situações desagradáveis como aquela. A última coisa que eles queriam era ler sobre tais experiências. Ninguém na Holanda tivera uma vida fácil durante a guerra. A maioria das pessoas sofrera incomensuravelmente. A maioria das pessoas desejava esquecer a guerra, deixá-la para trás e seguir em frente.

Ainda assim, o diário de Anne foi republicado, atingindo um público mais amplo. Otto sempre me dizia: "Miep, você precisa lê-lo", mas eu nunca conseguia. Eu era incapaz de experimentar de novo aquelas angústias e não desejava reavivar minhas terríveis perdas.

Henk também se recusava a ler as palavras de Anne.

FINALMENTE, AS RESERVAS de comida, embora ainda esparsas, estavam sendo restauradas. Saudáveis mais uma vez, as gordas vacas holandesas pastavam no interior. Os trens começaram a funcionar novamente, assim como os bondes de Amsterdã. Os escombros foram varridos.

Durante a ocupação, existiram apenas dois tipos de holandeses: aqueles que colaboravam e aqueles que resistiam. As diferenças políticas, religiosas e sociais foram esquecidas. Éramos apenas nós, holandeses, contra o opressor alemão.

Após a libertação, aquela unidade rapidamente desapareceu e as pessoas mais uma vez se dividiram em grupos e facções que divergiam entre si. Todos retomaram seus velhos hábitos, retornando para sua própria classe social e seu próprio grupo político. As pessoas haviam mudado menos do que eu poderia imaginar.

Muitos daqueles que se transferiram para apartamentos judaicos no sul de Amsterdã permaneceram. A vizinhança não trazia mais um perfume judeu. Na verdade, as pessoas da região passaram a não ter muitas coisas em comum. Ela perdera sua peculiar atmosfera progressista e nunca mais seria a mesma. Amsterdã também estava mudada, sendo agora uma cidade moderna, e não o município amistoso de outrora.

Com três homens adultos em casa — Henk, Otto e o Sr. Van Caspel —, eu agora precisava fazer muito para cuidar deles apropriadamente. Às vezes, a filha de Van Caspel voltava para passar um fim de semana conosco. Era importante para mim que nossa casa estivesse limpa e arrumada e que as refeições fossem sempre servidas na hora. Remendos e lavagens precisavam ser realizados. Além disso, todos necessitavam de um ouvido preparado para escutar.

No escritório, produtos legítimos se encontravam novamente à venda. Em nenhum momento a empresa parou de funcionar. Desde seu retorno, Otto Frank se tornara mais uma vez aquele homem de voz suave e levemente nervoso que fora antes da época do esconderijo. A mudança que ocorrera ao se refugiar, quando assumira uma personalidade calma e impositiva, havia desaparecido.

O interesse de Frank nos negócios, porém, parecia se dissipar. Com a publicação do diário de Anne, crianças e adultos começaram a lhe enviar cartas. Meticulosamente, ele respondia a cada uma. Sua sala no Prinsengracht passou a ser o local onde ele administrava as questões relacionadas ao livro de sua filha.

Então, num dia belo e quente de 1947, pedalei até Prinsengracht pela última vez. Calmamente, dei adeus a todos. Eu havia comunicado à empresa que não mais continuaria como sua empregada. Três homens se encontravam sob minha completa responsabilidade, e eu decidira que cuidar deles e de nossa casa deveria ser minha única ocupação. Eu já não era mais aquela jovem que ansiava pela liberdade e pela independência proporcionadas por um emprego. Nada em Amsterdã continuava igual a antes, nem mesmo eu.

A segunda tiragem do diário esgotou e mais uma impressão foi planejada. O Sr. Frank recebeu sondagens para permitir que o diário fosse traduzido e publicado em outros países. Inicialmente, ele foi contra, mas depois cedeu à pressão que lhe impuseram para fazer o livro alcançar públicos maiores.

Repetidas vezes, ele me dizia: "Miep, você precisa ler os escritos de Anne. Quem poderia imaginar o que se passava em sua viva cabecinha?"

Otto nunca se dissuadia diante de minhas rejeições contínuas. Ele sempre esperava um pouco até me perguntar novamente.

Enfim, eu cedi à sua insistência e afirmei: "Tudo bem, lerei o diário, mas apenas quando estiver completamente sozinha."

Num dia quente, quando fiquei a sós pela primeira vez, peguei a segunda edição do diário, fui para meu quarto e fechei a porta.

Com um medo terrível no coração, abri o livro e virei sua primeira página.

Em seguida, comecei a ler.

Eu li o diário inteiro sem parar. Desde a primeira palavra, escutei a voz de Anne retornando de seu lugar para falar comigo. Perdi a noção do tempo. A voz da menina retumbava do livro cheia de vida, ânimos, curiosidades, sentimentos. Ela não estava mais longe e aniquilada. Ela se encontrava novamente viva em minha cabeça.

Li o livro até o fim. Fiquei surpresa com a quantidade de coisas que ocorreram no esconderijo sem meu conhecimento. Imediatamente, agradeci por não tê-lo lido logo após a captura, durante os últimos meses de ocupação, enquanto ele ficava na gaveta de minha mesa, bem ao lado. Se o tivesse lido, teria de queimá-lo, pois traria riscos para as pessoas sobre as quais Anne escrevera.

Quando passei os olhos pela última palavra, não sentia a dor que previra. Fiquei contente por ter finalmente encarado a leitura. O vazio em meu coração se abrandou. Muito fora perdido, mas agora a voz de Anne nunca partiria. Minha jovem amiga deixara um legado extraordinário para o mundo.

A todo momento, porém, durante cada um dos dias de minha vida, eu desejei que as coisas tivessem acontecido de maneira diferente, que Anne e os outros, de alguma forma, estivessem salvos, mesmo que isso privasse o mundo de seu diário.

Não se passa um dia sem que eu sofra por eles.

EPÍLOGO

EM 1948, A RAINHA GUILHERMINA abdicou em favor de sua filha, Juliana. Seu reinado de meio século chegava ao fim. Naquele ano, Henk ganhou na loteria holandesa, então pudemos sair da Holanda para tirar curtas férias em Grindelwald, na Suíça. Otto Frank nos acompanhou. Pela primeira vez desde o início da guerra, ele foi até Basel para ver sua idosa mãe. Durante a primeira metade de 1948, as terríveis dores de cabeça de Henk, que haviam durado um ano inteiro, começaram a diminuir de intensidade. No decorrer de nossa folga na Suíça, os incômodos cessaram por completo e nunca mais retornaram.

Depois que foi traduzido para o inglês e publicado tanto nos Estados Unidos quanto em outros lugares do mundo, o diário de Anne alcançou um rápido sucesso. Outras traduções foram realizadas e por toda parte as pessoas liam o relato da menina. Uma peça foi baseada no livro, tornando fictícia a história e seus personagens. Ela teve um sucesso espetacular. Em Amsterdã, a primeira encenação se deu no dia 27 de novembro de 1956. Elli e seu marido, assim como Jo Koophuis, sua esposa, Henk e eu fomos convidados. Victor Kraler emigrara para o Canadá no ano anterior. Para mim, assistir a peça foi uma experiência muito estranha. A todo momento, eu esperava que meus amigos verdadeiros subissem ao palco, e não atores e atrizes.

Então, um filme foi feito. Sua estreia, no Teatro Municipal de Amsterdã, ocorreu em 16 de abril de 1959. Todos nós fomos novamente convidados e a rainha Juliana esteve presente ao lado da princesa herdeira Beatriz, sua filha. A Sra. Koophuis, Elli e eu fomos apresentadas a elas. Até onde sei, Otto Frank nunca assistiu à peça ou ao filme. Ele se negava.

Em todos os lugares, o livro recebia grande atenção. O Sr. Frank não voltara a ser o diretor da empresa após a guerra. Cada vez mais, seu tempo era dedicado à administração de questões relacionadas ao diário. Finalmente, a firma se mudou para um novo endereço e ele deixou de ter qualquer ligação com ela. O Sr. Koophuis permaneceu como seu diretor até falecer, em 1959. O Sr. Kraler, por sua vez, viveu no Canadá até sua morte, no ano de 1981. Uma vez casada e com filhos, Elli deixou a vida que levara no escritório para trás. Suas lembranças acerca de seus tempos de juventude foram se tornando mais vagas, até ela se envolver completamente em sua vida de mãe e esposa, morrendo em 1983.

Uma vez desligado da empresa, Otto Frank se entregou inteiramente ao diário. Anne Frank se tornara famosa em todos os lugares. Como ele ou qualquer coisa relacionada a sua filha ganhavam cada vez mais publicidade, Henk e eu nos afastamos. Nenhum dos dois gostava de receber atenção especial. Preferíamos o anonimato e a privacidade.

Então, em 1949, algo de grande importância aconteceu. Aos 40 anos, fiquei grávida, e nosso filho, Paul, nasceu no dia 13 de julho de 1950. Agora os membros de nossa casa incluíam Otto, o Sr. Van Caspel, Henk, eu e nosso pequeno menino.

Enquanto eu estava no hospital para dar à luz, a Sra. Samson, nossa antiga senhoria, veio me visitar. Seu marido retornara da Inglaterra.

Em 1950, as coisas começaram a voltar ao normal em Amsterdã. A alimentação deixara de ser um problema, mas eu nunca era capaz de jogar fora restos de comida. Mesmo se uma batata estivesse ruim ou se a crosta de um pão se enegrecesse, eu encontrava uma forma de utilizá-las, como ao jogá-las para os pássaros. Às vezes, ao longo dos canais de Amsterdã, um turista alemão era visto com sua esposa ou namorada, dizendo-lhe: "Este foi o local para o qual fui designado durante a guerra."

No outono de 1952, após morar conosco durante sete anos, o Sr. Frank emigrou para a Suíça, a fim de ficar mais perto de sua mãe. Ele se casou novamente em novembro de 1953, na cidade de Amsterdã, e levou a nova esposa para Basel. Sua companheira enfrentara situações semelhantes. Ela também havia passado por Auschwitz e perdido seus familiares, com a exceção de uma filha. O Sr. Frank encontrara uma mulher extraordinária. Os dois tinham muito em comum e viveram harmoniosamente juntos até ele morrer, em 1980. Durante todos aqueles anos, o Sr. Frank nunca se esqueceu de nos ligar no dia 16 de julho, quando comemorávamos nosso aniversário de casamento.

Embora não se passe um dia sem que eu pense no que aconteceu, há duas datas que são particularmente difíceis para nós. No dia 4 de maio, quando há luto oficial na Holanda, jamais saímos de casa. Muitas pessoas vão à igreja, incluindo a rainha. Algumas colocam flores nos locais em que os combatentes da resistência holandesa foram executados ou queimados. Há uma cerimônia comemorativa na praça Dam, onde a rainha e seu marido depositam uma coroa florida aos pés do Monumento Nacional. Às 20 horas em ponto, todos os postes de luz são acesos. Trens e bondes param, assim como os carros e as bicicletas. Pessoas ficam imóveis. A maioria sai de casa quando as luzes se acendem. Músicas fúnebres são tocadas, seguidas pelo hino nacional holandês. Ao longo de todo o dia, todas as bandeiras ficam a meio mastro. Cada um de nós permanece em completo silêncio.

A outra data terrível é 4 de agosto, o dia da prisão. Também nela Henk e eu não saímos de casa. Nós agimos como se o dia não estivesse acontecendo, e durante toda a sua extensão nenhum dos dois olha para o relógio. Eu permaneço o dia inteiro na janela; Henk, de propósito, senta-se de costas para ela. Quando achamos que já são cerca de 17 horas, que o dia já passou, seu término nos enche de alívio.

Em 1948, a polícia holandesa investigou a traição de nossos amigos no esconderijo. De acordo com os registros policiais, alguém *de fato* os traíra. Nenhum nome vinha indicado no relatório escrito, que dizia apenas que foram oferecidos sete florins e meio por judeu, o que totalizava sessenta. Nós sabíamos que nossos amigos só poderiam ter sido traídos. Alguns desconfiavam de quem o fizera. Henk e eu, porém, não sabíamos. O Sr. Frank era o único que poderia ter tomado alguma providência; ele, porém, preferiu não tomá-la.

Outra investigação ocorreu em 1963, pois o diário alcançara uma grandiosa reputação internacional. Um clamor público se elevou para que fosse punido o traidor de nossos amigos inocentes.

Eu recebi um telefonema da polícia dizendo que eles gostariam de me questionar acerca da prisão ocorrida no distante dia 4 de agosto de 1944. Foi terrível o momento em que, ao telefone, o oficial afirmou:

— A senhora é uma das suspeitas, Sra. Gies, pois nasceu em Viena.

Eu lhe disse:

— Venha e fale comigo sobre o que quiser.

Ele veio até nosso apartamento. Henk e eu falamos com o policial juntos. O dia estava frio e havíamos acendido o fogo a carvão. As chamas ardiam baixo. Então, Henk saiu para pegar um pouco mais de combustível.

Assim que ele se afastou, o policial se aproximou de mim.

— Nós não queremos incomodar seu casamento, Sra. Gies — disse ele. — Por favor, nos procure amanhã, às 9 horas. Sozinha.

Eu talvez lhe tenha olhado de maneira estranha, pois ele continuou.

— Em seu interrogatório, o Sr. Van Matto nos disse que a senhora tinha uma... como posso dizer?... uma relação "íntima"... uma relação "amistosa" com um homem importante da Gestapo. E também que a senhora se relacionava "amistosamente" com o Sr. Koophuis.

Meu rosto deve ter ficado pálido e pude sentir minha pressão arterial subindo vertiginosamente.

— Não responderei a tais acusações — disse eu. — Por favor, quando meu marido retornar, diga-lhe exatamente o que o senhor acabou de me dizer.

Era possível notar que ele não ficou satisfeito com aquilo. Nós permanecemos sentados em lados opostos da sala. Henk retornou com mais carvão, alimentou o fogo e se sentou. Em seguida, o policial reproduziu seu discurso.

— Em seu interrogatório, o Sr. Van Matto nos disse que sua mulher tinha uma "relação amistosa" com um homem importante da Gestapo, e que também se relacionava "amistosamente" com o Sr. Koophuis. O que o senhor tem a dizer sobre isso?

Henk se virou para mim.

— Miep, tiro meu chapéu para você — disse ele. — Não sei como você poderia ter conduzido todas essas "relações amistosas". De manhã, nós saíamos juntos para trabalhar, e todo dia almoçávamos na companhia do outro, em seu escritório. Durante a noite, você estava sempre a meu lado...

O policial o cortou.

— Tudo bem, basta.

Em seguida, perguntou se eu achava que Frits van Matto era o traidor.

— Estou convencida de que não é — afirmei.

Então, o policial perguntou se eu sabia que os outros suspeitavam de Van Matto e que a própria Anne escrevera, em seu diário, sobre a desconfiança que os refugiados sentiam diante dele.

Mais uma vez, afirmei não achar que fosse Van Matto.

Algumas semanas depois, o mesmo oficial me disse:

— Estou indo para Viena ver Silberbauer, o oficial da Polícia Verde. Perguntarei a ele se consegue se lembrar do traidor. Ao mesmo tempo, perguntarei por que ele a deixou livre enquanto os outros eram enviados para os campos.

— Ótimo — falei. — Eu ficaria feliz se, quando voltar, o senhor me contasse o que ele disse.

Ao retornar de Viena, o policial me fez outra visita e relatou que, ao questionar Silberbauer sobre o motivo de minha soltura, tivera como resposta: "Ela era uma ótima menina." Quanto ao traidor, ouvira: "Não me lembro. Houve muitas traições durante aquela época."

Silberbauer se tornara oficial da polícia de Viena. Por causa de suas atividades junto aos nazistas, fora suspenso de seu trabalho por um ano.

Porém, aquele tempo já se passara, e ele novamente trabalhava para a força policial.

O oficial holandês me disse também que, ao falar novamente com Frits van Matto, ainda o principal suspeito, ele lhe dissera que, embora não houvesse provas, e apesar das coisas ruins que contara à polícia sobre mim, eu insistira em não acusá-lo como traidor.

Então, ele me perguntou por que eu insistia com aquilo. Eu lhe disse que a razão de minha certeza era o fato de, durante a guerra, um dos representantes de nossa empresa ter me confidenciado que Van Matto escondia o próprio filho em casa. Eu mantivera o segredo durante e após os confrontos. Por isso, Henk, o Sr. Frank e eu concluímos que Van Matto não era o traidor, apesar de sua personalidade desagradável.

O Sr. Frank não desejava levar a julgamento a questão do traidor. Ele simplesmente dizia: "Não quero saber quem foi." Embora Van Matto continuasse sendo para alguns o principal suspeito, outros tinham em mente certos membros do NSB que viviam do outro lado do jardim e que podem ter observado algum movimento por trás das cortinas brancas e sujas. Talvez, como Anne previra, um dos ladrões que invadiram a fábrica fosse o culpado. Apesar de todas as teorias que surgiram com o passar dos anos, incluindo algumas completamente ridículas, nunca foi achada qualquer prova. Tenho certeza de que, se encontrasse alguma, a polícia teria prendido alguém.

Posteriormente, aquele mesmo policial holandês me disse que, quando fora até a Suíça para interrogar o Sr. Frank sobre o assunto, escutou, após contar-lhe que eu estava sendo investigada: "Se o senhor suspeita de Miep, então suspeita de mim também."

POSFÁCIO: MEU 100º ANIVERSÁRIO

QUANDO AS ÚLTIMAS palavras do epílogo original de *Lembrando Anne Frank* foram escritas, meu marido Jan (a quem Anne chamou de "Henk" no diário) e eu éramos considerados velhos. Meu marido já contava uns 80 anos e eu estava com 70 e tantos. Eu não tinha como saber que teria a sorte de viver até os 100 anos. Muito menos poderia imaginar a estranheza que sentiria por ter sobrevivido por mais tempo que quase todos os que compartilharam comigo aquela época terrível, incluindo Jan.

O chapéu dele ainda está pendurado ao lado do meu, no cabide perto da porta da frente. O relógio ainda repousa estendido em cima do aparelho de televisão. Há um retrato pintado a óleo dele numa das paredes do meu apartamento e uma pintura de Anne na outra. Também existe uma foto emoldurada de Otto Frank quase no fim da vida, juntamente com outras fotos de familiares e amigos. Há prêmios que recebi e lembranças em várias superfícies do apartamento.

As peças de mobília antiga que pertenceram a Edith e me foram dadas por Otto Frank permanecem lá. Entre elas estão o grande relógio de pêndulo feito há muito tempo em Frankfurt que ocupa uma parede inteira. Pouco tempo antes de Jan morrer, este relógio parou de funcionar. Até agora, ninguém foi capaz de consertá-lo.

Estou cercada de lembranças, mas vivo completamente sozinha, embora meu filho Paul e sua esposa Lucie cuidem de mim. Se Anne Frank tivesse sobrevivido, ela estaria comemorando 80 anos. Alguns meses depois do aniversário dela eu espero comemorar os meus 100 anos. Não tenho dúvida que ela estaria cercada de filhos e netos, além de cópias de livros publicados e prêmios conquistados por suas obras. Acredito que ela teria percebido seu desejo de se transformar numa escritora de renome.

Embora a história contada neste livro permaneça inalterada, fico surpresa com a quantidade de fatos novos e extraordinários revelados nos vinte anos que se passaram desde sua publicação.

Quando Otto Frank preparou a versão original de *O Diário de Anne Frank*, ele o editou a fim de obter simplicidade e melhor compreensão, além de diminuir o tamanho. Neste processo, ele decidiu deixar de lado o que considerou pessoal demais ou prejudicial a alguém ainda vivo ou mesmo a alguns mortos. Ele acreditava que seria de bom-tom ocultar muitas identidades verdadeiras. Anne criou pseudônimos quando revisou o diário, pois cogitava publicar partes dele após a guerra. Como já expliquei, também fiz uso destes pseudônimos.

Contudo, isto não se faz mais necessário, visto que a cortina de segredos foi aberta com a publicação de duas versões diferentes do diário de Anne: a *Edição crítica* e a *Edição definitiva*.

Ao longo dos anos, neonazistas e pessoas que negam o Holocausto atacaram a autenticidade do diário com o objetivo de denegri-lo, sabe-se lá por quê. Em outros momentos os próprios escritos de Anne foram motivo de celeuma. O Instituto Holandês de Documentação Sobre a Guerra decidiu abordar tais problemas e ataques de uma vez por todas. É por esse motivo que todos os escritos de Anne passaram por uma investigação judicial a fim de autenticá-los cientificamente quanto sua autoria.

Após essa etapa foi publicado *The Diary of Anne Frank: The Critical Edition*. Essa edição conta com informações sobre a família Frank, sua prisão e deportação, bem como os detalhes da investigação judicial provando quando e por quem o diário foi escrito — em outras palavras, atestando sua veracidade. O livro contém todos os escritos de Anne que estavam espalhados pelo chão do esconderijo durante a prisão. Sou eternamente grata por ter sido capaz de preservá-los. Aquela edição explica as revisões e mudanças feitas por Anne durante a última parte do período que passou escondida, pois esperava publicá-lo quando a guerra terminasse. Na época, parecia que a guerra não demoraria a acabar e ela estaria livre em breve. Tal edição é mais voltada para os acadêmicos do que para os leitores comuns.

Alguns anos depois, a fundação para a qual Otto Frank deixou os direitos autorais do diário em testamento decidiu que havia chegado a hora de deixá-lo mais completo. Foi então publicado *O diário de Anne Frank: Edição definitiva*. Essa nova edição restaurou muitos dos textos de Anne que ficaram de fora da publicação original, resultando numa obra 30% maior. O material acrescentado ilustra mais detalhadamente o desenvolvimento de Anne como escritora e pensadora. O livro imediatamente entrou para as listas dos mais vendidos.

Devido à natureza pessoal de alguns comentários feitos por Anne, algumas pessoas receberam as novas versões de modo sensacionalista. Isso foi lamentável, pois tal sensacionalismo pode facilmente depreciar a capacidade de Anne como escritora, que aparece de modo brilhante tanto nessas edições estendidas quanto na versão original.

A edição crítica e a definitiva usaram os nomes verdadeiros, pois, na minha opinião, não há mais motivo para manter segredo sobre as identidades dos personagens.

Conforme mencionei, meu marido, a quem Anne apelidou de Henk, na verdade se chamava Jan. O nome real de Elli Vossen é Eli sabeth Voskuijl. Nós a chamávamos de "Bep." O nome verdadeiro de Jo Koophuis é Johannes Kleiman. Victor Kraler, por sua vez, é Victor Kugler. Os Van Daan se chamam Van Pels: Peter, Auguste (ou "Gusti") e Hermann. O Dr. Albert Dussel na verdade é o Dr. Fritz Pfeffer. E o sobrenome real da nossa senhoria, a Sra. Samson, é Stoppelman.

A amiga de Anne Lies Goosen na verdade se chama Hannah Goslar; Jopie de Waal é Jacqueline van Maarsen; Sra. Blik é Sientje Blitz. Já a Sra. Coenen, filha da Sra. Stoppelman, na verdade se chama Sra. Cohen. A família Nieuwenhuis, por sua vez, tem o sobrenome Van Nieuwenburg.

Além disso, Van Caspel é Ab Cauvern e Van Matto tem o nome real de Van Marren. A empresa de nome Koolen & Co. na verdade se chama Gies & Co. E a Travies N.V. era a Opekta Company.

O jornalista alemão Ernst Schnabel e o cineasta holandês Willy Lindwer, entre outros, decidiram entrevistar pessoas cujos caminhos cruzaram o da família Frank após a prisão. Esses sobreviventes deram seu testemunho sobre o que acontecera às pessoas que se esconderam no período entre a prisão, em agosto de 1944, e o fim da guerra, na primavera de 1945. Desta forma, informações detalhadas, incluindo testemunhos oculares da morte e do sofrimento de meus amigos, foram divulgadas para o mundo.

Eu preferia não ter sabido muitos destes detalhes, mas tive conhecimento deles mesmo assim.

Após *Lembrando Anne Frank* ter sido publicado em inglês e holandês, foi lançado em mais 18 idiomas. Jan, eu e nossa coautora, Alison Leslie Gold, que se tornou uma grande amiga, ficamos impressionados. O livro vendeu bem e foi agraciado com prêmios. Cartas passaram a chegar do mundo todo. Respondi todas, uma a uma, o que me deixou bastante ocupada.

Um filme chamado *Sótão: o esconderijo de Anne Frank* foi feito com base em nosso livro e também ganhou prêmios. Boa parte do filme foi rodada nas ruas de Amsterdã, onde os eventos reais aconteceram. Quando Jan e eu fomos convidados a visitar as filmagens, tivemos a estranha experiência de observar atores dizendo as mesmas palavras que havíamos pronunciado naquelas ruas. Na verdade, a primeira vez que vi a jovem atriz inglesa que interpretaria Anne eu quase desmaiei, pois ela poderia ter sido gêmea dela. Assustador é pouco para definir o que senti.

Ficamos orgulhosos pelo fato de donos de prédios em Amsterdã não permitirem que a bandeira com a suástica nazista aparecesse em suas paredes, ainda que fosse apenas para um filme e mesmo tendo se passado cinquenta anos.

Apesar da idade, Jan e eu fizemos o que nos foi pedido após a publicação do livro. Viajamos a muitos países e conhecemos vários sobreviventes do Holocausto. Quando encontramos estudantes na Alemanha e na Áustria, alguns deles descendentes de nazistas, ouvimos: "Nossos pais não falam sobre o que aconteceu na guerra. Nossos avós também não. Por favor, conte-nos o que ocorreu."

Como só eu podia falar com eles em alemão, pelo fato de ter nascido em Viena — em outras palavras, porque eu não vinha de fora —, fui capaz de contar a eles a verdadeira história sobre o que acontecera. Fiz questão de oferecer os detalhes que os pais e avós deles decidiram ocultar.

Foi naquele momento que Jan e eu ficamos verdadeiramente contentes por termos deixado Alison nos persuadir a contar nossa história. Percebemos que era necessário revelar a verdade sobre os acontecimentos de nossa perspectiva, e que falar com aqueles estudantes era a última tarefa importante de nossa vida.

Pouco depois, fomos atingidos em cheio pelo que mais parecia um tsunami de interesse em Anne Frank.

O documentário *Anne Frank Remembered*, cujo título parece homenagear nosso livro, foi agraciado com o Oscar de Melhor Documentário. Fui convidada para a cerimônia de premiação em Hollywood. Quando anunciaram o vencedor, o diretor e eu subimos ao palco diante do público, que nos aplaudiu de pé.

Foi uma grande honra, mas Anne era quem deveria estar lá.

Outros documentários foram feitos e novas entrevistas foram solicitadas, mas quando Jan ficou doente, nós paramos de viajar e recusamos convites. Em 26 de janeiro de 1993 ele morreu em casa, em nossa cama, comigo a seu lado.

Assim que me recuperei da perda, segui em frente sozinha.

Foi uma surpresa para mim quando cartas escritas em inglês por Anne e Margot foram postas a leilão nos Estados Unidos. As donas das cartas eram irmãs.

Na primavera de 1940, uma professora em Danville, Iowa, querendo ensinar seus alunos sobre um mundo mais amplo, ofereceu à sua turma a oportunidade de trocar correspondência com crianças europeias. Uma das alunas, Juanita Wagner, de 10 anos, escolheu alguém da lista que também tinha 10 anos e morava em Amsterdá, Holanda.

Depois Juanita explicou que escrevera em sua carta sobre a irmã mais velha, a fazenda da família e a vida nos Estados Unidos. Ela pôs a carta no correio e esperou a resposta.

E acabou recebendo-a.

O carteiro trouxe não uma, mas duas cartas contendo exóticos selos holandeses, escritas em papel de carta azul-claro. A missiva endereçada a Juanita estava assinada como "Sua amiga holandesa, Annelies Marie Frank" e tinha a data de "29 de abril de 1940, segunda-feira." Nela, Annelies — Anne — descrevia sua família, a escola, a coleção de cartões-postais. Ela também mandou um cartão-postal de Amsterdá e uma pequena foto dela.

A segunda carta era para a irmã de Juanita, Betty Ann, então com 14 anos, e foi escrita pela irmã mais velha de Anne, Margot Betti, que também tinha 14 anos. Margot escrevera sobre a escola, esportes, Amsterdá, o apartamento da família e o clima holandês. Quando Margot relatou que devido à época em que viviam e ao fato de a Holanda ser um país pequeno que fazia fronteira com a Alemanha a família não se sentia segura, as meninas norte-americanas não compreenderam o motivo.

Juanita depois descreveu a imensa felicidade que ela e a irmã sentiram por terem amigas estrangeiras e logo escreveram de volta. Elas esperaram pela resposta, que nunca veio.

Elas não sabiam que, pouco menos de duas semanas depois de Anne e Margot terem enviado as cartas pelo correio, a Alemanha atacou a Holanda e tudo mudou. Elas não entenderam o perigo que suas amigas por correspondência corriam, pois não faziam ideia de que eram judias.

Um museu em Los Angeles agora tem as cartas de Anne e Margot para Juanita e Betty Ann em exposição permanente para que todos vejam.

Recentemente o namorado sobre o qual Anne escrevera no diário pouco antes de se esconder foi convencido a aparecer em público para alguns eventos. Entre eles estava um tributo ao que seria o aniversário de 75 anos de Anne. Ele se chama Helmuth Silberberg e foi apelidado de "Hello." Anne nunca soube disso, mas logo após ela ter se escondido, Hello e os pais também se esconderam perto de Bruxelas. Ele conseguiu um documento de identidade falso e sobreviveu.

Após a guerra, Hello foi para os Estados Unidos e mudou de nome para Ed Silverberg. Ele é um homem alto, grisalho, sorridente e de rosto jovem. Tenho certeza que Anne ainda o acharia atraente. No diário, Anne disse que Hello a chamava de "tônico revigorante", adjetivos que a descrevem bem, em minha opinião.

Neste livro, eu falo das cartas e pequenos pacotes que levava e trazia para Fritz Pfeffer (chamado de Dr. Dussel no livro) e sua Frau Charlotte, a quem chamamos de Lotte. Charlotte sempre imaginou que Fritz estava escondido em algum lugar na zona rural e que eu passava as cartas a outro mensageiro ou alguém dos grupos secretos. Obviamente ela não sabia que eu entregava tudo em mãos. Como Charlotte não era judia, ela conseguiu sobreviver à guerra morando em Amsterdã o tempo todo. Depois da guerra, Charlotte, Otto, Jan e eu jogamos cartas juntos por algum tempo. Charlotte morreu em 1985.

Alguns anos mais tarde, foi feita uma descoberta surpreendente: um pacote de cartas e fotos fora encontrado por alguém que passeava pelo agitado mercado de pulgas em Waterlooplein, Amsterdã. Entre elas estavam as cartas de amor trocadas entre Fritz e Charlotte e entregues por mim. As fotografias documentavam o carinho desse relacionamento. As fotos do Dr. Pfeffer revelavam o homem bonito e culto que conheci, em vez do palhaço descrito por Anne com tanta maldade em seu diário.

O público não tem conhecimento, mas esse retrato pouco lisonjeiro de Fritz no diário e as licenças dramáticas tomadas pelos escritores que o adaptaram a fim de criar as diversas peças e filmes dele derivadas causaram grande infelicidade a nossa amiga Charlotte, além de entristecerem Otto, Jan, e a mim ao longo dos anos. Esse retrato, uma vez feito, nunca mais seria desfeito, e isso magoou Charlotte.

Devido à descoberta das cartas de amor no mercado de pulgas e outras revelações, não é mais segredo que antes de Charlotte ou o Dr. Pfeffer ficarem juntos, ambos foram casados. Os dois tinham filhos do primeiro casamento. Após termos descoberto que Fritz morrera no campo de concentração em Neuengamme, nós soubemos que o primeiro marido e o filho de Lotte morreram em Auschwitz e que a ex-esposa de Fritz morrera no campo de concentração em Theresienstadt.

Depois, descobrimos que o filho do Dr. Pfeffer sobrevivera na Inglaterra e fora para os Estados Unidos após a guerra. Ele mudou de nome para Peter Pepper e achou por bem jamais encontrar qualquer pessoa ligada ao pai — Charlotte, Otto e eu — até 1995, quando decidiu me procurar. Nossa reunião emocionada foi gravada para o documentário *Anne Frank Remembered*. Foi um momento extraordinário quando vi o filho de Fritz, tão parecido com o pai. Nós trocamos um aperto de mãos. Nossos olhares se encontraram. Não era necessário que ele me agradecesse por tentar ajudar o pai, mas ele o fez mesmo assim. Naquele momento, ninguém poderia ter sabido que ele morreria apenas dois meses depois. A vida pode ser muito estranha, às vezes.

Desde a publicação de *Lembrando Anne Frank* venho recebendo milhares de cartas do mundo todo, a maioria de estudantes que me fazem perguntas. Fiz o possível para responder todas. Quando a idade começou a dificultar essa tarefa, um holandês chamado Cor Suijk passou a me visitar de tempos em tempos para ajudar. Mesmo tendo que dirigir de Aachen, Alemanha, ou vir de avião para me encontrar em Omaha, Nebraska, Cor sempre aparecia com uma piada e algumas notícias.

Numa pasta que fica em cima da mesa ao meu lado estão cartas escritas por crianças e adultos de La Barre, França; Palmerston, Nova Zelândia; Omaha, Nebraska; Hobe Sound, Flórida; Hannover, Alemanha; Staffordshire, Inglaterra; Svenljunga, Suécia; Istambul, Turquia; Amsterdã, Holanda; Jerusalém, Israel; Teresópolis, Brasil. E muitas outras cidades. Não descansarei enquanto não responder a todas.

Cor Suijk era amigo íntimo de Otto Frank. Ele fez parte da Resistência holandesa durante a guerra. Mesmo sendo apenas um adolescente na época, foi enviado a um campo de concentração. Cor mencionou ter testemunhado um grande ataque em Amesterdã, dizendo que jamais esquecerá o que viu e ouviu: homens sendo colocados num bonde por soldados; mulheres gritando os nomes dos maridos, irmãos ou filhos; crianças gritando por seus pais e tios.

Por muitos anos, Cor trabalhou com o intuito de promover a educação sobre o Holocausto pelo mundo. Ele fala várias línguas, o que foi muito útil em seu trabalho e também para me ajudar a responder às cartas que recebi de vários países.

Por acaso, Cor acabou sendo a fonte de uma das surpresas mais incríveis de que tenho lembrança. Por muitos anos ele manteve silêncio sobre o fato de Otto Frank ter lhe dado cinco páginas originais do diário de Anne para que fossem guardadas em lugar seguro. Cor explicou que o Sr. Frank lhe pedira para guardar as páginas consigo até que a segunda esposa do Sr. Frank falecesse. Quando Cor divulgou estar em posse dessas páginas inéditas, o anúncio causou polêmica.

Em tais páginas, Anne medita sobre questões muito particulares e os comentários dela foram entendidos como críticas ao casamento dos pais. Anne se pergunta se o pai ama a mãe na mesma medida que a mãe o ama. Ela tece julgamentos sobre se aquele amor era romântico ou não.

Devemos lembrar que se trata apenas da opinião de Anne. Embora o diário mostre sua maturidade e desenvolvimento ao longo dos 25 meses que passou escondida, ela ainda era praticamente uma criança. Também não se deve esquecer que o Sr. e a Sra. Frank, bem como todos no esconderijo viviam sob grande tensão e sem qualquer privacidade. Tais circunstâncias não me parecem as melhores para julgar um casamento.

Eu conheci o Sr. e a Sra. Frank como casal por dez anos. Na minha opinião, ele sempre foi um bom marido e pai, e ela sempre foi uma boa esposa e mãe.

Em 2007, outra descoberta foi feita, esta de natureza pesarosa. Um conjunto de cartas guardadas num envelope de papel pardo — mais de oitenta cartas e documentos — foi encontrado entre dezenas de milhares de restos de documentos no arquivo do Instituto Yivo de Pesquisa Judaica em Nova York. Eram cartas urgentes escritas pelo Sr. Frank a seus parceiros de negócios norte-americanos. Também havia cartas destinadas a amigos e parentes, entre eles os dois irmãos de Edith Frank, Julius e Walter Holländer, que foram para os Estados Unidos em 1939. Nessas cartas, o Sr. Frank buscava ajuda a fim de obter vistos para um país neutro, para os EUA ou Cuba. A cada dia que se passava, as cartas mostravam um desespero maior.

Eu sabia que naquele tempo o Sr. Frank estava fazendo tais pesquisas. Eu o encorajei a tentar sair da Europa e sabia que esse plano de fuga era seu último recurso. Essas cartas evocam para mim aquela época terrível passada há tanto tempo que a maioria das pessoas nem consegue mais imaginar.

Não fiquei surpresa com o fato de as cartas mencionarem repetidas vezes Anne e Margot e o quanto o destino delas era muito mais importante que o dele ou o da esposa. Também não me surpreendi quando o Sr. Frank disse numa das cartas que, se a família não pudesse fugir unida, Edith o encorajava a fugir sozinho ou, se possível, levando as crianças. Assim era Edith Frank.

Outro desenvolvimento recente diz respeito à grande castanheira no quintal do esconderijo. Ela é imensa, ainda mais velha do que eu e, infelizmente, não conseguiu evitar as doenças da velhice. Devido a fungos, pragas, infestação por mariposas e à morte de suas raízes, há o risco que a árvore caia sobre o museu no qual o esconderijo se transformou ou na casa vizinha. Especialistas concordam que a árvore deve ser cortada, mas protestos e clamores tanto de defensores das árvores quanto de leitores do diário transformaram a questão numa causa mundial. As pessoas a consideram como a árvore de Anne Frank, pois ela menciona a castanheira diversas vezes em seu diário. Durante a primeira primavera que passou escondida, em 1943, Anne mal reparou na árvore, mas logo se apaixonou por ela. A menina subia para o sótão do esconderijo — às vezes com Peter — e, como lá havia a única janela que não estava coberta, ela podia olhar para os galhos dessa mesma árvore. No inverno, Anne admirava as gotas de chuva nos galhos sem folhas; no verão, ela admirava a floração completa.

Ela via o céu e, ocasionalmente, uma gaivota nos galhos. Anne escreveu que tudo isso a afastava da infelicidade.

Eu entendo por que a árvore significa algo para as pessoas hoje em dia, assim como significou para Anne. Embora tenha havido um adiamento, o destino da árvore ainda é incerto.

Eu não sabia quase nada sobre o trabalho secreto do meu marido, além dos pequenos detalhes revelados durante a guerra. Tinha conhecimento de que ele obtinha cartões de racionamento ilegais para as pessoas que estavam escondidas, o que significava que nós conseguíamos comida para eles. Quando Paul ou eu tentávamos falar com ele sobre sua vida na guerra, Jan sempre dizia: "Depois eu conto, agora não."

Mas o depois nunca veio. Jan morreu sem contar a história de sua vida secreta.

Devido às pesquisas feitas por meu filho, junto com o amigo Gerlof Langerijs e outros desde a morte de Jan, eu agora sei que ele tinha participação ativa num dos grupos secretos formados por civis. Esses auxiliares dividiram o mapa de Amsterdã e cada um deles tinha a função de visitar as pessoas de sua parte do mapa. Eles entregavam mantimentos, suprimentos médicos, cupons de ração e tudo o que podiam. Era um trabalho muito perigoso e Jan quase foi pego diversas vezes visitando endereços que foram passados aos inimigos alemães por traidores do movimento.

Havia uma facção violenta desse grupo, mas se Jan chegou a pegar em armas, ele jamais me contou. Meu marido arrumava esconderijos por toda a cidade e também fora de Amsterdã. Ele deve ter salvado muita gente, principalmente judeus, mas também homens que não queriam ser obrigados a trabalhar na Alemanha — *Arbeitseinsatz* —, além de outras pessoas perseguidas pelos nazistas.

Ele manteve o silêncio sobre esse trabalho, assim como fizeram seus colegas. No dia de seu funeral, vários homens do grupo dele estavam presentes. Eles apertaram minhas mãos e mantiveram o silêncio quanto às atividades do grupo durante a guerra.

Meu filho se arrepende por não termos pressionado mais o Jan para contar sobre sua atuação durante a guerra. Eu sou da mesma opinião.

Boa parte do novo material descoberto sobre a nossa saga foi interessante ou surpreendente. Infelizmente, alguns deles não foram lisonjeiros ou comprovados. Várias informações incorretas também se infiltraram na montanha cada vez maior de material relacionado à Anne Frank.

Faço questão de elogiar os autores e cineastas e valorizar o trabalho deles, mas considero importante que os fatos históricos sejam respeitados. Algumas pistas não resolvidas não devem ser transformadas em História.

Determinadas interpretações de certos eventos usam palavras negativas ou sensacionalistas para descrever os acontecimentos, e algumas pessoas, na minha opinião, fizeram um mal injusto à memória de Otto Frank. Ele teve de enfrentar a morte que chegava cada vez mais perto dele e de sua família. Otto sempre fez o melhor que pôde em circunstâncias terríveis e não merece ser caluniado.

Teorias novas e controversas sobre a identidade do traidor e dos eventos que levaram à traição foram alinhavadas por algumas publicações. Devido a novas pesquisas, agora sabemos que havia muito mais pessoas com motivos ou oportunidades para trair meus amigos que estavam escondidos. Embora algumas dessas teorias sejam plausíveis, até agora nada foi verdadeiramente comprovado.

Minhas palavras finais sobre a traição são: nós nunca saberemos.

Por ser a única sobrevivente dessa história, costumam pedir meus comentários sobre tais eventos. Às vezes, eu aceito, outras vezes, quando acreditei ser a melhor opção, optei pelo silêncio. Mas gostaria de aproveitar esta oportunidade para corrigir alguns erros:

Jan e eu não saímos para jantar num restaurante na noite após os alemães terem atacado a Holanda, em 10 de maio de 1940, conforme aparece num filme.

O homem que prendeu as pessoas no esconderijo, o Oberscharführer da SS, Karl Silberbauer, chegou ao local de bicicleta e não num reluzente Mercedes com uma bandeira da suástica no capô, como apareceu no mesmo filme.

Embora Silberbauer tivesse uma pistola quando chegou ao esconderijo naquele terrível dia 4 de agosto, a arma jamais foi posta na minha cabeça, como apareceu erroneamente em outra versão dos eventos daquele dia.

Também nunca existiu uma espingarda durante o interrogatório. E Anne não gritou durante a prisão. Apenas Margot chorou, mas, de acordo com o Sr. Frank, ela o fez em silêncio. Esses erros também apareceram num filme.

Após a guerra, quando vi o Sr. Frank da janela da frente do nosso apartamento, corri para cumprimentá-lo. Foi escrito recentemente que eu o vi chegar de carro. Isso não aconteceu. Eu vi o Sr. Frank chegar a pé. Ainda posso vê-lo passando por nossa janela.

Quando estava escondida, eu vivia para ver o dia em que a guerra terminaria, quando seria capaz de entrar no esconderijo, escancarar a porta e dizer aos meus amigos: "Agora vão para casa!"

Isso nunca aconteceu.

Talvez quando chegar a hora de me juntar a Jan e a nossos amigos no pós-vida, eu empurrarei a estante, passarei por ela, subirei a íngreme escada de madeira com cuidado para não bater a cabeça no teto baixo onde Peter pregou a toalha velha. No andar de cima, Jan e eu nos apoiaremos na penteadeira, ele com as longas pernas esticadas e o gato Mouschi nos braços. Os outros estarão sentados à mesa e me cumprimentarão quando eu chegar.

Anne, com sua curiosidade usual, vai se levantar e correr na minha direção, perguntando: "Oi, Miep, quais são as novidades?"

Duvido que minha espera por esse dia seja muito longa.

As pessoas me perguntam como é ter sobrevivido por mais tempo que quase todos cuja história eu compartilhei. É uma sensação estranha. Por que eu? Por que fui poupada do campo de concentração após ter sido flagrada ajudando a esconder judeus? Nunca vou saber.

Tenho tentado falar em nome de Anne, mas, em várias ocasiões, pensei que ela deveria estar aqui falando. E não vamos nos esquecer de Margot, que também tinha um diário jamais encontrado.

Aparentemente, era para ser assim.

As pessoas também perguntam se há algo que eu gostaria de dizer à medida que me aproximo de meu centésimo aniversário. A resposta é que tive muita sorte. Vim de longe e sobrevivi à guerra. Fui agraciada com uma vida longa. Talvez os bens mais valiosos sejam ainda conseguir pensar lucidamente e ter boa saúde, levando-se em consideração a minha idade.

Por algum motivo me foi dada a grande oportunidade de descobrir e proteger o diário, e ser capaz de divulgar a mensagem de Anne para o mundo.

Jamais saberei o motivo disso.

Este livro foi composto na tipologia Adobe Garamond Pro,
em corpo 11/15,2 e impresso em papel off-white 80 g/m²
no Sistema Cameron da Divisão Gráfica
para a Distribuidora Record